대학 · 중용강설

대학·중용강설

大學 中庸

李基東 譯解

성균관대학교
출판부

## | 새로운 판을 다시 보완하면서 |

『대학·중용강설大學·中庸講說』을 간행한 지 벌써 20년이 훌쩍 넘었다. 그간 독자 여러분들로부터 많은 사랑을 받았다. 이 지면을 통해 감사의 말씀을 전한다. 『대학·중용강설』의 첫 발간 이래 사서삼경강설을 완간하기까지도 긴 시간이 들었다. 이 점에 대해서는 독자 여러분께 미안한 마음을 금할 길 없다.

사서삼경강설을 완간한 뒤, 독자들로부터 원문을 읽기 쉽도록 한글 독음을 달아달라는 요청을 여러 번 받았다. 하지만 일의 번거로움 때문에 미뤄 오다 이번에 출판사의 결정으로 다시 독음 다는 일에 착수하게 되었다. 그런데 본래 『대학·중용강설』엔 원문 해석의 순서에 따라 한자에 아라비아 숫자가 달려 있었다. 그러나 이번에 독음을 다는 데 지장이 생겨, 부득이하게 그 숫자들을 지울 수밖에 없었다. 해석의 선후를 지정하는 숫자 매김을 높이 평가해 주셨던 독자들께는 미안하고 안타까운 생각이 든다. 너그러운 양해를 바란다.

독음을 다는 일도 이제 『논어강설論語講說』과 『서경강설書經講說』 두 권이 남았다. 조만간 마무리 될 듯 보인다. 이 일이 끝나는 대로 영역하여 해외에 내놓을 생각이지만, 그 또한 언제 끝날지 아직 예측하기 어렵다. 부디 독자 여러분들의 채찍질을 바란다.

2010년 10월
오륜동 우거에서 이기동

　　일반인들이 읽을 수 있도록 쉽게 해설해 놓은 사서삼경이 시중에 없다는 사실을 알고 해설서를 쓰기 시작한 지가 벌써 10년이 훨씬 넘었다. 먼저 『대학·중용강설大學·中庸講說』을 출간했고, 다음으로 『논어강설論語講說』, 『맹자강설孟子講說』, 『주역강설周易講說』, 『시경강설詩經講說』 등을 출간했다. 이제 『서경강설書經講說』을 남겨두었다. 천성이 게으른 탓도 있고 잡무에 쫓기어 시간을 충분히 내지 못했기 때문이기도 하다. 독자 여러분께 미안한 마음을 감출 수 없다.

　　이미 간행된 책들을 많은 독자가 애독해주셨다. 참으로 고마운 일이다. 인쇄를 거듭하다 보니 가장 먼저 출간했던 『대학·중용강설大學·中庸講說』은 필름이 거의 망가진 상태에 이르렀다. 그래서 사서삼경을 완간하기 전에 부득이 『대학·중용강설大學·中庸講說』의 판을 다시 짜기로 했고, 『논어강설論語講說』과 『맹자강설孟子講說』도 아울러 새판을 짜기로 했다. 판을 다시 짜면서 훑어보니 십수 년 전에 씌어진 것이라 내용이 미비한 것도 있고 잘못된 문장도 눈에 띈다. 부분적으로 수정하여 다시 내 놓는다. 독자 여러분의 관심이 계속되기를 기대하는 바이다.

2006년 1월<br>
오륜동 우거에서 이기동

강단에서 동양고전을 강의하기 시작한 지 어언 6년의 세월이 흘렀다. 그간 시중에 나와 있는 동양고전의 번역본을 조사해본 결과, 원문을 직역한 것이나 일본어 번역본을 중역한 것이 많고 원문을 직접 현대어로 알기쉽게 풀이한 해설서는 별로 눈에 띄지 않아 아쉬움이 많았다. 그리하여누구라도 이해할 수 있는 쉬운 해설서를 직접 집필하기로 작정하고 강의시간에 사용한 강의록을 바탕으로 하여 자료를 모아오던 중 우선『대학·중용강설大學·中庸講說』을 내놓게 되었다.

『대학大學』과『중용中庸』은 유교사상뿐만 아니라 동양사상 전반을 이해하는 데 매우 중요한 이론서이며,『논어論語』『맹자孟子』등을 읽기 위한입문서이다. 이러한 점을 감안하여 누구든지 쉽게 이해할 수 있도록 체제에 몇 가지 배려를 하였다. 첫째, 원문 해석을 수월하게 할 수 있도록 해석순서를 아라비아 숫자로 붙였다. 둘째, 한 단어가 두 글자 이상인 것과고유명사, 인명, 지명 등에는 실선으로 밑줄을 그었다. 셋째, 난해한 글자 또는 문법적 설명이 필요한 부분은 따로 설명하였다. 넷째, 원문을 직역한 것 외에 '강설' 대목을 따로 두어 내용을 알기 쉽게 풀이하였다. 그리고 원문의 장절章節은 주자의 장구章句를 따랐으며, 토는 문맥을 고려하여 고투를 그대로 사용하기도 하였다.

나름대로 심혈을 기울였지만 처음 시도한 것으로서 부족한 점이 있으리라 본다. 독자 여러분의 질정을 바라는 바이다.

1990년 겨울
이기동

# | 목 차 |

머리말

해설 ―『대학大學』과 『중용中庸』은 어떤 책인가 / 13

## 대학大學

一.  **경일장** 經一章 ···························· 21

二.  **전일장** 傳一章 ···························· 37

三.  **전이장** 傳二章 ···························· 39

四.  **전삼장** 傳三章 ···························· 43

五.  **전사장** 傳四章 ···························· 53

六.  **전오장** 傳五章 ···························· 56

七.  **전육장** 傳六章 ···························· 62

八.  **전칠장** 傳七章 ···························· 69

九.  **전팔장** 傳八章 ···························· 72

十.  **전구장** 傳九章 ···························· 76

十一.  **전십장** 傳十章 ···························· 84

중용中庸

**제일장** 第一章 ·································· 107

**제이장** 第二章 ·································· 120

**제삼장** 第三章 ·································· 123

**제사장** 第四章 ·································· 125

**제오장** 第五章 ·································· 128

**제육장** 第六章 ·································· 129

**제칠장** 第七章 ·································· 132

**제팔장** 第八章 ·································· 135

**제구장** 第九章 ·································· 137

**제십장** 第十章 ·································· 139

**제십일장** 第十一章 ·································· 143

**제십이장** 第十二章 ·································· 145

**제십삼장** 第十三章 ·································· 152

**제십사장** 第十四章 ·································· 156

**제십오장** 第十五章 ·································· 160

**제십육장** 第十六章 ······················································· 164

**제십칠장** 第十七章 ······················································· 168

**제십팔장** 第十八章 ······················································· 172

**제십구장** 第十九章 ······················································· 177

**제이십장** 第二十章 ······················································· 183

**제이십일장** 第二十一章 ················································· 215

**제이십이장** 第二十二章 ················································· 217

**제이십삼장** 第二十三章 ················································· 219

**제이십사장** 第二十四章 ················································· 221

**제이십오장** 第二十五章 ················································· 224

**제이십육장** 第二十六章 ················································· 228

**제이십칠장** 第二十七章 ················································· 235

**제이십팔장** 第二十八章 ················································· 240

**제이십구장** 第二十九章 ················································· 246

**제삼십장** 第三十章 ······················································· 251

**제삼십일장** 第三十一章 ················································· 255

**제삼십이장** 第三十二章 ················································· 260

**제삼십삼장** 第三十三章 ················································· 263

## 1. 대학大學

　사서四書 중에서 『대학大學』과 『중용中庸』은 본래 『예기禮記』 속에 들어 있는 편명篇名이었다. 『예기』란 원래 전한前漢의 대덕戴德(대대大戴라고도 함) 이 전한 85편으로 된 『대대례기大戴禮記』와 그의 조카로 알려진 대성戴聖 (소대小戴라고도 함)이 전한 46편으로 된 『소대례기小戴禮記』를 아울러 일컫 는 말이지만, 이 중에서 일반적으로 『예기』로 일컬어지는 현행의 『예기』 는 대성의 『소대례기』를 가리킨다. 현행의 『예기』는 곡례曲禮 · 단궁檀弓 · 잡기雜記 세 편을 상하로 나눈 여섯 편과 그 외 43편을 합쳐 도합 49편으 로 되어 있다. 후한後漢의 마융馬融이 대성의 『소대례기』에 월령月令 · 명 당위明堂位 · 악기樂記 등의 세 편을 더한 것이 현행의 『예기』라고 한 『수서 隋書』 경적지經籍志의 설이 잘못이라는 것은 이미 청淸의 대진戴震 등이 지 적한 바 있다. 『예기』는 일정한 목적이나 표준에 의하여 편찬된 것이 아 니라 전국시대 말에서 진秦, 한漢에 걸친 제도, 습속, 예禮의 이론이나 방 책, 정치, 학술 등에 관한 것을 모아 놓은 것에 지나지 않는다. 따라서 그 내용은 매우 복잡하며 각 편 사이에 모순된 곳도 있다. 각 편의 성립시 기도 또한 편에 따라 다르며 모든 편이 한 사람의 손에서 이루어진 것도 아니다. 그러나 『대학』과 『중용』은 유교사상의 형성에 있어서 중요한 자 료가 된다.

　중국유교의 역사를 당송唐宋을 기점으로 하여 당唐 이전의 유교를 오경 五經 중심의 유교, 송宋 이후의 유교를 사서 중심의 유교로 보는 것이 일반적이다. 오경의 대표적인 주석은 후한의 정현鄭玄의 것이고 사서의 대표적인 주석은 남송南宋의 주희朱熹의 것이다.

『대학』의 작자는 분명하지 않다. 정현의 『예기』에 대한 주註에서도 『대학』의 작자명은 언급하고 있지 않다. 후인들이 공자의 제자들이 서로 들은 내용을 편찬한 것이라고도 하고, 공자의 손자인 자사子思의 작이라고도 하지만 이는 추측에서 나온 말들이다. 정호程顥(호는 明道)는 '공씨孔氏의 유서遺書'라 하였고, 주자朱子는 『대학』의 내용을 경經 1장과 전傳 10장으로 나누어, 경經은 공자의 뜻을 증자曾子가 기술한 것이고, 전傳은 증자의 뜻을 그 제자들이 찬술한 것이라 하였으나 확실한 논거가 있는 것은 아니다. 다만 『대학』의 저자를 증자로 봄으로써 『논어論語』·『대학大學』·『중용中庸』·『맹자孟子』로 구성된 사서의 작자가 공자, 증자, 자사, 맹자로 이어지는 유교의 학통이 체계화되기 때문에 주자의 설은 후대에 큰 영향력을 남겼다.

『대학』이 단순히 『예기』 중의 한 편으로서의 의미를 벗어나 하나의 귀중한 독립된 성전聖典으로 표장表章된 것은 송대宋代에 들어와서이지만 그 시작은 당唐의 한유韓愈에서 비롯된다. 한유는 그의 「원도原道」에서 『대학』의 내용인 "옛날에, 밝았던 덕을 천하에 다시 밝히고자 하는 자는 먼저 그 나라를 다스리고, 그 나라를 다스리고자 하는 자는 먼저 그 몸을 닦고, 그 몸을 닦고자 하는 자는 먼저 그 마음을 바로 잡으며, 그 마음을 바로잡고자 하는 자는 먼저 그 뜻을 정성되게 하고古之欲明明德於天下者, 先治其國, 欲治其國者, 先齊其家, 欲齊其家者, 先修其身, 欲修其身者, 先正其心, 欲正其心者, 先誠其意"를 인용함으로써 『대학』의 중요성을 부각시켰고 이어서 이고李翺는 그의 「복성서復性書」에서 『대학』의 '격물치지格物致知'를 설명하여 역시 『대학』의 중요성을 강조하였다. 그리하여 송대가 되면 과거에 급제한 새로운 진사進士에게 『대학』·『중용』 등을 천자天子가 하사하는 풍조가 생겨 세상에 더욱 유행하게 되었다. 『대학』을 처음으로 『예기』로부터 독립시켜 단행본으로 만든 사람은 사마광司馬光이다. 그는 『대학광의大學廣義』라는 단행본을 저술하였으나 오늘날 남아 있지 않다. 그 후 『대학』의 내용을 체계적이고 논리적인 것으로 만들기 위하여 문장의 위치를 바꾸는 작업을 시작하였는데 정호와 정이 형제의 『대학정본大學定本』이 그 결과 만들어진 것이다. 이를 계승한 주자는 자신의 체계에 따라 다시 정리하고 탈락이 있다고 여긴 부분에 134자를 보충하였으며 전편傳篇에 주석을 붙여 『대학장구大學章句』라는 독립적인 단행본을 저술하였다. 이로써 『대학』이 사서의 하나로 정착되어 유교의 기본적인 교과서가 된 것이다.

주자가 개정한 『대학장구』는 원元·명대明代의 과거시험을 위한 필독서가 되면서 일반인에게 널리 읽혀지게 되었고, 다른 사람들이 개정한 책들은 유포되지 아니하였다. 주자학朱子學에 대한 비판의식에서 출발한 명明의 왕수인王守仁(호는 양명陽明)은 『대학장구』를 비판하고 『예기』속에 있는 원래의 상태로 돌아갈 것을 주장하였는데 이를 『대학장구』와 구별하여 『고본대학古本大學』이라 일컫게 되었다. 그후 학파에 따라 『대학』의 개정작업이 부분적으로 이루어졌다. 양명학파陽明學派로서 경학자經學者인 계본季本은 『사서사존四書私存』을 저술하였는데 그 속에 그가 개정한 『대학』의 내용이 들어 있으며 그 무렵에 용동甬東 절강성浙江省 정해현定海縣 해중주海中州 풍방豊坊의 집에서 위석경본僞石經本이 나왔는데 이 또한 『예기』에 있는 『대학』의 내용과 다른 부분이 있다. 유종주劉宗周가 이 위석경본僞石經本을 근거로 하여 개정본을 만든 이래로 동괴董槐, 채청蔡淸, 고헌성顧憲成 등 많은 사람들이 개정본을 만든 바 있고, 한국韓國에서는 조선조朝鮮朝의 이언적李彦迪(호는 회재晦齋)이 『대학장구』에서 주자가 보충한 134자를 빼고 또 순서를 더욱 논리적이고 체계적인 형태로 바꾸어 『대학장구보유大學章句補遺』라는 책을 저술하였는데 이는 한국유교사상의 특징을 이해하는 데 도움이 되는 귀중한 자료이다.

『대학』은 격물치지格物致知에서 시작하여 수신제가修身齊家를 거쳐 치국평천하治國平天下에서 끝나는 유학의 목적과 정무政務의 근본을 설명한 국가경륜國家經綸의 학學이라고 할 수 있다. '삼민주의三民主義' 속에서 손문孫文은 '중국에는 외국의 대정치가들도 꿰뚫어보지 못하고 설명하지 못하는, 가장 체계적인 정치철학이 있다'고 하면서 그것이 곧 『대학』의 정치철학임을 역설하였다.

## 2. 중용中庸

『중용中庸』이 『대학大學』과 함께 『예기禮記』 속의 한 편篇이었음은 이미 언급한 바와 같다. 그 명칭은 편중篇中에 '중용中庸' 운운하는 말이 있는데 이것에서 말미암은 것이다. 그러나 공자가 항상 중용의 덕德을 강조하였고 『중용』이 유교사상을 철학적·조직적으로 서술한 것임을 생각할 때, 이 『중용』이란 명칭은 참으로 그 내용을 한마디로 표현한 서명이라 말할 수 있다.

『중용』의 작자는 공자의 손자인 자사子思이다. 이는 『사기史記』 「공자세가孔子世家」에 "공자는 이鯉를 낳았으니 그의 자字는 백어伯魚이다. 이鯉는 나이 50에 공자에 앞서 죽었다. 백어伯魚는 급伋을 낳았으니 그의 자字는 자사이다. 나이 62세까지 살았다. 일찍이 송宋나라에서 곤궁하였다. 자사는 『중용』을 지었다孔子生鯉, 字伯魚, 鯉年五十, 先孔子卒, 伯魚生伋, 字子思, 年六二, 嘗困於宋, 子思作中庸"는 말이 있는 데서 근거한다. 이론異論이 없는 것은 아니나 『대학』의 경우와는 달리 작자 문제에 있어서는 자사의 저작이라는 것이 통설로 되어 내려왔다.

『대학』과 달리 『중용』은 매우 오래 전부터 단독으로 취급되고 표장表章되어왔다. 전한前漢 후기 성제成帝 때 소대小戴의 제자인 교인橋仁이 『예기장구禮記章句』 49편을 저술하였다는 말이 있는데 이것이 주자의 장구章句와 비슷한 형태라고 본다면 『중용』도 교인橋仁의 손에 의하여 장절章節이 나누어진 것으로 추측된다. 또 『전한前漢』 예문지藝文志 육예략六藝略 예부禮部에 『중용설中庸說』 2편이 게재되어 있는 것을 보면 늦어도 전한시대 말경에는 이미 그 주해서가 만들어져 있었다는 것을 알 수 있다. 육조六朝 때 송宋의 대옹戴顒이라는 사람이 『예기』에서 뽑아 별책으로 『중용전中庸傳』 2권을 만들었다는 말이 있고 양무제梁武帝는 스스로 『중용강소中庸講疏』 1권을 저술하고 『제지중용의制旨中庸義』 5권을 편찬하였다는 사실이 『수서隋書』 경적지經籍志에 보이지만 모두 남아 있지 않다. 당唐의 이고李翶가 지은 「복성서復性書」는 중용편中庸篇의 전류傳流로 보는 데 있어서 중요한 자료가 된다. 그는 「복성서」에서 주로 『중용』·『역경易經』·『대학』·『맹자孟子』를 심오한 철학서로 인정하여 인용함으로써 이 책들의 중요성을 부각시켰으며 스스로 『중용설中庸說』 1권을 저술하였다고 한다. 송대宋代가 되면 『중용』은 본격적으로 연구되어 호원胡瑗의 『중용의中庸義』, 진양陳襄의 『중용강의中庸講義』, 여상余象의 『중용대의中庸大義』, 교집중喬執中의 『중용의中庸義』, 범조우范祖禹의 『중용론中庸論』, 승려인 계숭契嵩의 『중용해中庸解』 등이 저술되었다고 한다. 당시의 명재상 범중엄范仲淹이 불교에 몰두해 있던 청년 시절의 장재張載(호는 횡거橫渠)에게 『중용』한 권을 주어 유교로 복귀하도록 훈계하였다는 것은 널리 알려진 사실이다. 사마광司馬光은 『대학광의大學廣義』와 함께 『중용광의中庸廣義』를 저술하여 『중용』을 크게 표장表章하였다고 하나 아깝게도 전하지 아니하고 다만 사마광을 존숭한 조설지晁說之의 『중용전中庸傳』한 권이 전한다. 정명도程明道와 정이천程伊川은 『중용』을 중시하기는 하였으나 단행본의 저술을 남기지는 않았고, 이들을 계승한 주자가 『중용장구中庸章句』를 저술함으로써 『대학』과 『중용』이 『예기』와 완전히 독립하여 『논어』『맹자』와 더불어 유교의 기본 교과서인 사서四書로 정착하게 되었다. 주자는 71세로 사망하기 직전까지 사서의 주석을 개정하고 있었다고 전할 정도로 사서의 주석에 심혈을 기울였다. 특히 『대학장구』와 『중용장구』의 권두에 각각 게재된 장문의 서문 두 편은 그 규모의 웅대함과 필력의 웅건함, 그리고 문법의 엄밀함이 단지 문장으로만 보아도 명작으로서 자랑할 만한, 원숙한 만년의 사상과 학식의 골자가 진술되어 있는 중요한 자료이다. 주자가 사서에 주석을 붙인 이래로 주자의 주석을 토대로 한 주석서들이 나왔는데 송宋의 진덕수眞德秀의 『사서집편四書集編』, 조덕趙惠의 『사서전의찬요四書箋義纂要』, 원元의 유인劉因의 『사서집의정요四書集義精要』, 첨도전詹道傳의 『사서찬전四書纂箋』, 예사의倪士毅의 『사서집석四書輯釋』, 명대明代에 이루어진 『사서대전四書大全』 등이 대표적이다.

『대학』의 내용이 정치적인 특색이 강한 반면, 『중용』의 내용은 매우 철학적이다. 다시 말해 『대학』은 유교의 실천목표인 이상사회 건설을 현실사회 속에서 구체적으로 추구하는 정치적인 방법을 서술하였고, 『중용』은 개인의 내면세계 해석을 통한 철학적 접근법을 전개하였다.  따라서 『대학』과 『중용』은 상호보완적인 것으로 표리관계表裏關係에 있는 것이라고 할 수 있다.

# 大學

# 一. 경일장經一章

大學之道<sub>는</sub> 在明明德<sub>하며</sub> 在親民<sub>하며</sub> 在止於至善<sub>하</sub>니라

（대 학 지 도）（재 명 명 덕）（재 친 민）（재 지 어 지 선）

[1]  [2]

| 국역 |

큰 학문의 길은 밝았던 덕을 밝히는 데 있고, 백성과 하나가 되는 데 있으며, 지극히 좋은 상태에 머무는 데 있다.

| 난자풀이 |

[1] 之 : 일반적으로 지之는 동사로서 '가다', 조사로서 소유를 나타내는 '～의', 대명사로서 '그것' 등의 뜻을 나타내는데, 여기서는 소유를 나타내는 '～의'라 는 뜻으로 쓰인 조사이다.

[2] 於 : '～에', '～에서', '～보다' 등의 뜻으로 쓰이는 조사. 여기서는 '～에서'의 뜻으로 쓰이며 장소를 나타낸다.

　　대학大學이란 소학小學에 대對가 되는 말이다. 소학이 어린이들이 하는 학문이라는 뜻과 글자의 뜻을 배우는 문자학文字學이라는 뜻인데 반하여, 대학은 어른들이 하는 학문이라는 뜻과 삶의 도리를 배우는 철학哲學이라는 뜻을 갖고 있다.

　　여기서 말하는, 어른들이 배우는 큰 학문이란 무엇을 뜻하는가. 공자는 "배우고 제때에 익히니 또한 기쁘지 아니한가"라고 하였고 퇴계 이황은 학문을 일컬어 "일생 일대의 기쁜 일"이라고 하였는데, 과연 우리는 즐거움 속에서 공부하고 있는가. 우리가 영어단어를 외우고 수학문제를 풀고 국어문법을 익히던 배움의 과정이 기쁨으로 이어지지 않았다면 우리가 배운 내용은 공자나 퇴계가 말하는 배움의 내용과 일치하지 않는 것이다. 왜 우리 공부는 기쁘지 않은데, 공자나 퇴계가 말한 학문은 기쁜 것인가를 잠시 생각해보기로 하자.

　　우리는 무엇을 위해 공부하고 노력하는가. 의·식·주를 마련하는 게 가장 큰 목적일 것이다. 우리는 고등학교에 진학하기 위해 중학교 과정을 공부했고, 대학교에 진학하기 위해 고등학교 과정을 공부했으며, 취직하기 위해 대학교 과정을 공부했다. 취직이란 결국 내 육신의 먹고 입고 거주하는 데 필요한 돈을 벌기 위한 것이라 해도 과언이 아니다.

　　우리의 육체는 물질이며 다른 물질을 섭취해야 유지되는 속성을 지녔다. 음식 또한 물질의 제한성을 가지고 있기 때문에 남이 먹어버리면 나는 먹지 못하게 된다. 따라서 인간사회는 제한된 먹이를 구하기 위하여 서로 투쟁하는 장소가 될 수밖에 없으며, 나 또한 이런 사회에서 경쟁하고 있는 것이다. 우리 학문의 목적도 주로 경쟁에서 이길 수 있는 능력을 배양하는 것이었다.

　　내가 상급학교에 진학하는 것은 많은 친구들의 불합격을 전제로 하고, 친구들의 진학은 나의 불합격을 전제로 한다. 그러므로 나의 공부는 근본적으로 친구들을 불합격시켜야 하는 서글픔을 안고 있으며, 친구들과의 경쟁에서 내가 낙오되지 않아야 하는 고달 픔을 지니고 있다. 따라서 공부는 괴로운 것이며 공부에 시달리는 육체는 더욱 고달프다.

하지만 앞으로도 현재와 마찬가지로 경쟁에서 이기기 위한 노력으로 일관한다면, 나의 앞길에는 어떠한 것이 예상되는가. 정년퇴직 후 쓸쓸히 살아가고 있을 자신을 상상해보자. 그리고 향유할 수 있는 삶의 기간이 점점 줄어들어 어쩔 수 없이 죽음에 직면하게 될 자신을 상상해보자.

육체를 위해 추구해온 모든 것은 육체가 없어지는 순간 그 가치와 의미가 모두 사라지고 마는 것임을 깨닫게 될 것이다. 살아오면서 추구해온 모든 것에 대해 무상함을 느끼게 된다면, 한때는 영광스러운 일이 있었다 하더라도 나의 일생은 결국 허무한 것으로 귀결되므로 삶 자체가 그 가치를 잃게 되고 말 것이다. 괴로움과 고달픔을 참고 견디며 노력해온 공부의 대가도 모두 물거품처럼 사라지고 만다.

이와 같은 일생을 예견한다면, 앞으로의 생애를 지금까지 살아온 대로 살 수는 없을 것이다. 그렇게 되면 "나는 무엇 때문에 살며, 참으로 가치 있는 삶이란 어떤 것이며, 앞으로 어떻게 살아가야 할 것인가"라는 근본적인 물음에 봉착하여, 지금까지 살아온 삶의 궤도에서 벗어나 방황하게 된다.

공자나 퇴계가 말한 학문의 길은 바로 이러한 방황하는 삶에서 시작된다. 그 해답을 찾기 위해 공자도 방황했고 맹자도 방황했다. 해답을 찾기 위한 그들의 관심은 결국 삶을 영위하는 주체인 '나'의 존재를 해명하는 문제로 발전했다. 왜냐하면 존재의 본질이 밝혀지면 존재원리는 저절로 드러나기 때문이다. 예컨대, 내가 소라면 소답게 살면 될 것이고, 내가 개라면 개답게 살면 될 것이기 때문이다. 공자나 퇴계는 생각하고 배우는 과정을 되풀이하면서, 이 문제에 대한 해답을 찾아내려고 애쓴 사람들이다.

우리도 이러한 문제의 해답을 찾기 위해서는 공자나 퇴계처럼 방황하면서 생각하고 배워야 한다. 그러나 그 기간을 줄임과 동시에 확실하게 목적을 달성하기 위해서는 먼저 그들이 찾아놓은 해답을 보고, 그 해답을 확인하면 좋을 것이다. 그 해답은 존재론에 속하고, 확인하는 과정은 인식론 또는 수양론에 속한다.

공자나 맹자의 설명에 따르면, 인간존재는 육체와 마음(정신)이라는 이중구조로 되어 있다. 이 가운데 육체보다 마음이 더 본질적인 것이라고 한다. 그리고 마음의 근원을 이루고 있는 것이 성性이므로 결국 이 성性이 인간존재의 본질이라는 것이다. 성性이라는 글자의 모양은 마음[忄=心]과 삶[生]이 결합된 형태로, '살려는 마음', '살려는 의지'로 풀이할 수 있다.

지금까지 나의 육체를 계속 살아오도록 유도한 근원적인 존재는 바로 이 '살려는 의지'이다. 나의 이 '살려는 의지'는 한순간도 쉬는 일 없이 심장을 뛰게 하고, 호흡이 이어지게 하며, 배고플 때는 먹도록 하고, 피곤할 때는 쉬도록 하는 것이다.

곰곰이 생각해보면 이는 참으로 타당한 설명인 듯하다. 지금까지 우리는 나의 육체가 나인 것으로 착각하고 있었다. 육체가 죽는 것을 곧 내가 죽는 것으로 여긴 것이다. 그러나 잘 생각해보면 나의 육체는 원래 오늘날의 이러한 모습으로 존재하고 있었던 것이 아니다. 부모에게서 생겨난 조그만 물체(세포)가 자꾸 다른 물체와 결합하여 커온 것에 지나지 않는다. 그러므로 다른 물체에서 빌려온 것들을 돌려주고 나면 남는 것은 아무것도 없다. 그럼에도 나는 남에게서 빌려온 것을 나인 것으로 오인하고 있었던 것이다. 이러한 사실을 바로 인식하면 나의 참 존재는 나의 육체가 아니라 이 육체가 이렇게 커오게 되는 '추진력', 즉 '살려는 의지'임을 깨달을 수 있다.

나의 육체에 작용하는 이 '살려는 의지'는 다른 사람의 육체에 작용하는 '살려는 의지'나 동식물에 작용하는 그것과도 일치한다.

즉 나의 본질로 존재하는 '살려는 의지'와 똑같은 게 너에게도 존재한다는 것이다. 이 '살려는 의지'를 나의 참다운 존재로 파악한다면 참다운 나는 곧 너이며 만물이다. 본질인 나는 나의 육체를 중심으로 파악되는, 남과 구별되는 유한자인 나에게 국한되지 않는다. 이 국한되지 않는다는 점을 강조하면, 그것은 초월적인 존재이다. 본질 세계에서 나는 시간과 공간 속에서 작용하면서, 시간과 공간에 국한되지 않는 무한자이며, 나의 육체를 포함한 만물이 모두 살아가도록 유도하는 '살려는 의지'이다. 이 의지는 남과 나의 구별이 없으므로 남을 사랑하는 마음으로 표현된다. 그러므로 나는 남과 나를 구별하는 데에서 나타나는 갈등인 질투·미움·시기·투쟁·배신·압박·착취·독재 등이 없는, 영원과 평화, 사랑과 조화로 충만한 아름다운 존재이다.

이러한 본질 세계 속의 존재가 나의 본래모습이라고 한다면, 나의 육체가 필요로 하는 것을 얻기 위해 동분서주하고 있는 현재의 나는 본래의 나를 잃고 있는 것이다. 나를 잃어버린 삶은 나의 삶이 아니다. 그것은 불행한 삶이다. 참다운 삶을 살기 위해서는 잃어버린 나를 되찾아야 한다. 공자나 퇴계가 말하는 학문의 길이란 잃어버린 본래의 나를 찾아가는 길이다. 그러므로 학문의 길은 인생에서 가장 즐거운 길이 된다.

『대학』에서는 학문의 길, 즉 학문의 과정을, 밝았던 덕德을 밝히는 것, 백성과 하나가 되는 것, 지극히 좋은 상태에서 머무는 것 등의 세 가지 강령綱領과 사물에 이르는 것[격물格物], 지혜를 이루는 것[치지致知], 뜻을 정성스럽게 하는 것[성의誠意], 마음을 바르게 하는 것[정심正心], 몸을 닦는 것[수신修身], 집을 안락하게 하는 것[제가齊家], 나라를 다스리는 것[치국治國], 천하를 화평하게 하는 것[평천하平天下] 등의 여덟 가지 조목條目으로 나누어 설명하였는데, 이를 『대학』의 삼강령三綱領과 팔조목八條目이라 한다.

덕德의 원래 글자는 悳이니 곧음[직直]과 마음[심心]의 합체어이다. 따라서 덕德의 뜻은 '곧게 발휘될 수 있는 마음의 능력'이다. '곧게 발휘될 수 있는 마음의 능력'이란 마음의 근원을 이루고 있는 '살려는 의지'가 어떠한 영향에 의하여 변질되지 않고 곧바로 발휘될 수 있는 마음의 능력이다. 예를 들어, 빵이 하나 있다고 할 때 '살려는 의지'는 나의 육체와 남의 육체가 동시에 살아가도록 유도하는 의지이기 때문에, 남과 내가 동시에 살기 위하여 나누어 먹으려는 마음으로 발휘되지만, 남이 먹어버린 것만큼 나는 먹지 못하기 때문에 내가 살기 위해서 내가 다 먹어야겠다는 생각을 하게 되면, 나누어 먹으려는 마음은 굴절하여 혼자 먹으려는 마음으로 변질된다. 그리고 이 마음이 강화되면 투쟁하는 마음으로 나타난다. 이때 전자의 경우는 덕德이 있다고 할 수 있고 후자의 경우는 덕德이 없다고 할 수 있다.

『대학』에서는 이 덕德을 형용하여 밝은 것[명明]이라고 서술하였다. 사람이 실천을 함에 있어서 모두 덕德을 갖게 되면, 첫째, 그 사람의 삶은 자自와 타他를 포괄하는 전체적 삶을 사는 것이 되어, 그의 삶은 단절과 갈등을 초월한 영원과 조화의 삶이 될 것이고, 둘째, 자신의 육체는 가장 완전한 삶을 유지해갈 것이며, 셋째, 현실적으로 남과의 관계에서 일어나는 모든 일이 최선의 상태로 유지될 것이기 때문에, 이 덕德을 밝다는 말로 형용한 것이다.

덕德을 갖게 되면 자신의 육체가 가장 완전한 삶을 유지해갈 수 있다는 말은 무슨 뜻인가?

'살려는 의지'는 육체가 피곤하면 쉬도록 명령하고, 배가 고프면 먹도록 유도하며, 알맞게 먹었을 때는 그만 먹도록 명령하고, 심장은 알맞게 뛰도록 유도하며, 알맞게 호흡하도록 유도한다. 그런데 남과의 경쟁에서 이기기 위하여, 쉬도록 유도하는 명령을 듣지 않고 밤을 새워가며 공부하거나 일을 하면 육체는 병들게 된다. 마음의 가장 깊은 곳에서 솟아나는 '살려는 의지'의 명령대로 살 때 육체는 가장 좋은 상태를 유지하는 것이다.

· 남과의 관계에서 일어나는 모든 일이 최선의 상태로 유지될 수 있다는 것은 무슨 의미인가? 예를 들어 상인이 있다고 하자. 그가 덕德을 갖게 되면, 고객을 경쟁상대로 생각지 않고, 고객의

이익을 자신의 이익처럼 생각하게 됨으로써, 건전하고 훌륭한 상품을 적절한 이익을 남기고 팔게 될 것이다. 그렇게 되면 고객은 점점 더 많아질 것이며 그 결과 장사는 번창할 것이다. 만약 덕德을 가진 사람이 가축을 기른다면 가축은 잘 자랄 것이다. 그러므로 덕德을 밝은 것이라 형용했다.

이러한 덕德은 사람이 태어날 때 누구나 가지고 있었다. 어린 아이는 알맞게 먹고 알맞게 잘 줄 알며 남과의 경쟁에서 이기려고 하지 않고 욕심내지 아니한다. 그러나 성장하면서 남과 자기(엄밀하게는 육체)를 구별하는 감각기관이 발달하게 된다. 이 감각기관을 남과의 경쟁에서 이기기 위한 수단으로 사용함으로써 인간은 본래 갖고 있던 덕德을 점점 잃어간다. 밝았던 덕[명덕明德]이 어두워지는 것이다. 그러므로 인간이 해야 할 첫 번째 숙제는 명덕을 다시 밝히는 것이다.

친親은 하나가 된다는 뜻이다. 부모를 친親이라 함은 나와 가장 밀접한 관계에 있는, 남남이 아닌 하나로 합쳐져 있는 관계임을 의미한다. 그러므로 친민親民의 뜻은 '백성과 하나가 된다'는 것으로 해석할 수 있다. 덕德을 밝혀 자신의 본래 모습을 발견하게 되면 거기에서 모두 만난다는 사실을 알게 된다. 그것이 친민이다.

덕德을 가진 사람은 남과 나를 구별하여 남이 나에게 이익을 주는 사람인지 아닌지 따지지 않는다. 덕德을 지닌 사람은 찾아오는 사람을 계산적인 마음으로 대하지 않고 형제처럼 따뜻하게 반긴다. 그는 어리석은 사람도 똑똑한 사람도 약한 사람도 강한 사람도 모두 용납한다. 그러므로 그에게는 많은 사람이 편안함을 느끼고 형제처럼 좋아하며 따르게 된다. 친민이 된 것이다.

주자朱子(본명 주희朱熹, 1130~1200)는 친親을 새롭게 한다는 뜻의 신新으로 해석하여 친민을 신민新民, 즉 '백성을 새롭게 하는 것'이라 하였다. 주자는 당唐나라 말기 불교를 극복하기 위하여 일어난 유교부흥운동의 중심인물인 한유韓愈(768~824)와 이고李翺(772~841)에서 시작된 일련의 사상들을 종합하고 체계화함으로써 주자학朱子學

을 완성한 사상가이다.

주자는 개인적 수양철학에서는 이고 계통의 천인합일天人合一 사상을, 정치철학적 측면에서는 한유 계통의 적극적인 사회철학적 방법을 택하였다. 그렇기 때문에 친민을 남과 내가 저절로 하나가 된다는 무위자연적·소극적 방법으로 해석하기보다는 정치적 입장에서 적극적·의식적으로 '백성을 새롭게 하는 것'이라고 해석했다. 이에 비하여 명나라의 왕양명王陽明(본명 왕수인王守仁, 1472~1528)은 친민을 천인합일사상의 견지에서 '남이 나와 저절로 하나가 되는 것'이라는 뜻으로 풀이했다.

남과 내가 모두 본래모습을 회복하여 실천하면, 인간 사회는 사랑과 조화로 충만된, 지극히 좋은 상태가 된다. 이러한 사회를 일컬어, '만물이 모두 하나가 되는 사회'라는 의미에서 대동사회大同社會라고 한다.

큰 학문의 목적은 결국 이러한 이상적인 사회를 만들어 그곳에 머물러 사는 것으로 귀결된다. 지극히 좋은 상태에서 머문다고 하는 지어지선止於至善이 바로 이러한 것이다.

---

知止而后에 有定하며 定而后에 能靜하며 靜而后에
[1]
能安하며 安而后에 能慮하며 慮而后에 能得하니라

物有本末하고 事有終始하니 知所先後면 則近道矣니라
[2]

---

가서 머물러야 할 목적지를 안 후에 (방향의) 결정됨이 있고, 방향이 결정된 후에 고요할 수 있으며, 고요해진 후에 평온할 수 있고, 평온해진 후에 잘 사려할 수 있으며, 사려가 잘 된 후에 (진리를) 얻을 수 있다. 존재하는 모든 사물에는 존재의 구조에 뿌리(근본)와 지엽(말단)이 있고, 일이 진행되는 과정에는 시작되는 부분과 끝나는 부분이 있으니, 먼저 해야 할 것과 나중에 해야 할 것을 알아서 하면 진리에 가까워진다.

| 난자풀이 |

① 能 : 조동사로 다음에 오는 동사를 '~할 수 있다'라는 의미를 갖는 가능태로 바꾸어준다.
② 所 : 이때의 소所는 그 다음에 오는 낱말을 동사로 만드는 역할을 한다.

| 강설 |

지금까지 살아온 길에서 벗어나 참다운 인생길을 찾느라 방황하다가, 남과 내가 한마음 한뜻이 되어 공존하는 인간사회를 건설하여 그곳에 머무는 것이 인생이 가야 할 최종의 목표임을 알게 되면, 내가 가야 할 길은 저절로 결정된다. 그리고 그 길이 결정되면, 길을 몰라 방황하던 때의 번민은 어느새 사라지고 마음은 고요하게 가라앉는다. 마음이 편안한 상태가 되면 모든 사물을 명료하게 사려할 수 있게 되어 공부는 능률적으로 진행되고, 목적지까지 순조롭게 도달하게 된다.

물物이란 존재론적 · 공간적 개념으로 물체, 사실, 사건 등 이 세상에 존재하는 모든 것을 지칭하는데, 존재하는 모든 것에는, 마치 나무에 뿌리와 줄기와 잎이 있듯이 구조적으로 근본이 되는 것과 말단이 되는 것으로 이루어져 있다. 사事란 실천론적 · 시간적 개념으로 사事에 시작과 끝이 있다는 것은 모든 일이 진행되는 과정에 시작되는 부분과 끝나는 부분이 각각 따로 있다는 것을 의미한다.

　큰 학문의 과정인 명명덕·친민·지어지선을 놓고 보면 명명덕은 근본이 되는 부분이고 친민은 말단이 되는 부분이며 지어지선은 명명덕과 친민의 결과로 나타나는, 근본이 되는 부분과 말단이 되는 부분이 통합된 상태이다. 그리고 일의 진행과정에서 본다면 명명덕이 먼저 이루어져야 친민이 따라서 이루어지는 것이므로, 명명덕이 시작되는 부분이고 친민이 끝나는 부분이며 지어지선은 명명덕과 친민이 다 이루어진 상태이다.

　그러므로 배우는 사람은 공부를 함에 있어 마땅히 명명덕과 친민이 다 이루어진 상태인 지어지선을 최종 목표로 삼아야 한다. 그러나 실제로 공부를 시작함에 있어서는, 근본이 되고 시작되는 부분인 명명덕을 먼저 힘쓰고, 말단이 되고 끝나는 부분인 친민을 나중에 힘써야 한다. 그러나 명명덕과 친민은 분리될 수 있는 것이 아니다. '오늘 명명덕, 내일 친민' 하는 식으로 떼어서 따로 실천하는 것이 아니라 명명덕을 하면 명명덕을 한 만큼 친민은 저절로 이루어진다. 명명덕에 주력하다 보면 친민은 저절로 이루어지므로 크게 힘쓰지 않아도 될 것이다. 그러나 명명덕을 먼저 하지 않고 친민부터 하려고 하면 일은 이루어지지 아니한다.

　도道란 타락하기 이전의 순수한 인간과 그를 둘러싼 천지만물이 나아가는 길이다. 그런데 사람들은 욕심으로 말미암아 타락하여 이 길을 잃고 고통을 받는다. 그러므로 고통에서 벗어나기 위해서는 도道를 다시 찾아야 한다.

　배우는 사람이 지어지선을 학문의 목표로 세우되 명명덕을 먼저 하고 그 다음에 친민이 되기를 바란다면, 점점 도에 다가갈 것이다. 명명덕·친민·지어지선 셋으로 나누어 설명된 공부 과정을 세분하면 다음의 팔조목이 된다.

古之欲明明德於天下者는 先治其國하며 欲治其國者
는 先齊其家하며 欲齊其家者는 先修其身하며 欲修
其身者는 先正其心하며 欲正其心者는 先誠其意하며

欲誠其意者는 先致其知하니 致知는 在格物하니라

物格而后에 知至하며 知至而后에 意誠하며 意誠而后에

心正하며 心正而后에 身修하며 身修而后에 家齊하며

家齊而后에 國治하며 國治而后에 天下平하니라

| 국역 |

옛날에, 밝았던 덕德을 천하에 다시 밝히고자 한다면 먼저 자기 나라를 다스리고, 자기 나라를 다스리고자 한다면 먼저 자기 집을 안락하게 하며, 자기 집을 안락하게 하고자 한다면 먼저 자기 몸을 닦고, 자기 몸을 닦고자 한다면 먼저 자기 마음을 바로잡으며, 자기 마음을 바로잡고자 한다면 먼저 자기 뜻을 정성되게 하고, 자기 뜻을 정성되게 하고자 한다면 먼저 자기 지혜를 이룬다. 지혜를 이루는 것은 사물에 접하여 사물을 연구하는 데 있다. 사물이 연구된 뒤에 지혜가 이루어지고, 지혜가 이루어진 뒤에 뜻이 정성스러워지며, 뜻이 정성스러워진 뒤에 마음이 바르게 되고, 마음이 바르게 된 뒤에 몸이 닦이며, 몸이 닦인 뒤에 집이 안락해지고, 집이 안락해진 뒤에 나라가 다스려지며, 나라가 다스려진 뒤에 천하

가 화평해진다.

① 天下 : 글자 그대로 하늘 아래의 이 세상이다. 정치적 관념으로 보면 천하는 하늘의 아들인 천자天子의 통치영역이 된다.

② 者 : 일반적으로 사람이라는 뜻으로 풀이하여 '옛날에, 밝은 덕德을 천하에 밝히려고 하는 사람은'으로 해석하는데, 이를 글자 그대로 받아들이게 되면 이 문장의 내용은 밝은 덕德을 천하에 밝히려고 하는 사람, 그 나라를 다스리려고 하는 사람, 그 집을 가지런하게 하려고 하는 사람 …… 등등 각기 다른 여러 사람의 실천방안을 모은 형태가 되어 하나의 논리로 체계화되지 않는다. 다시 말하면, 밝은 덕德을 천하에 밝히려고 하는 사람은 먼저 그 나라를 다스리게 되지만 그 나라를 다스리기 위하여 먼저 그 집을 가지런하게 하려는 사람과는 별개의 사람이 됨으로써 그의 행위가 집을 가지런하게 하는 데까지 연결되지 않는다. 그러므로 이 문장은, 팔조목을 각기 다른 사람의 저마다 다른 행위로 보지 않고 '밝았던 덕德을 천하에 밝히기 위해서는' 먼저 치국을 해야 하고, 치국을 하기 위해서는 먼저 제가를 해야 하고 …… 하는 식으로 서로 연결되어 있는 논리체계임을 파악할 수 있는 안목이 필요하다. 팔조목 가운데 마지막 두 조목인 치지와 격물의 관계를, '욕치기지자欲致其知者는 선격기물先格其物'이라 하지 않고 '치지致知는 재격물在格物이니라'라고 한 것이 바로 이를 입증한다.

③ 國 : 천하를 구성하는 단위로, 제후諸侯가 통치하는 영역.

④ 家 : 나라[국國]를 구성하는 단위로, 대부大夫가 관할하는 영역. 『맹자』를 보면, 천자가 제후를 임명하고 제후가 대부를 임명하는 것으로 되어 있다. 국國의 크기는 대소의 차이가 있지만 대개 천하의 십분의 일쯤 되고, 가家의 크기는 국國의 십분의 일쯤 된다.

| 강설 |

고古, 즉 '옛날에'라고 한 것은, 학문의 구체적인 과정이 옛날에는 이와 같은 팔조목, 즉 격물格物, 치지致知, 성의誠意, 정심正心, 수신修身, 제가齊家, 치국治國, 평천하平天下로 이루어져 있었음

을 의미하는데, 요즘은 그렇지 못하다는 것을 역설적으로 표현한 말이다. 여기서 말하는 '옛날'이란 유교사상에서 말하는 이상사회가 실현된 시대로 보아야 할 것이므로, 역사적으로는 요순시대堯舜時代로 볼 수 있다.

이상사회가 실현된 옛날에 지어지선으로 표현된 학문의 목표는 천하의 인민들 각자의 밝았던 덕德을 천하에 모두 밝히는 것으로 구체화되는데, 이는 천하를 구성하는 소단위인 각각의 나라[국國]를 잘 다스림으로써 가능한 것이며, 나라를 잘 다스리는 것은 그 나라를 구성하는 소단위인 집[가家]을 안락하게 하는 데 있고, 집을 안락하게 하는 것은 자신의 몸을 잘 닦는 데 있는 것이며, 자신의 몸을 닦는 것은 마음을 바로잡는 데 있고, 마음을 바로잡는 것은 뜻을 정성스럽게 하는 데 있으며, 뜻을 정성스럽게 하는 것은 올바른 지혜를 이루는 데 있고, 올바른 지혜를 이루는 것은 사물에 접하여 사물의 이치를 잘 인식하는 데 있다. 그러므로 학문의 목표가 자신을 포함한 천하 인민들의 밝았던 덕德을 천하에 모두 밝히는 것이라면, 학문의 출발점은 사물에 접하는 것이며[격물格物], 사물에 접하여 사물의 이치를 인식하게 되면 지혜가 저절로 이루어지고[지지知至], 지혜가 이루어지면 뜻이 저절로 정성스러워지며, 뜻이 정성스러워지면 마음이 저절로 바로잡혀지고, 마음이 바로잡혀지면 몸이 저절로 닦이며, 몸이 닦이면 집이 저절로 안락하게 되고, 집이 안락하게 되면 나라가 저절로 다스려지며, 나라가 다스려지면 천하는 저절로 화평해진다.

고지욕명명덕어천하자古之欲明明德於天下者에서 재격물在格物에 이르는 과정은 학문의 목표를 달성하기 위한 방법을 논리적·이론적으로 추구해 들어간 것이고, 격물에서 천하평에 이르는 과정은 공부의 효과가 실제로 나타나는 과정을 사실적으로 서술한 것이다. 그러나 공부의 효과에 있어서도 격물이 다 된 후에 지지가 되고 지지가 완전히 되고 나서 의성意誠이 되는 식의 시간적인 선후관계가 성립하는 것은 아니다. 격물이 되는 만큼 동시에 의성

이 되며 그만큼 천하평이 된다. 팔조목 각각에 대한 상세한 설명
은 전傳에 나오기 때문에 여기서는 줄인다.

自天子以至於庶人壹是皆以修身爲本이니라 其本亂
而末治者否矣며 其所厚者薄이오 而其所薄者厚하리
未之有也니라

| 국역 |

천자에서부터 서인에 이르기까지 하나같이 이 모두 몸을 닦는 것을
근본으로 삼아야 한다. 그 근본이 어지러운데도 말단이 다스려지는
것은 아니며 그 두텁게 여겨져야 될 것이 엷게 여겨지고, 그 엷게
여겨져야 될 것이 두텁게 여겨지는 경우는 (아직) 있지 아니하다.

| 난자풀이 |

1 自 : 흔히 부사로서 '스스로'라는 뜻으로 쓰이지만 여기서는 전치사로서 '∼으
로부터'라는 뜻으로 쓰였다.

2 以 : '∼으로써', '∼을 가지고'라는 뜻으로 목적어는 以자의 앞에 올 수도 있
고 뒤에 올 수도 있다. 여기서는 앞의 자천자自天子와 연결되어 천자에서부
터 시작하여, '거기서부터 해서'라는 뜻이 된다.

3 至 : 흔히 '이르다'라는 뜻으로 쓰이는 동사인데 여기서는 전치사로서 앞의 自
와 연용구로 쓰이고 있다. '∼에 이르기까지'라는 뜻이 된다.

4 所 : 이때의 소所는 그 다음 말을 동사로 만드는 기능을 한다. 이때의 동사는
피동의 뜻을 갖는 경우가 많다.

5 未 : 과거의 일을 부정하는 말이다. 그러므로 '아직 ∼이 아니다'로 해석하는

것이 좋다.

6 之 : 흔히 동사로서 '가다'라는 뜻과 조사로서 '~의', '~이(가)'의 뜻이 있으며, 대명사로서 '그것이', '그것을'이란 뜻으로 쓰이기도 한다. 여기서는 대명사로서 타동사인 유有의 목적어로 쓰였으나 부정어인 미未가 있기 때문에 목적어와 동사의 도치가 된 경우이다.

예) 未有之也 → 未之有也, 不知己 → 不己知

| 강설 |

팔조목 가운데 격물·치지·성의·정심은 수신하는 내용이고, 제가·치국·평천하는 수신의 결과 나타나는 효과이다. 격물·치지·성의·정심은 개인의 마음속에서 이루어지는 과정이고, 수신·제가·치국·평천하는 개인의 몸 밖으로 퍼져나가는 과정이다. 그러므로 외형적으로 보면 팔조목은 수신·제가·치국·평천하로 압축될 수 있다. 수신이 되면 제가·치국·평천하는 저절로 이루어지지만 수신이 되지 않고 제가·치국·평천하가 될 수는 없다. 그러므로 수신이 근본이 되고 제가·치국·평천하는 말단이 된다. 그렇기 때문에 천자에서부터 서민에 이르기까지 사람이면 누구나 수신을 근본으로 삼아야 하는 것이다. 여기서, 천자에서부터 서민에 이르기까지 모두 수신을 근본으로 삼아야 한다는 말은 팔조목으로 세분된 학문의 길이 치자治者에게만 해당되는 제왕지학帝王之學이 아니라 모든 사람에게 해당되는, 사람됨을 위한 인간학人間學임을 명시한 것이다.

팔조목 가운데 근본이 되는 수신이 되지 않고서 제가·치국·평천하가 될 리는 없으며, 두텁게 해야 할 것으로 여겨진 수신이 엷은 것일 수 있고, 엷게 해야 할 것으로 여겨진 제가·치국·평천하 등이 두터운 것일 수도 있다는 논리는 아직까지는 없다.

이 문장은 수신·제가·치국·평천하의 상호관계에서 본本과 말末, 후厚와 박薄을 설명한 것이다. 인격완성을 위한 수양은 등한히 하면서 남을 다스리는 치자의 자리를 차지하고 싶어하는 많은 사람들은 반성해야 할 것이다.

　　이상이 주자가 설정한 경經 1장에 해당하는 내용이다. 주자는
정이천의 설을 근거로 하여 대학의 차례를 정하고 경經 1장과 전傳
10장으로 분류하였다. 그리고 경經 1장은 공자의 말씀을 공자의 문
인인 증자가 기술한 것이고, 전傳 10장은 증자의 말을 증자의 문인
이 기술한 것이라고 하였다. 경經의 뜻은 원래 베올의 날줄을 뜻하
는 것이다. 베를 짤 때 날줄은 고정되어 있고 씨줄은 북에 넣어져
서 좌우로 왔다갔다하면서 움직인다. 날줄이 움직이지 않고 고정
되어 있다는 뜻이 확대되어 불변하는 진리의 말씀을 의미하게 되
었는데, 성인聖人의 말씀이 이에 해당한다. 이에 비하여 현인賢人
의 말은 전傳이라고 한다.

# 二. 전일장傳一章

강 고 왈 극 명 덕 태 갑 왈 고 시 천 지 명 명
康誥에 日克明德이라하며 太甲에 日顧諟天之明命이
① ② ③ ④
제 전 왈 극 명 준 덕 개 자 명 야
라하며 帝典에 日克明峻德이라하니 皆自明也니라
⑤ ⑥ ⑦

| 국역 |

강고에서는 "능히 덕을 밝힌다"고 하였고, 태갑에서는 "이 하늘의
밝은 명命을 돌아본다"고 하였으며, 제전에서는 "능히 큰 덕을 밝
힌다"고 하였으니 모두 밝히는 것에서부터 시작하는 것이다.

| 난자풀이 |

① 康誥 : 『서경書經』의 편명이다. 그 내용은 무왕武王이 아우인 강숙康叔을 위
衛에 봉하고서 그를 경계한 말로 이루어져 있다.

② 克 : 여기서는 부사로 쓰여, '능히 ~을 한다'의 뜻이 된다.

③ 太甲 : 『서경』의 편명이다. 은殷의 정승 이윤伊尹이 탕湯의 덕을 말함으로써
그 임금 태갑에게 훈계한 말로 되어 있다.

④ 諟 : 시是, 차此 등과 같은 말로 지시대명사 '이'라는 뜻이다.

⑤ 帝典 : 『서경』의 요전堯典을 가리킨다.

⑥ 峻 : 높은 산을 의미하는데 그 뜻이 확대되어 '크다'는 뜻이 되었다.

⑦ 自 : 주자는 '스스로'라는 뜻의 부사로 해석했는데 문맥으로 보아 '~에서부터'라는 뜻을 가진 전치사로 보는 게 좋을 듯하다.

| 강설 |

　　삼강령 가운데 명명덕明明德에 관한 설명이다. 『서경』의 편명인 강고康誥에서는 능히 덕을 밝힌다고 했고, 태갑太甲에서는 이 하늘의 밝은 명命을 돌아보아 그 명命을 따른다고 했으며, 제전帝典에서는 능히 큰 덕을 밝힌다고 했으니, 이러한 예문에서 보더라도 학문의 길은 덕을 밝히는 것, 즉 명명덕에서 시작된다.

　　여기서 말하는 하늘[천天]이란 과연 무엇인가. 인간존재의 본질은 마음의 근원을 이루고 있는 성性, 즉 '살려는 의지'인데 이 살려는 의지는 나의 육체와 남의 육체 그리고 만물에 공통적으로 존재하는 동일자임은 이미 설명한 바 있다. 나의 본질이 곧 남의 본질이므로 이는 나에게 국한되지 않는 전체적인 존재이다. 그러므로 이 '살려는 의지'는 나의 본질로서 나의 육체에 작용하는 면에서 보면 개별성을 갖지만 나에게 국한되지 않는다는 면에서 보면 전체성을 갖는다. 이 '살려는 의지'의 전체성을 천天이라 표현하고, 개별성을 성性이라 표현한 것이다.

　　그리고 천天의 명命이란 천지만물의 전체성으로 본 '살려는 의지', 즉 모든 삶을 전체성의 견지에서 조화롭게 유도해가는 '의지'로 이해하면 될 것이다. 천天은 주체이고 명命은 그 주체의 작용이다.

# 三. 전이장傳二章

湯之盤銘에 曰苟日新하고 日日新하며 又日新하라하고

康誥에 曰作新民이라 하며 詩曰周雖舊邦이나 其命[2]

維新[3]이라하니 是故[4]로 君子는 無所不用其極[5]이니라

| 국역 |

탕임금의 세숫대야에 새겨진 명문銘文에는 "진실로 날로 새롭게 하고 날로날로 새롭게 하며 또 날로 새롭게 하라"고 하였고 『서경』의 강고편에서는 "백성을 진작시켜 새롭게 한다"고 하였으며, 『시경』에서는 "주周나라는 비록 오래된 나라이나 그 통치이념과 기상이 계속 새롭다"고 하였으니 이 때문에 군자는 그 최선의 방법을 쓰지 아니하는 것이 없다.

1 詩 : 이때의 詩는 『시경詩經』을 가리킨다. 이와 마찬가지로 서왈書曰로 시작
되는 문장은 대개 『서경書經』을 가리킨다.

2 命 : 이때의 명命은 나라 통치이념과 기상을 의미하는 것으로 볼 수 있다. 어
떠한 나라도 그 나라가 갖고 있는 통치이념이 있고 기상이 있다. 국명國命이
다했다고 하는 것은 그 나라의 통치이념이 효력을 상실하고 기상이 없어졌
음을 말한다.

3 維 : 원래 밧줄이라는 뜻인데 유惟, 유唯와 통용되어 '오직'이라는 뜻으로 쓰
이기도 한다. 여기서는 밧줄처럼 계속 이어진다는 의미를 취하여 '계속'이라
는 뜻으로 해석하는 것이 좋을 듯하다.

4 君子 : 소인小人과 대對가 되는 말인데, 보통 다스리는 지위에 있는 자와 덕德이
있는 자 그리고 진리를 구하는 구도자 등의 뜻이 있다. 사서(『논어』·『맹자』·『대
학』·『중용』)에 나오는 군자君子의 의미는 대개 후자인 덕德 있는 사람과 구도
자를 가리킨다.

5 極 : 용마루. 용마루는 지붕의 제일 높은 부분이므로 뜻이 전변되어 최고의
상태, 최선의 상태, 극진한 것, 최후에 도달하는 곳 등의 뜻을 갖는다.


| 강설 |

이는 친민親民을 설명하는 전문傳文이다.

탕임금의 세숫대야에 새겨진 명문에는 "진실로 날로 새롭고
날로날로 새롭고 또 날로 새롭게 하라"고 씌어 있는데 이는 목욕으
로 몸이 깨끗해지는 것에 견주어 참신한 정치를 하도록 깨우친 것
이다.

어느 대학의 졸업반이라는 집단을 예를 들어 설명해보자. 이
집단의 구성원 각자의 목표가 졸업을 한 뒤에 어떻게 취직을 할
것인가라는 문제로 집약된다고 가정해보자. 이러한 상황에서 구성
원을 모두 취직시킬 수 있는 방법을 제시하는 이론이 있다고 한다
면 각 구성원은 모두 그 이론에 따라 실천함으로써 소기의 목적을
달성할 수 있게 될 것이고, 따라서 그 이론은 참신한 이론으로 인

식될 것이며, 그 이론을 제공한 이론가는 모든 사람들에게 추앙 받게 될 것이다. 그 결과 그 이론의 제공자는 집단에 대한 지도력을 갖게 될 것이다. 그런데 구성원이 모두 취직이라는 소기의 목적을 달성하고 나면 취직을 할 수 있는 이론은 이제 아무 쓸모가 없는 진부한 이론이 된다. 각 구성원은 그 다음 목표(예를 들면 집을 장만하는 것 등)에 관한 이론을 필요로 하게 된다. 이때 이미 지도자의 위치에 있는 사람이 새로운 이론을 제시하지 못하고 여전히 진부한 이론을 가지고 권력을 유지하려 하면 각 구성원들은 반발하게 된다. 그렇게 되면 새로운 이론과 진부한 이론 사이의 이론투쟁이 일어나게 되고, 또 새로운 이론을 추종하는 세력(혁신파)과 진부한 이론을 가지고 계속 권력을 유지하려는 세력(보수파) 간에 충돌이 일어나게 된다. 이 충돌에서 처음에는 열세에 놓였던 혁신파가 차츰 다수 구성원의 지지를 얻음으로써 이기게 되어, 그 집단에는 새로운 이론을 통치원리로 하는 새로운 통치체제가 형성된다.

　　이러한 발전과정이 투쟁과 혼란의 과정을 겪지 않기 위해서는 지도력을 가진 사람, 즉 백성의 중심이 되는 사람이 백성의 진정한 요구에 부응하는 새로운 이론을 끊임없이 제공해야 한다. 그런데 이러한 것은 통치 의식을 가진 상태에서 지배권력을 계속 유지하기 위한 수단으로 피지배자의 현실을 관찰하는 정치 지도자들은 이미 백성들의 처지가 될 수 없기 때문에 한계가 있다. 완전히 남과 하나가 된 상태, 즉 친민의 상태가 되어 남의 아픔이 나의 아픔이 되고, 남의 기쁨이 나의 기쁨이 되는 지도자만이 백성들에게 필요한 참신한 이론을 끊임없이 제공할 수 있다. 이러한 논리에서 볼 때 "진실로 새롭고 날로날로 새롭고 또 날로 새롭게 한다"는 말이 친민의 설명이 됨을 알 수 있다.

　　신민新民, 즉 새로운 사람이란 새 시대에 필요한 새로운 이론을 제공하거나 그 이론을 추종하는 사람이다. 이러한 사람의 수는 처음에는 소수였다가 차츰 많아지게 되고 결국 전부를 차지하게 된다. 그러므로 처음부터 이 소수의 신민을 억누를 것이 아니라 이를 진작시킴으로써 순조로운 발전을 이루어가야 할 것이다. 이렇게 되면 비록 오래된 나라라 할지라도 그 나라의 통치이념은 계속 참신하고 계속 생동감이 넘칠 것이다.

그러므로 명명덕이 되고 친민이 된 상태에 있는 군자는 그 택하여야 할 최선의 방법, 즉 날로날로 새로운 방법을 택하여 쓰게 되는 것이다.

# 四. 젼삼쟝傳三章

詩云邦畿千里여 惟民所止로다하고 詩云緡蠻黃鳥여
시운방기천리    유민소지         시운면만 황조
[1]                                    [2]

止于丘隅로다하니 子曰於止에 知其所止어늘 可以人
지우구우         자왈어지   지기소지      가이인
[3][4][5]                                  [6]

而不如鳥乎아
이불여조호
[7]

| 국역 |

『시경詩經』에 "방기천리여, 오직 백성들이 머물 곳이로다" 하였고,
또『시경』에 "면만하는 황조여, 구우에 머무는구나" 하였으니 공자
는 "머무는 데 있어서는 (새들도) 그 머물 곳을 알거늘 사람으로서
새만 같지 못할 수 있겠는가"고 하였다.

| 난자풀이 |

[1] 邦畿 : 방邦은 작은 나라. 기畿는 도읍지 주위의 500리 이내의 땅. 따라서 방
    기邦畿는 나라의 도읍지, 즉 서울을 중심으로 한 500리 이내의 땅. 경기지

방. 반경이 500리이므로 직경은 1,000리가 된다.

② 緡蠻 : 면緡의 뜻은 돈꿰미, 만蠻의 뜻은 오랑캐, 여기서의 면만緡蠻은 황조의 우는 소리를 나타내는 의성어이다. 『시경』에는 緡이 면綿으로 되어 있으므로 여기서도 '면'으로 발음하는 것이 옳을 것이다.

③ 于 : 장소를 가리키는 조사.

④ 丘 : 언덕. 여기서는 묏부리가 높은 언덕을 말한다.

⑤ 隅 : 초목이 빽빽하게 들어서 있는 산모퉁이.

⑥ 以 : 以A爲B의 기본 문형에서 爲B가 생략된 것이다. 이 문장은 '사람으로 살면서'라는 뜻이다.

⑦ 乎 : 의문조사.


| 강설 |

　　이는 지어지선止於至善을 설명하는 전문傳文이다.

　　『시경』의 체제는 풍風·아雅·송頌으로 구성되어 있는데, 풍風에는 다시 국풍國風이 있고, 아雅에는 소아小雅와 대아大雅가 있으며, 송頌에는 주송周頌, 노송魯頌, 상송商頌이 있다. 『시경』의 상송商頌 현조편玄鳥篇에는 경기지방 천리는 오직 백성들이 머물러 살 곳이라고 노래하고 있는데, 이 시는 당시의 경기지방은 덕을 밝힌 왕에 의하여 친민이 되어 있는 지선至善한 이상사회임을 노래한 것이다. 또한 『시경』의 소아小雅 면만편緡蠻篇에는 "면만하고 우는 저 황조는 산의 높은 언덕 구석의 수목이 빽빽하게 우거진 곳에 머물고 있다" 하였는데, 이 시는 산새들이 화살이나 그물이 미치지 못하는, 수목이 빽빽하게 우거진 산언덕 구석의 가장 살기 좋은 곳에 머물고 있는 자연현상을 노래한 것이다. 그런데 이 시를 읽은 공자는 "머무는 데 있어서는 새들도 그 마땅히 머물 곳을 알고 있거늘 사람으로서 살아가면서 머물 곳을 알지 못한다면 새보다도 못한 것이 아니겠는가" 하고 탄식함으로써 사람은 마땅히 지선한 이상사회를 건설하여 그곳에 머물러야 함을 강조하였다.

詩云穆穆 文王이여 於緝熙敬止라하니 爲人君엔 止
① ② ③④⑤ ⑥
於仁하고 爲人臣엔 止於敬하고 爲人子엔 止於孝하고

爲人父엔 止於慈하고 與國人交엔 止於信하다

| 국역 |

『시경』에 근엄한 문왕이여! 오! 계속 빛나며 경건하게 머문다 하
였으니 (문왕은) 남의 임금이 되어서는 인仁한 상태에 머물고, 남
의 신하가 되어서는 경건한 상태에 머물며, 남의 아들이 되어서는
효孝의 상태에 머물고, 남의 아버지가 되어서는 자慈한 상태에 머물
며, 나라의 사람들과 사귐에 있어서는 신信의 상태에 머문다.

| 난자풀이 |

① 穆穆 : 인품이 깊고 먼 것을 형용하는 말.
② 文王 : 주周나라 무왕武王의 아버지. 성은 희姬, 이름은 창昌. 은殷나라의 마
  지막 왕인 주왕紂王 때 서백西伯이 되어 백성을 어질게 다스렸음. 주왕이 폭
  역暴逆하므로 제후들이 그를 추대하여 군주로 받들었다 함. 뒤에 그의 아들
  무왕武王이 혁명을 일으켜 은殷을 멸망시키고 즉위하여 그에게 문왕文王이라
  는 시호를 추증하였음.
③ 於 : 일반적으로는 '~에'라는 뜻의, 장소를 나타내는 조사로서 음은 '어'인데,
  여기서는 음이 '오'로 되어 감탄사가 됨.
④ 緝 : '잇다', '계속하다'는 뜻으로 본음은 '즙'.
⑤ 熙 : '밝다', '빛나다'는 뜻.
⑥ 人 : 이때의 인人은 사람이라는 뜻보다 남이라는 뜻이 된다. 그 다음에 나오
  는 말, 즉 임금, 신하, 아들, 아버지 등 상대를 지칭한다.

| 강설 |

『시경』의 대아 문왕편에는 "인품이 깊고 그윽하신 문왕이여! 오! 계속 인격의 빛을 발하면서 경건하게 최선의 상태에 머문다" 하였으니 문왕이 남, 즉 자신을 제외한 다른 사람들의 임금이 되었을 때는 어진 마음을 실천하는 데 머물렀던 것이다. 어진 마음을 실천하는 데 머물렀다고 하는 것은 계속 어진 마음을 실천하였다는 말이다. 어진 마음, 즉 인仁이란, 인人과 이二로 구성된 글자의 모양에서도 알 수 있듯이 두 사람의 마음 가운데 서로 같은 부분을 가리킨다. 나의 마음과 남의 마음의 서로 같은 부분이 마음의 근원을 이루고 있는 성性이라고 본다면 인仁은 곧 성性임을 알 수 있다.

성性은 남과 나를 동시에 살리려고 하는 의지이므로 성性은 남을 나처럼 아끼고 사랑하는 작용을 하는데 이러한 성性의 작용을 특히 인仁이라고 표현한 것이다. 임금이 되었을 때의 도리는 이 인仁의 마음을 가지고 모든 사람들을 자신처럼 아끼고 사랑함으로써 백성들과 한마음이 되어야 한다. 임금은 권력이 있으므로 그 권력을 이용하여 백성들을 탄압하기 쉽다. 따라서 특히 임금의 도리로 인仁을 강조한 것이다.

문왕이 남(이때는 주왕을 가리킴)의 신하가 되었을 때는 계속 경건한 마음을 간직하였다. 경敬이란 『주역周易』 곤괘坤卦 문언전文言傳의 "경敬으로써 속마음을 곧게 간직하고 의義로써 바깥일을 방정하게 한다[경이직내敬以直內, 의이방외義以方外]"고 하는 문장에서 보면, 속에 있는 본래의 마음이 비뚤어지지 않고 곧게 발출할 수 있도록 마음의 상태를 간직한다는 의미임을 알 수 있다. 신하가 임금을 대할 때 경敬을 간직해야 된다는 말은, "내가 출세하기 위하여 임금에게 잘 보여야지" 하는 식의 계산적인 마음을 갖지 않음으로써 속에 있는 본마음을 그대로 발휘할 수 있도록 한다는 말이다. 속[중中]에 있는 본마음[心]은 글자 그대로 중中과 심心의 합체어인 충忠이기 때문에 신하는 임금에게 충忠으로 대하여야 한다고도 한다.

신하가 된 사람의 목적은 임금을 도와서 모든 백성이 잘 살수 있는 나라를 건설하는 데 있으므로, 그 마음도 그러한 방향으로 나아가야 한다. 충忠에는 두 가지 성격이 있다. 하나는 임금이 본래의 목적인, 살기 좋은 나라를 건설하기 위하여 노력하고 있을 때 신하는 지성껏 그 임금과 합심하여야 하는 것이고, 다른 하나는 임금이 폭군이 되어 백성들을 오히려 못살게 굴 때 그 임금을 추방하여야 하는 것이다. 이와 같은 충忠의 개념이 더욱 구체화되어 나타난 것이 의義이다. 그러므로 군신유의君臣有義, 즉 임금과 신하 사이에는 의義가 있다고 한 것이다.

문왕은 또 남(여기서는 문왕의 아버지)의 아들이 되었을 때는 계속 효孝를 다하였다. 인간이 만물일체의 본래모습을 잃지 않고 있을 때는 조화로운 삶을 영위하게 되지만, 일단 이 본래의 모습을 잃게 되면 남과 대립하고 투쟁하게 됨으로써 많은 갈등을 일으키게 된다. 나를 이기기 위하여 노력하는 남들은 나를 누르고 나를 짓밟으며 나에게서 모든 것을 빼앗으려 한다. 이러한 인간관계 속에서 인간은 외롭고 고독하며 불행을 느끼게 된다.

그러나 이러한 인간관계 속에서도 끝까지 무조건적으로 나를 믿어주고 감싸주며 나를 위해 희생해 주는 사람이 있으니, 바로 부모父母이다. 인간관계에서 빚어지는 모든 정신적 갈등은 부모의 절대적 사랑 속에서 해소될 수 있다. 부모의 절대적인 사랑은 나의 정신적 고향이며 행복의 보금자리이다. 따라서 행복한 삶을 영위하기 위해서는 무엇보다도 먼저 부모와의 관계를 잘 유지하여 이 행복의 보금자리를 확보하여야 한다. 부모와의 관계를 잘 유지하기 위한 자녀의 노력이 효孝이다.

문왕이 남(이때는 무왕을 지칭함)의 아버지가 되었을 때는 계속 아들에 대한 자애로운 마음[慈]을 유지하였다. 자慈는 이[玆]와 마음[心]의 합체어이므로, '이 마음' 또는 '그 마음'이란 뜻이 된다. 부모들은 자기의 자녀에 대해 욕심을 부리기 쉽다. 자기의 자녀가 남보다 앞서기를 바라고 자기의 자녀가 남보다 잘되기를 바란다. 그렇기 때문에 자기의 자녀가 남보다 뒤떨어지면 속이 상한다. 자녀가 남에게 얻어맞고 들어오면 '너는 손이 없냐?'며 소리지르기도 하고, 자녀가 나쁜 성적을 받아서 오면 '이것도 성적이냐?'며 야단치기도 한다. 그러나 부모가 속상해 하는 것보다는 자녀가 더 속이 상할 것이다. 그러므로 자녀의 마음이 된다면 야단치기보다는 오히려 위로하게 될 것이다. 그렇게 하는 것이 부모의 도리이다. 그것이 자慈이다.

　　문왕은 백성들과 서로 사귈 때는 믿음을 계속 유지하였다. 일반적인 인간관계는, 태어날 때부터 맺어져 있는 관계가 아니라 자라면서 필요에 의하여 맺어진 관계이기 때문에 항상 필요에 따라 단절될 가능성을 내포하고 있다. 그러므로 인간관계를 계속 유지하기 위해서는 상호간의 믿음이 필요하다. 그런데 이익을 추구하기 위하여 맺어진 관계는 이익이 없어질 때 단절될 수밖에 없으므로 인간관계에서 완전한 믿음은 밝은 덕을 회복한 상태에서 서로 한마음이 된 경우에만 가능하다.

詩云瞻彼淇澳한대 菉竹猗猗로다 有斐君子여 如切如
　①　②　③　④　⑤　　　⑥　　　　⑦　　　　⑧
磋하며 如琢如磨라 瑟兮僩兮며 赫兮喧兮니 有斐君
⑨　　　⑩　⑪　　⑫⑬⑭　　⑮　⑯
子여 終不可諼兮라하니 如切如磋者는 道學也이오
　　　　　⑰
如琢如磨者는 自修也이오 瑟兮僩兮者는 恂慄也이오
　　　　　　　　　　　　　　　　　　　　　⑱
赫兮喧兮者는 威儀也이오 有斐君子終不可諼兮者는
　　　　　　　⑲
道盛德至善은 民之不能忘也니라

『시경』에 이르기를, "저 기淇라는 강의 가장자리를 보니 푸른 대가 무성하도다. (인격이 도야되어) 문채나는 군자여! 자르는 듯하고 미는 듯하며 쪼는 듯하고 가는 듯하도다. 근엄하여 빈틈이 없고 굳세며 밝고 드러나니 문채나는 군자여! 끝까지 잊을 수 없도다" 하였다. 자르는 듯하고 미는 듯하다는 것은 배우는 것을 말하는 것이고, 쪼는 듯하고 가는 듯하다는 것은 자기를 닦는 것이며, 근엄하여 빈틈이 없고 굳세다는 것은 조심스러운 모습이고, 밝고 드러난다는 것은 위엄 있는 거동이며, 문채나는 군자여! 끝까지 잊을 수가 없다고 한 것은 그 무성한 덕과 지극히 착한 것을 백성들이 잊을 수 없는 것임을 말한 것이다.

| 난자풀이 |

1 云 : '~을 말하다'는 뜻의 동사이기 때문에 그 뒤에 오는 목적어 다음에 번역해야 하지만 그 목적어가 너무 길 경우 이를 먼저 번역해도 좋다. 이때는 '~에 이르기를'이라고 번역한다.

2 瞻 : '보다'는 뜻. 음은 '첨'.

3 淇 : 강의 이름. 하남성河南省 임현林縣에서 발원하는 황하黃河의 지류. 음은 '기'.

4 澳 : '강가'라는 뜻으로 음은 '욱'. '깊다'라는 뜻으로 음은 '오'일 때도 있음.

5 菉 : 녹綠과 통용되어 '푸르다'는 뜻이 됨. 녹죽菉竹은 푸른 대.

6 猗猗 : 무성한 모양을 나타내는 의태어. 음은 '의의'.

7 斐 : '빛나다', '문채나다'는 뜻. 음은 '비'.

8 切 : 칼과 톱으로 자르는 것. 여기서는 물건을 만들기 위하여 뼈나 뿔을 자르는 것을 말한다. 음은 '절'.

9 磋 : 환과 대패로 미는 것. 뼈나 뿔로 물건을 만들 때 빛을 내기 위해서 미는 것을 말함. 음은 '차'.

⑩ 琢 : 망치나 정으로 치고 쪼아내어 형상과 바탕을 이루는 것. 여기서는 옥이나 돌로 물건을 만들 때를 이름. 음은 '탁'.

⑪ 磨 : 모래와 돌로 가는 것. 역시 옥이나 돌로 물건을 만들 때 윤택을 내기 위해서 가는 것을 말함. 음은 '마'.

⑫ 瑟 : 엄하고 빽빽한 모양. 음은 '슬'.

⑬ 兮 : 어조사.

⑭ 僩 : 호반스럽고 굳센 모양. 음은 '한'.

⑮ 赫 : 밝게 빛나는 모양. 음은 '혁'.

⑯ 喧 : 성하고 큰 모양. 음은 '훤'.

⑰ 諠 : '잊다'라는 뜻. 음은 '훤'.

⑱ 恂慄 : 조심하고 두려워하는 모양. 음은 '순율'.

⑲ 威儀 : 위엄 있는 거동. 음은 '위의'.

| 강설 |

　　이 시는 『시경』 위풍衛風 기욱편淇澳篇에 있는 시인데 그 내용은 위衛나라의 시인이 그 임금 무공武公의 무성한 덕을 칭송한 것이다. 그 내용은 다음과 같다.

　　저 기淇라는 강의 가장자리를 보니 푸른 대가 무성하게 자라나 푸름을 더하고 있다. 마치 인격이 도야되어 환하게 빛나는 우리 임금 같다. 우리 임금은, 뼈나 뿔로 물건을 만드는 사람들이 톱으로 자를 때나 대패로 밀 때처럼 정성스럽게 학문을 하였고, 옥이나 돌로 물건을 만드는 사람들이 망치로 쫄 때나 모래로 갈 때처럼 정성껏 수양을 하였다. 그 결과 인격이 완성된 우리 임금은 자신이 훌륭한 인격자임을 자부함으로써 나타나는 그러한 자만심이 없이 오히려 부족한 듯 조심스럽고 근엄하며 꿋꿋한 모습을 보여주고 있다. 그러면서도 옥돌로 만들어진 아름다운 예술품처럼 환하게 드러나고 있으니, 문채나는 우리 임금은 영원히 잊을 수가 없다.

　　자르는 듯하고 미는 듯하다는 말은 학문을 하는 모습을 말하는 것이고, 쪼는 듯하고 가는 듯하다는 말은 수양하는 모습을 말한다. 근엄하고 빈틈이 없으며 꿋꿋하다는 것은, 학문과 수양의 결과

덕을 환하게 밝혀 남과 하나가 된 상태에서 나타나는 마음, 즉 나만이 훌륭하다고 의식하는 데서 나타나는 자만심이 없이 남을 자신처럼 아끼고 사랑하며 공경하는 마음에서 우러나오는, 부족한 듯 조심스러워하는 겸허한 태도이고, 밝고 드러난다는 것은 그 마음이 밖으로 드러나 남에게 전달됨으로써 거동 하나하나가 훌륭한 예술품처럼 아름답게 빛나는 것임을 말하는 것이며, "문채나는 군자여 영원히 잊을 수가 없구나"라고 한 것은 그 임금의 무성한 덕과 지극히 착한 성품을 백성들이 잊을 수 없음을 말하는 것이다.

시 운 오 호      전 왕 불 망           군 자      현 기 현 이 친 기
詩云於戲라 前王不忘이라하니 君子는 賢其賢而親其
　　　①

친          소 인      낙 기 락 이 이 기 리        차 이 몰 세 불 망
親하고 小人은 樂其樂而利其利하나니 此以沒世不忘
　　　　　　　　　　　　　　　　　　　　　　②

야
也니라

| 국역 |

『시경』에서 "아아! 그 전 임금은 잊혀지지 아니하는도다" 하였으니 군자는 그 임금의 어진 것을 어진 것으로 여겨서 좋아하고 그 임금의 하나되는 마음을 하나되는 마음으로 여겨서 좋아하며, 소인은 그 임금의 즐거움을 자신의 즐거움으로 삼아서 좋아하고 그 임금의 이로움을 자신의 이로움으로 삼아서 좋아한다. 이 때문에 이 세상을 다하도록 잊혀지지 아니하는 것이다.

| 강설 |

　　『시경』 주송周頌 열문편烈文篇에는 전왕前王인 문왕과 무왕의
덕을 칭송하여 이르기를 “아아! 전왕은 잊혀지지 아니하는도다” 하
였다.

　　진리를 구하는 군자들은 그 전왕의 어진 덕을 좋아한다.  그
어진 덕이 자신 속에 있는 덕을 밝히는 참고가 되기 때문이다.  친
親은 하나되는 마음이다.  임금이 하나되는 마음으로 백성을 다스
려서 살기 좋은 나라가 되면 소인들은 살기 좋게 된 것을 좋아하
지만, 진리를 구하는 군자들은 그 하나되는 임금의 마음을 귀하게
여기고 좋아한다.

　　전왕은 정원을 꾸미게 되면 백성들과 함께 사용함으로써 함께
즐기고, 재물이 들어오거나 이로움이 생기면 백성들과 나누어 가
지므로, 아직 덕을 밝혀 완전히 순수해진 상태에 이르지 못한 소
인들은 이해타산에 밝기 때문에, 전왕의 즐거움을 곧 자신들의 즐
거움으로 알아서 즐거워하고, 전왕의 이로움을 곧 자신들의 이로
움으로 알아 이롭게 여기게 된다.  이 때문에 모든 백성들이 전왕
을 영원히 잊을 수 없는 것이다.

　　이 장은 선왕들의 덕을 칭송한 시를 인용하여 명명덕한 사람이
백성과 하나가 됨으로써 나타나는 지어지선의 모습을 설명하였다.

# 五. 전사장傳四章

子曰聽訟吾猶人也이나 必也使無訟乎인저하니 無情
者不得盡其辭는 大畏民志니 此謂知本 此謂知本이니
라

| 국역 |

공자는 다음과 같이 말씀하셨다. "소송을 들어서 판결하는 데 있어
서는 나도 다른 사람과 같으나 (그것보다도 나는) 반드시 소송이
없어지게 할 것이다." 진실함이 없는 자가 그 하고 싶은 말을 다 할
수 없는 것은 크게 백성의 뜻을 두려워하기 때문이니 이것이 근본
을 아는 것이라는 것이다. 이것이 근본을 아는 것이라는 것이다.

| 난자풀이 |

① 子 : 자왈子曰로 시작되는 문장에 있어서 子字는 공자를 지칭한다.
② 也 : 강조의 뜻을 지닌 조사.

③ 情 : 여기서는 '사실', '진실', '실상' 등의 뜻으로 쓰인다.

| 강설 |

백성의 소송을 들어 시비를 가려주는 것에는 공자도 다른 재판관과 다를 바가 없다. 공자가 다른 사람과 다른 점은, 공자는 아예 소송이 일어나지 않게 하는 데 있다. 소송은 대개 서로 이익을 차지하기 위하여 다투는 데에서 일어나는 것이다. 밝은 덕으로써 서로 한마음이 되어 남을 자신처럼 아끼고 사랑하며 사는 것이 인간의 본래모습이다. 이러한 인간이 본래모습을 잃게 되면 사람들은 서로 경쟁상대가 되어 투쟁하게 되고 소송도 많이 일어나게 된다.

학문을 통하여 덕을 밝힌 공자의 마음은 우리가 잃어버렸던, 가장 귀중한 본마음 바로 그것이므로 공자 앞에 서면, 공자의 마음으로 인하여 본마음이 되살아남으로써 남의 것을 빼앗기 위하여 소송하고 있는 자신이 부끄러워진다. 그래서 자진하여 소송을 취하하게 되는 것이다. 이는 서로 돕고 아끼며 살아가는 선량한 사람들의 숭고한 뜻에 두려움과 부끄러움을 느끼기 때문이기도 하다.

본마음이란 우주만물의 삶을 이끌어가는 원동력이므로 그 본마음에 위배된 행동을 하면, 일시적으로는 요행히 면하게 될지 모르나 결국에는 파멸하게 될 것이므로 사람은 근본적으로 그 본마음에 두려움을 느끼게 된다. 말 없는 대중이 두려운 것도 이 때문이다. 대중의 힘은 역사를 끌고 가는 원동력이다. 그것은 근본적으로 우주적 힘이다.

소송에서는 그 내용을 듣고서 시비를 잘 가리는 것보다 본마음을 회복시킴으로써 아예 소송이 일어나지 않도록 하는 것이 더욱 근본적인 해결책이다.

본문에 차위지본此謂知本이라는 말이 이중으로 나오는데 주자는 정자의 말을 인용하여, 뒤의 것을 연문衍文, 즉 쓸데없이 잘못

끼여든 글이라 하였다.

주자는 이 장을 본말本末에 대한 설명이라 하여 독립시켰는데, 『대학』의 전문傳文이 모두 삼강령三綱領과 팔조목八條目의 해석으로 되어 있는 점으로 보면 이 장은 맥락이 통하지 않는다. 조선 전기의 학자 이언적李彦迪은 그의 저서 『대학장구보유大學章句補遺』에서 이를 본말에 대한 설명으로 보지 않았으며 장으로 독립시키지도 않았다.

# 六. 전오장傳五章

> 차 위 지 지 지 야
> 此謂知之至也니라

| 국역 |

이것을 지혜가 이르는 것이다 하는 것이다.

| 강설 |

주자는 이 문장의 윗부분에 빠진 부분이 있는 것으로 보고 정
자의 뜻을 계승하여 그 빠진 부분을 스스로 보충하였으니 이것이
다음의 격물보전格物補傳이다.

> 간 상 절 취 정 자 지 의                이 보 지 왈 소 위 치 지 재 격 물 자
> 間嘗竊取程子之意하여 以補之曰所謂致知在格物者는
>                    ①     ②
> 언 욕 치 오 지 지           재 즉 물 이 궁 기 리 야        개 인 심 지 령
> 言欲致吾之知인댄 在卽物而窮其理也라 蓋人心之靈

이 <ruby>莫不有知<rt>막불유지</rt></ruby>오 而<ruby>天下之物<rt>이천하지물</rt></ruby>이 <ruby>莫不有理<rt>막불유리</rt></ruby>이언마는 惟<ruby>於<rt>유어</rt></ruby>

理에 <ruby>有未窮故<rt>리 유미궁고</rt></ruby>로 <ruby>其知有不盡也<rt>기지유부진야</rt></ruby>이니 <ruby>是以<rt>시이</rt></ruby>로 <ruby>大學始敎<rt>대학시교</rt></ruby>

에 <ruby>必使學者<rt>필사학자</rt></ruby>로 <ruby>卽凡天下之物<rt>즉범천하지물</rt></ruby>하여 <ruby>莫不因其已知之理<rt>막불인기이지지리</rt></ruby>

<ruby>而益窮之<rt>이익궁지</rt></ruby>하여 <ruby>以求至乎其極<rt>이구지호기극</rt></ruby>하나니 <ruby>至於用力之久而一<rt>지어용력지구이일</rt></ruby>

③ ④

<ruby>旦豁然貫通焉則衆物之表裏精粗無不到而吾心之全體<rt>단활연관통언즉중물지표리정조무부도이오심지전체</rt></ruby>

<ruby>大用無不明矣<rt>대용무불명의</rt></ruby>리니 <ruby>此謂物格<rt>차위물격</rt></ruby>이며 <ruby>此謂知之至也<rt>차위지지지지야</rt></ruby>니라

| 국역 |

근간에 시험삼아 가만히 정자의 뜻을 취하여 보충하기를 다음과 같이 하였다. 이른바 지혜를 이룸이 사물을 접하는 데 있다고 한 것은, 나의 지혜를 이루고자 하는 것은 사물에 접하여 그 이치를 궁구함에 있음을 말하는 것이다. 대개 사람 마음의 신령함은 지혜를 가지고 있지 아니함이 없고 천하의 사물은 이치를 가지고 있지 아니함이 없으나 오직 이치에 있어서 아직 다 궁구하지 아니함이 있기 때문에 그 지혜가 다 이루어지지 아니함이 있는 것이다. 이 때문에 『대학』이 가르침을 시작함에 있어서, 반드시 배우는 자로 하여금 모든 천하의 사물에 나아가서 그 이미 아는 이치로 인하여 더욱 궁구하여 그 극진한 데 이르는 것을 구하지 아니함이 없게 하는 것이니 힘쓰는 것을 오래 하여 어느 날 아침에 환하게 관통하는 데 이르면 모든 사물의 바깥과 속, 정밀한 것과 거친 것이 이

르지 아니함이 없고 내 마음 전체의 큰 작용이 밝지 아니한 것이 없을 것이니, 이것이 사물이 연구된다고 하는 것이며 이것이 지혜의 이루어짐이라 하는 것이다.

| 난자풀이 |

① 以 : 앞 문장의 취정자지의取程子之意를 받는다.
② 曰 : '말하다'는 뜻의 타동사로서 그 목적어는 그 다음의 문장 전체가 된다. 그러므로 여기서는 '말하기를', '다음과 같이 말하였다' 등으로 번역하는 것이 좋다.
③ 乎 : 흔히 의문조사로 쓰이지만 여기서는 장소를 나타내는 조사로 쓰였음.
④ 之 : 도치된 문장임을 나타내는 글자임. 원래의 문장이라면 구용력久用力이 되어 '용력用力을 오래 하다'로 되겠으나 목적어인 용력을 강조하여 앞으로 빼내게 되면 동사와 목적어가 도치되고 그 사이에 '지之'가 들어간다.

| 강설 |

치지致知, 즉 지혜를 이룬다고 하는 것은 지식을 습득하는 것을 말하는 게 아니다. 여기서의 지혜란 인간의 성性이 갖추고 있는 지혜이니, 『맹자孟子』에 의하면 양지良知이며 인의예지仁義禮智의 지智인 것이다. 그러므로 지혜를 이룸은 결국 성性을 회복함으로써 가능하다.

성性의 회복을 주장한 학자로는 당唐나라 말기의 이고李翺를 들 수 있다. 그는 「복성서復性書」라는 논문을 지어 성性을 회복하는 방법으로 성誠을 실천할 것과 정情을 없앨 것을 주장하였다. 그의 이러한 논리는 북송北宋의 주돈이周敦頤에게로 계승되지만, 주돈이는 이 이고의 복성復性의 방법에 객관성과 확실성을 더하기 위하여 우주론을 전개하였다. 다시 말하면, 성실성을 실천하고 감정을 없앤다고 하는 것은 주관적인 방법으로 객관적인 기준이 없으며, 그 결과에 대한 확실성도 보장되지 않는 단점이 있다. 이러한 단점을 보충한 것이 주돈이의 우주론이다. 주돈이는 인간의 성性은 마음 속에 있는 것이어서 감각기관으로 감지되는 것이 아니지만, 이 성性은 다른 모든 존재자에게도 존재하므로 일단 다른 사물에 접하여 거기에 있는 성性을 객관적으로 인식하기만 하면 그것이 곧 자기의 성性이기 때문에, 그것을 통하여 자기의 성性을 인식할 수 있다는 논리에 입각하여, 성性의 인식방법을 우주론적으로 전개하였다. 장재張載는 인식주체인 자기의 존재의 본질을 성性이라 하고 타물他物의 존재의 본질을 이와 구별하여 이理라고 한 후 '궁리진성이지어명窮理盡性以至於命'이라는 『주역周易』 설괘전說卦傳의 말에 근거하여, 성性을 회복하는 방법으로 이理를 궁구할 것을 제시하였다. 그러므로 장재의 우주론에서는 성性과 이理의 동질성이 전제되어 있다. 따라서 정이程頤는 "성性이 곧 이理이다[성즉리性卽理]"라고 명언明言함으로써 이를 표명하였고, 주희朱熹는 이러한 이론들을 계승하여 격물장格物章의 보전補傳을 만들기에 이른 것이다.

지혜를 이루는 것이 사물에 접하여 그 사물의 이理를 연구하는 데 있다고 하는 것은, 객관적으로 감지되지 않는 나의 지혜를 이루기 위해서는 먼저 나의 성性을 회복하여야 하는데, 나의 성性은 다른 사물의 이理이므로 우선 다른 사물을 관찰하여 그 사물에 존재하고 있는 이理를 인식해야 한다는 것이다.

사람의 마음은 본래 신령스러운 것이어서 지혜를 갖추고 있고, 천하의 모든 사물도 그 존재의 본질로 이理를 갖추고 있다. 그러나 사람은 자라면서 차츰 성性을 잃게 되고 지혜도 잃게 된다. 이를 되찾기 위해서는 성性을 회복해야 하며, 성性을 회복하기 위해서는 성性과 동일한 외물外物의 이理를 궁구하여 인식하여야 하는 것이다. 나의 성性이 다른 사람의 성性이고 다른 사람의 성性이 천하만물의 성性이므로, 나의 성性을 회복하면 개체인 내가 전체가 되고 만물이 된다. 원래 성性을 회복하는 목적도 나의 이 전체성을 회복하는 데 있었다. 다른 사물을 관찰하여 그 사물의 이理를 찾아내면 그것이 곧 나의 성性임을 알게 되어 성性을 회복할 수 있게 되는데, 나의 성性이 다른 사람의 성性이며 천지만물 전체의 성性임을 확인하기 위해서는 다시 일물一物의 이理가 천지만물 전체의 성性임을 확인해야 한다. 그러므로 『대학』을 공부하는 학자들은 천하의 모든 사물을 접하되, 이미 알고 있는 어떤 사물의 이치(은행나무를 예로 들면, 봄에 잎이 피고 가을에 노랗게 물들었다가 겨울이 되면 낙엽이 진다는 등의 이치)를 근거로 더욱 궁리하여 그 가장 궁극적인 이치(예를 들면, 은행나무는 왜 봄에 잎이 피고, 왜 가을에 단풍이 들며, 왜 겨울에 낙엽이 지는가 등에 대한 근본적인 이유)를 아는 데까지 이른 뒤, 다시 다른 사물에 접하여 그 사물의 이치를 궁리하여 알고, 또 다른 사물의 이치를 궁리하여 아는 과정을 되풀이한다. 그러다 보면 어느 날 아침에 개개의 사물의 이치가 모든 사물 전체의 이치와 꿰어져 하나로 통일되어 있음을 알게 된다는 것이다. 이는 양적 변화가 질적 변화를 초래함을 말하는 것이다. 자전거를 배우는 과정을 예로 들어보자. 오늘 연습하여 1미터를 탈 수 있게 되고 내일 연습하여 1미터를 더 탈 수 있게 된다고 하면 100일을 연습하면 100미터를 탈 수 있게 된다는 계산이 나오는데, 이러한 논리에 의하면, 아무리 많은 연습을 하더라도 탈 수 있는 거리가 길어질 수는 있지만 완전히 탈 수 있는 상태가 될 수는 없다. 그러나 실제로는, 연습 과정을 거치는 어느 순간 완전히 탈 수 있는 상태에 이르게 됨으로써 양적 변화가 질적 변화를 초래하게 된다.

개개의 사물의 이치가 모든 사물 전체의 이치와 꿰어져 하나로 통일되어 있음을 알게 되면, 모든 사물의 이치를 하나하나 다 궁구하지 않더라도, 모든 사물의 외적 존재형태와 내적 존재이유, 정밀한 존재원리와 현실적인 존재형태 등이 모두 하나의 이치에 꿰어져 있으므로 모두 알 수 있게 된다. 그리고 나의 마음은 개체적인 것이 아니라 천지만물 전체의 마음임이 확인되어, 나의 육체 하나만을 움직이는 것이 아니라 천지만물 전체의 현상을 유지하는 원동력으로 바뀌는 것이다.

이것이 사물이 연구된다고 하는 것이고, 이것을 지혜의 이루어짐이라 일컫는 것이다.

# 七. 전육장 傳六章

所謂誠其意者는 毋自欺也니 如惡惡臭하며 如好好色
소위성기의자    무자기야    여오악취        여호호색
① ②              ③ ④

이라 此之謂自謙이니 故로 君子는 必愼其獨也니라
차지위자겸        고    군자    필신기독야
⑤        ⑥

| 국역 |

이른바 그 뜻을 정성스럽게 한다는 것은 자기를 속이지 아니하는
것이니, 나쁜 냄새를 싫어하는 것처럼 하며 좋은 빛을 좋아하는
것처럼 하는 것이다. 이것을 자족하는 것이라 일컫는 것이니, 그
러므로 군자는 반드시 혼자 있을 때 조심한다.

| 난자풀이 |

① 惡 : '미워하다'는 뜻의 동사. 음은 '오'.
② 惡 : '나쁘다'는 뜻의 형용사. 음은 '악'.
③ 好 : '좋아하다'는 뜻의 동사.
④ 好 : '좋다'는 뜻의 형용사.
⑤ 之 : 문법적으로만 따진다면 위차자겸此自謙이라 해야 옳을 것이지만 이 경

우에는 대명사 차此를 강조하여 앞으로 내게 됨으로써 위謂와 차此가 도치되고 그 가운데 도치의 뜻을 표시하는 글자 지之가 들어가게 된다.

⑥ 謙 : 협慊과 통용되어 '만족하다', '자족하다' 등의 뜻이 됨. 이때에 음은 '협'.

| 강설 |

성誠이란 단절되거나 왜곡됨이 없이 계속 이어지는 것을 말하는 형용사적 표현이며, 의意란 마음의 발동을 말한다. 마음의 근원을 이루고 있는 것이 성性이고 이 성性이 발동하여 구체화된 마음이 정情이다. 의意는 성性에서 발동은 했으나 정情으로 구체화되지는 않은 상태에 있는 마음, 즉 성性에서 정情으로 가는 과정에 있는 마음을 말한다.

성性은 나의 존재의 본질이면서 동시에 남의 존재의 본질로 남과 나의 삶을 동시에 유지시켜 가고자 하는 '의지'이므로 그것이 그대로 발동하여 정情으로 되면 이 정情은 남을 나처럼 아끼고 사랑하는 마음이 된다. 이러한 정情을 선善한 정情이라 한다. 그런데 성性이 발동하여 정情이 될 때 어떠한 영향에 의하여 굴절되거나 왜곡되면 남을 나의 경쟁 상대로 생각하여 투쟁하는 마음이 생겨나는데 이를 악惡한 정情이라 하는 것이다. 예를 들면, 배가 고픈 두 사람이 빵을 하나 입수했을 때 성性에서 그대로 나온 마음은 나누어 먹고자 하는 마음이 되지만 성性에서 정情으로 나오는 순간 "나누어 먹으면 배가 부르지 않을 것이므로 내가 배부르기 위해서는 저 사람의 것을 빼앗아 먹어야 할 것이다"는 계산이 작용하면서 성性에서 발동하는 의意가 방향을 전환하게 되고, 그 결과 나타난 정情은 남의 것을 빼앗아 먹고자 하는, 전자와 정반대의 마음이 된다. 이 변질된 정情이 악惡이다. 악惡은 아亞와 심心의 합체어다. 아亞는 두 번째를 의미하므로 악惡은 두 번째 마음을 의미한다. 나누어 먹고자 하는 마음이 첫 번째 마음이면 빼앗아 먹고자 하는 마음은 두 번째로 생긴 마음이다. 그래서 이를 악惡이라 한다. 선善은 조화를 이루지만 악惡은 파괴로 나아간다.

이상의 논술을 보면, 뜻을 정성스럽게 한다는 것은 성性에서 정情으로 되는 과정이 어떠한 영향도 받지 않고 그대로 이어질 수 있도록 하는 것임을 알 수 있다. 그러나 오랫동안 계산적인 삶을 살아온 사람들이 계산을 하지 않는다는 것은 매우 어려운 일이다. 그러므로 소극적인 방법으로 막연히 계산을 하지 않는 삶을 추구하기보다는, 성性의 필요성과 고귀함을 인식한 뒤에 그 성性을 회복하는 것이 더 효과적일 것이다. 인간사회에서 일어나는 갖가지 부정을 없애기 위하여 노력하는 것보다는 사람들로 하여금 부정을 하지 않고 사는 삶의 고귀함을 깨닫도록 하는 노력이 더 효과적이라는 말과 같다. 그렇게 때문에 격물格物, 치지致知가 뜻을 정성스럽게 하는 가장 효과적인 방법이 된다.

뜻을 정성스럽게 하지 못하면 성性이 발출할 때 왜곡되어 악惡한 정情으로 나타나는데 이때의 악惡한 정情에서 본다면, 이때의 마음은 자신의 본마음이 명령하는 방향과 정반대가 되어 있으므로 악惡한 정情을 따르는 것은 본마음을 속이는 것이다. 뜻을 정성스럽게 하면 자기의 본마음을 속임이 없이 본마음을 그대로 실천하게 되는 것이니, 이는 마치 나쁜 냄새를 맡고 "나쁜 냄새는 몸에 해로우니까 싫어해야 할 것이다"라는 계산을 함으로써 싫어하는 것이 아니라 아무 계산 없이 저절로 싫어하고, 좋은 빛을 보면 또한 저절로 좋아하게 되는 것과 같다. 이러한 실천을 하게 되면 만족감을 얻게 되는데, 이는 남과 비교하여 내가 남보다 높은 지위에 올랐기 때문에 내가 남보다 행복하다고 생각하는 따위의 계산적인 마음에서 나오는 만족감이 아니라, 자신의 본마음을 실천한 데서 우러나오는 자족함이다. 그러므로 순수한 사람은 반드시 남이 보지 않는, 자기 혼자 있을 때나 혼자 있는 곳에서도 그 뜻을 정성스럽게 하기 위하여 조심한다. 이와 반대로 욕심이 많은 사람은 항상 남을 이기기 위해 노력하기 때문에, 남과 같이 있는 자리에서는 남에게 약점을 잡히지 않기 위해 조심하지만 혼자 있게 되면 오히려 사악한 마음을 가지고 남을 이기기 위해 음모를 꾸미게 된다.

小人은 閒居에 爲不善하여 無所不至하다가 見君子而
　　　　　①
后에 厭然揜其不善하고 而著其善하나니 人之視己함이
　　　②
如見其肺肝이니 然則何益矣리오 此謂誠於中이면 形於
　　　　　　　　　　　　　　　　　③　　④　　⑤
外니 故로 君子는 必愼其獨也니라

| 국역 |

욕심이 많은 사람은 한가하게 있을 적에 착하지 아니한 것을 하
여, 이르지 아니하는 데가 없다가 군자를 본 후에 싸악 그 착하지
아니함을 가리고 그 착함을 드러내지만, 남이 나를 보는 것이 나
의 허파나 간을 보는 듯하니 그러한즉 무슨 도움이 되겠는가. 이
것이 속에서 끊임없이 추구하면 밖으로 드러난다고 하는 것이니,
그러므로 진리를 구하는 사람은 반드시 그 홀로 있음을 삼간다.

| 난자풀이 |

① 閒 : '한가하다'는 뜻의 형용사. 여기서는 동사 居를 수식하는 부사가 되어
　　'한가하게'로 됨. 한가하게 있다는 것은 혼자 있는 것을 말한다.
② 厭然 : 부끄러워 가리고 감추는 모양.
③ 誠 : '중단되거나 단절됨이 없이 계속 이어지는 것' 또는 끊임없이 추구하
　　는 것.
④ 中 : 마음속.

⑤ 形 : '드러나다', '나타나다'는 뜻의 동사. 명사로 쓰이면 '나타난 모양'을 뜻한다.

| 강설 |

　　욕심이 많은 사람은 혼자 한가하게 있을 때일수록 착하지 않은 일을 자꾸 꾸민다. 특히 남을 이길 수 있는 일이라면 수단과 방법을 가리지 않고 무슨 일이든지 다 한다. 그러다가 순수한 사람을 보게 되면 자기가 하던 일이 탄로날까봐 그 착하지 아니한 일을 싸악 가리고 짐짓 착한 일을 한 것처럼 드러내지만 사람의 본마음은 다 같은 것이므로 남이 나를 보는 것이 나의 허파와 간을 들여다보는 것과 같아서 속에 있는 마음을 훤히 들여다보게 되니, 가식으로 꾸미는 것이 무슨 소용이 있겠는가. 속이 착하지 않으면 착한 체하더라도 남이 나의 속을 먼저 알기 때문에 착하지 않은 속마음이 밖으로 드러나 남에게 전달되며, 속이 착하면 가만히 있더라도 밖으로 드러나 남에게 전달된다. 이것을 속에서 끊임없이 추구하면 밖으로 드러난다고 하는 것이다. 그러므로 중요한 것은 남에게 어떻게 전달하느냐가 아니라 마음속에 무엇이 있는가 하는 것이다. 그러므로 진리를 찾는 사람은 자기 혼자 있을 때나 혼자 있는 장소에서도 그 마음속의 뜻을 정성스럽게 하기 위하여 조심한다.

> 증자왈십목소시　　십수소지　　기엄호　　부윤옥
> 曾子曰十目所視며 十手所指니 其嚴乎인저 富潤屋이
> ①
> 　　　　덕윤신　　　심광체반　　　고　　군자　　필성기
> 오 德潤身이라 心廣體胖하나니 故로 君子는 必誠其
> ②
> 의
> 意니라

증자가 이르기를, "열 눈이 쳐다보는 바이며 열 손이 가리키는 바
이니 엄하도다" 하였다. 부富는 집을 윤택하게 하고 덕德은 몸을
윤택하게 하는 것이다. 마음이 넓으면 몸이 펴지는 것이니, 그러
므로 군자는 반드시 그 뜻을 정성스럽게 한다.

| 난자풀이 |

☐ 曾子 : 공자의 제자로 이름은 참參. 자는 자여子輿. 효행으로 유명함.
☐ 胖 : '편안하다'는 뜻. 여기서는 몸이 펴지는 것을 말함. 음은 '반'.

| 강설 |

　　욕심 많은 사람은 나쁜 일을 하더라도 남에게 들키지만 않으
면 상관없다고 생각할지 모르지만, 사람의 마음은 다 같은 것이므
로 다른 사람이 내 마음을 훤히 들여다보고 있는 것이다. 그러므
로 혼자 마음속에서 꾸미는 일은 남들이 모를 것 같지만, 사실은
모든 눈들이 쳐다보고 있고 모든 손들이 가리키고 있는 것과 같은
것이니 무섭지 아니한가.
　　사람이 돈이 많으면 그 집을 꾸며서 윤택하게 한다. 이와 마
찬가지로 참된 마음은 그 마음의 집인 몸을 윤택하게 한다. 덕德의
원래 글자는 곧음[직直]과 마음[심心]의 합체어인 덕悳이므로, 덕德
은 '곧게 발휘되는 마음의 능력'이다. 그것은 '성性에서 굴절됨이
없이 곧게 발출되는 마음의 능력'이다. 마음이 성性에서 곧게 발출
되도록 하는 방법에는 두 가지가 있을 수 있다. 하나는 성性에서
발출되는 과정에 있는 의意가 굴절되지 않도록 노력하는 것이고,
다른 하나는 굴절되게 하는 외적 요인, 즉 이기적으로 계산하는

마음의 작용을 제거하는 것이다. 전자는 성의誠意이고 후자는 지경持敬이다. 지경持敬이란 경건한 상태를 유지하여 남과 비교하거나 어느 것이 이익이 될 것인가를 생각하는 마음의 기능이 작용하지 못하도록 하는 것이다. 성性에서 발출되어 구체화된 마음이 정情인데 이 정情에는 곧게 발출된 것도 있고 굴절된 것도 있는데 덕德이 있을수록 곧게 발출되는 정情만이 남는다. 그러므로 덕德은 건강을 최선으로 유지시키는 작용을 한다. 예를 들어보자. 시험공부를 하다가도 몸이 피로하여 쉬어야 될 상태가 되면, '살려는 의지'인 성性은 자도록 명령하므로 그 결과 졸음이 온다. 따라서 덕德이 있는 사람은 곧 자게 되지만, 내가 자버리면 성적이 떨어져서 남을 이길 수 없으므로 자면 안 된다고 생각하는 사람은 이 명령을 무시하고 무리하게 공부함으로써 건강을 해치는 결과를 초래한다. 덕은 몸을 건강하게 유지시키는 역할을 하며, 그 결과 몸은 윤택해진다.

이것은 팔조목八條目 중의 성의를 해석한 전傳이다.

② 樂 : 이 글자는 음이 셋이 있으니 '락', '악', '요'가 그것이다. '락'으로 읽힐 때
는 '즐겁다'는 뜻이고, '악'으로 읽힐 때는 '음악'이라는 뜻이며, '요'로 읽힐 때
는 '좋아하다'는 뜻이다. 여기서는 '요'로 읽어야 한다.

| 강설 |

　　동양의학의 설명에 의하면, 지나치게 노여워하면 간장이 상하
고, 지나치게 기뻐하면 심장이 상하고, 지나치게 생각을 많이 하면
비장이 상하고, 지나치게 근심하면 폐장이 상하고, 지나치게 두려
워하면 신장이 상한다고 한다. 마음이 한쪽으로 치우치면 그 몸을
정상적으로 조절할 수 없게 되어 건강을 해치게 된다는 말이다. 그
러므로 몸은, 마음에 노여움이 있으면 간장이 상하여 정상적인 건
강을 유지하지 못하며, 두려워하는 것이 있으면 신장이 상하여 또
한 정상적인 건강을 유지하지 못하며, 좋아하는 것이 있으면 심장
이 상하여 정상적인 건강을 유지하지 못하며, 근심이 있으면 폐장
이 상하여 그 정상적인 건강을 유지하지 못하는 것이다.

　　이렇게 말하면, "사람이 기뻐하거나 노여워하는 등의 감정을
갖지 아니할 수 있는가?" 하는 질문이 생긴다. 물론 사람에게 감
정이 없을 수 없다. 그러나 감정에는 두 가지 종류가 있다. 기뻐
하는 감정을 예로 들어보자. 기뻐하는 감정에는, 시들어가던 나무
가 비를 맞고 싱싱하게 되살아나는 것을 보고 기뻐하는 것이 있
고, 다른 사람은 상을 받지 못하는데 나 혼자만 상을 받게 되었을
때처럼 내가 남을 앞서는 것에 대해 기뻐하는 것이 있다. 이 두 감
정 가운데 전자는 덕德에 의하여 성性이 그대로 발휘된 것이지만
후자는 성性이 왜곡되어 발휘된 것이다. 몸을 상하게 하는 감정이
란 후자의 감정을 말한다. 그러므로 몸을 원래의 모습대로 건강하
고 아름답게 가꾸기 위해서는 먼저 마음을 바로잡아 마음이 순수
한 감정으로 충만하도록 해야 하는 것이다.

# 九. 전팔장 傳八章

所謂齊其家이 在修其身者는 人이 之其所親愛而辟焉
하며 之其所賤惡而辟焉하며 之其所畏敬而辟焉하며
之其所哀矜而辟焉하며 之其所敖惰而辟焉하나니 故
로 好而知其惡하며 惡而知其美者는 天下에 鮮矣니라

| 국역 |

이른바 그 집을 안락하게 하는 것이 그 몸을 닦는 데 있다고 하는
것은, 사람이 그 친하고 사랑하는 것에 편벽되며, 그 천하게 여기
고 미워하는 점에 편벽되며, 그 두려워하고 공경하는 점에 편벽되
며, 그 슬퍼하고 불쌍히 여기는 것에 편벽되며, 그 게을리 하고
소홀히 하는 것에 편벽되는 것이니 그러므로 좋아하되 그 나쁜 점
을 알고, 미워하되 그 좋은 점을 아는 자는 천하에 드물다.

1 之 : 여기서는 '어於'와 같이 쓰였다. 뒷문장의 '지之'도 마찬가지다.

2 所 : 뒤의 단어를 동사로 만드는 역할을 한다. 이 때의 동사는 피동이 될 때
가 많다.

3 辟 : 여기서는 벽僻과 같은 뜻으로 '치우치다', '편벽되다'는 의미. 음은 '벽'.

| 강설 |

　　사람의 정情은 몸을 통하여 다른 사람에게 전달되는 것이니
잘 닦여진 몸에서 나가는 정情은 정당하고 올바른 정情으로, 남의
착한 것에 대해서는 좋게 여겨서 좋아하고 남의 나쁜 것에 대해서
는 나쁘게 여겨서 미워하는 방향으로 나아간다. 그로 말미암아 착
한 사람은 더욱 착해지고 나쁜 사람은 뉘우쳐서 착하게 됨으로써,
그의 주위에 있는 사람들이 모두 착하게 되어 조화를 이루게 된
다. 그러나 몸이 닦이지 않은 사람의 몸에서 나오는 정情은 정당하
지 아니한 정情이기 때문에 다른 사람을 좋아할 때에는, 착하기 때
문에 좋아하는 것이 아니라 무언가 다른 이유 때문에 좋아하게 된
다. 어떤 부모는 공부를 잘하는 아이를 편애하기도 하고 돈을 잘
벌어오는 아이를 편애하기도 하며 자기를 닮은 아이를 편애하기도
한다. 이렇게 되면 사랑을 받는 아이는 사랑을 받는 조건을 잃게
될까봐 불안하고, 사랑을 받지 못하는 아이는 사랑을 받지 못하는
것에 대해서 불만이 생긴다. 그래서 가정은 안락하지 못하다. 사
람은 자가에게 이익을 주는 사람을 좋아하는 경향이 있다. 자기에
게 이익이 되는 사람은 나쁜 사람이라도 좋아한다. 그의 눈에는
나쁜 점이 보이지 않기 때문이다.

　　천하게 여기거나 미워하는 사람에 대해서도 편벽되며, 두렵
게 여기거나 공경하는 사람에 대해서도 편벽되며, 불쌍히 여기거
나 긍휼히 여기는 사람에 대해서도 편벽되며, 대수롭게 여기지 않

음으로써 거만하게 대하거나 예우하기를 게을리 하는 사람에 대해서도 편벽된다. 그렇게 되면 그의 주위에 있는 사람들은 사랑을 받아도 고무되지 않고 미움을 받아도 뉘우칠 줄 모른다. 따라서 점점 더 나쁜 상태로 전락하게 된다.

그러므로 정당한 이유로 좋아한다면 좋아하면서도 그의 나쁜 점을 알고, 미워하면서도 그의 좋은 점을 알고 지적하여야 하는데, 그렇게 할 수 있는 사람은 세상에 드물다.

故<sub>고</sub>로 諺<sub>언</sub>에 有之<sub>유지</sub>하니 曰人<sub>왈인</sub>은 莫知其子之惡<sub>막지기자지악</sub>하며 莫知其<sub>막지기</sub>
①
苗之碩<sub>묘지석</sub>이라하니라 此謂身不修<sub>차위신불수</sub>면 不可以齊其家<sub>불가이제기가</sub>니라
②

| 국역 |

그러므로 속담에 이런 말이 있으니 "사람은 그 아들의 나쁜 것을 알지 못하고 그 싹의 자라남을 알지 못한다" 하였다. 이것이 몸이 닦이지 아니하면 그 집을 안락하게 할 수 없다고 하는 것이다.

| 난자풀이 |

① 之 : 타동사 유有의 목적어 구실을 하는 대명사. 지之에 해당되는 문장은 왈曰 뒤의 '인막지기자지악 막지기묘지석人莫知其子之惡 莫知其苗之碩'이다.
② 以 : 앞의 신불수身不修가 이以의 목적어이다.

| 강설 |

　　사람들은, 사랑하는 자식의 일을 하나부터 열까지 사랑스럽게 봄으로써 그 자식의 잘못된 점을 찾지 못한다. 잡초의 싹은 그 자라는 것이 보이지 않으므로 농부들은 대수롭게 여기지 않지만, 실제로 그 싹이 자라는 것은 매우 빨라서 순식간에 곡식을 해치게 된다. 그러므로 농부들은 잡초의 싹이 자라기 전에 잘 구별하여 제거하지 않으면 안 된다.

　　이것이 몸이 닦이지 않아서 정情이 편벽되면 그 집을 안락하게 만들 수 없다고 하는 까닭이다.

　　이 장은 제가齊家와 수신修身의 관계를 설명한 전傳이다.

# 十. 뉜구장傳九章

所謂治國이 必先齊其家者는 其家不可敎而能敎人者
[1]

無之하니 故로 君子는 不出家而成敎於國하나니 孝者

는 所以事君也이오 弟者는 所以事長也이오 慈者는
[2]          [3]

所以使衆也니라
[4]

| 국역 |

이른바 나라를 다스리는 것이 반드시 먼저 그 집을 안락하게 하는 것이라 함은 자기 집을 가르칠 수 없으면서 남의 집을 가르칠 수 있는 자가 없기 때문이니, 그러므로 덕이 있는 사람은 집 밖으로 나가지 아니하고서 가르침을 나라에 이룬다. 부모에게 효도하는 마음이 임금을 섬기는 수단이 되고, 형에게 공경하는 마음이 윗사람을 섬기는 수단이 되며, 자녀를 사랑하는 마음이 백성들을 부리는 수단이 된다.

　① 人 : '자기[기己]'에 대한 상대 개념으로 '남'을 뜻하는데 여기서는 기가其家의
　　　상대 개념으로 쓰였으므로 인가人家의 뜻으로 보아야 할 것이다.
　② 所以 : '~으로써 ~하는 바', '~을 가지고 ~을 하는 것'으로 해석하는데 여
　　　기서는 구체적으로 도구나 수단을 의미한다.
　③ 弟 : 제悌와 통용되며, 형을 공경하는 동생의 마음을 뜻한다.
　④ 衆 : '무리'라는 뜻이므로 여기서는 '백성'으로 번역함이 좋을 듯하다.

| 강설 |

　　　나라[국國]는 제후가 통치하는 영역이며 집[가家]은 대부가 관
할하는 영역이다. 집은 나라를 구성하는 소단위이다. 나라 전체를
잘 다스리려면 먼저 자기의 집부터 평화스럽게 해놓아야 하는 것
이니, 자기 집을 잘 다스릴 수 없으면서 남의 집을 잘 다스릴 수
있는 사람은 없기 때문이다. 집을 다스리는 것과 나라를 다스리는
것은 다스리는 영역의 크기는 다르지만 인간을 다스린다는 의미에
서는 동일하다. 집을 잘 다스리는 사람은 집 다스리는 방법을 그
대로 나라를 다스리는 방법에 적용하면 되기 때문에 따로 나라 다
스리는 방법을 공부하지 않아도 된다. 오히려 그는 나라를 다스리
는 방법에 대한 모범을 이미 제시한 것이다. 잘 다스려진 집에서
는, 아이들은 부모에게 효도하고 동생은 형을 공경하며 부모들은
아이들을 사랑한다. 효도하는 마음으로 임금을 섬기면 될 것이고
형을 공경하는 마음으로 윗사람을 공경하면 될 것이며 아이들을
사랑하는 마음으로 백성들을 대하면 될 것이다.

康誥에 曰如保赤子라하니 心誠求之면 雖不中이나 不
遠矣니 未有學養子而后에 嫁者也니라

『서경』 강고편에서 '갓난아기를 보살피듯 하라'고 했으니 마음으로 진실로 구하면 비록 맞지 아니할지라도 멀지 아니한 것이니 아이 기르는 법을 배운 후에 시집가는 자는 있지 아니하다.

| 난자풀이 |

① 赤子 : 갓난아이. 갓 태어난 아기는 핏덩어리로 빨갛기 때문에 적자赤子라고 한다.
② 之 : '그것'이라는 뜻의 대명사. 타동사가 구체적인 목적어를 대동하지 않을 때 之를 붙인다. 이때는 '그것'이라고 번역하지 않고 생략하는 것이 더 자연스럽다.
③ 中 : 적중하다. 일치하다.

| 강설 |

『서경』 강고편에, 백성들을 보살피기를 어머니가 갓난아기를 보살피듯 정성을 다하라고 하였으니, 비록 나라 다스리는 방법을 잘 모른다 하더라도 어머니가 갓난아기를 보살피듯 정성을 다하면 비록 가장 잘 다스리는 방법이 되지는 않는다 하더라도 크게 벗어나지는 않는다. 아이를 낳아 길러본 뒤 그 기르는 법을 몸에 익혀서 시집가는 여자는 없다. 여자들은 아이 기르는 법을 모르고 시집가서 아이를 낳지만 정성을 다하여 기르기 때문에 별 문제가 없다. 이와 마찬가지로 나라를 다스리는 데 있어서도 백성들에 대하여 집의 갓난아기를 기르듯 정성을 다하는 일이 중요하다.

一家仁이면 一國이 興仁하고 一家讓이면 一國이 興讓
(일가인)  (일국)  (흥인)  (일가양)  (일국)  (흥양)

하고 一人<sub>일인</sub>이 貪戾<sub>탐려</sub>하면 一國<sub>일국</sub>이 作亂<sub>작란</sub>하나니 其機如此<sub>기기여차</sub>하 ①

니 此謂一言<sub>차위일언</sub>이 僨事<sub>분사</sub>며 一人<sub>일인</sub>이 定國<sub>정국</sub>이니라 ② 堯舜<sub>요순</sub>이 ③ ④

帥天下以仁<sub>솔천하이인</sub>한대 而民從之<sub>이민종지</sub>하고 桀紂帥天下以暴<sub>걸주솔천하이포</sub>한대 ⑤ ⑥

而民從之<sub>이민종지</sub>하니 其所令<sub>기소령</sub>이 反其所好<sub>반기소호</sub>면 而民不從<sub>이민부종</sub>하나니

是故<sub>시고</sub>로 君子<sub>군자</sub>는 有諸己而後<sub>유저기이후</sub>에 求諸人<sub>구저인</sub>하며 無諸己而後<sub>무저기이후</sub> ⑦

에 非諸人<sub>비저인</sub>하나니 所藏乎身不恕而能喩諸人者未之有<sub>소장호신불서이능유저인자미지유</sub> ⑧

也<sub>야</sub>니라 故<sub>고</sub>로 治國<sub>치국</sub>이 在齊其家<sub>재제기가</sub>니라

| 국역 |

한 집이 어질게 되면 한 나라가 어진 마음을 일으켜 어질게 되고, 한 집이 사양을 잘하면 한 나라가 사양하는 마음을 일으켜 사양을 잘하게 되며, 한 사람이 욕심이 많거나 사나우면 한 나라가 난을 일으키니 그 이치가 이와 같다. 이 때문에 한 마디의 말이 일을 그르치고 한 사람이 나라를 안정시킨다고 하는 것이다. 요와 순이 천하를 거느리기를 인仁으로써 하니 백성이 그것을 따랐고, 걸과 주가 천하를 거느리기를 사나운 것으로써 하니 백성들이 그것을 따랐다. 그 명령을 내리는 것이 자신이 좋아하는 것과 상반되면 백성들은 (그 명령을) 따르지 아니한다. 이 때문에 덕이 있는 사람은 자기에게 있은 후에 남에게서 구하며, 자기에게 있는 것을 없앤 뒤에 남에게 있는 것을 비난하는 것이니, 몸에 갖춘 것이 서恕가 되지 아니하고

서도 남에게 깨우칠 수 있는 사람은 있지 아니하다. 그러므로 나라를 다스리는 것은 그 집을 안락하게 하는 데 있는 것이다.

## | 난자풀이 |

1 機 : 기틀. 얼개. 여기서는 '이치'로 번역했다. 음은 '기'.

2 僨 : 넘어지다. 그르치다. 음은 '분'.

3 堯 : 옛날의 성군聖君인 도당씨陶唐氏의 호인데 본래는 고高라고 했다. 성은 당唐, 이름은 방훈放勳. 그가 통치하던 나라를 당唐이라 함.

4 舜 : 성은 우虞, 이름은 중화重華, 순舜은 그의 호. 옛날의 성군聖君으로 요堯의 선양을 받아 통치함. 그가 통치하던 나라를 우虞라 함. 요堯와 순舜은 당시 신민臣民들이 부르던 칭호이다.

5 桀 : 하夏의 마지막 임금. 그는 포악한 정치를 했다가 은殷의 탕湯에게 정복당하였음.

6 紂 : 은殷의 마지막 임금. 폭정을 하다가 주周의 무왕武王에게 정복당하였음.

7 諸 : 문법적으로 지之와 어於 두 자의 구실을 함. 유저기有諸己는 유지어기有之於己와 같음.

8 恕 : 여如와 심心의 합체어로 글자 그대로 '같은 마음'이라는 뜻이니 나의 마음과 다른 사람의 마음 중에서 같은 부분의 마음을 의미한다.

## | 강설 |

인仁은 남을 자신처럼 아끼고 사랑하는 마음이므로 한 집이 인仁하다고 하는 것은 한 집의 가족이 서로 사랑하여 한마음 한뜻이 된 상태에 있는 것을 말한다. 한 집이 인仁하게 되면, 명덕明德을 하면 저절로 친민親民이 되는 것처럼, 다른 집으로 파급되어 모든 백성이 인仁한 마음을 갖게 되어 나라 전체가 인仁하게 되고, 한 집의 가족이 서로 사양하게 되면 모든 백성이 사양하는 마음을 갖게 되어 나라 전체가 사양을 하는 백성들로 가득 차게 된다. 한 사람이 욕심이 많고 사나워서 남의 것을 빼앗으려 하면 다른 사람들은 그에게 빼앗기지 않으려고 투쟁하게 됨으로써 나라 전체에 혼란이 일어나게 된다. 그 이치가 이와 같기 때문에 한마디의 말이 일을 그르치고 한 사람이 나라를 안정시킨다고 하는 것이다.

요와 순은 천하를 다스리기를 인仁한 마음을 갖고 하였으므로 그 백성들도 그것을 따라 인仁하게 되었고, 걸과 주는 천하를 다스리기를 포악한 마음을 갖고 하였으므로 그 백성들도 그것을 따라 포악하게 되었다. 자신은 이익을 좋아하면서 남에게는 착하게 되라고 하는 것처럼, 자신이 실제로 하고 있는 것과 반대로 명령을 내린다면 백성들은 그 명령에 따르지 않는다. 이익을 좋아하는 사람의 명령을 따르면, 그 사람에게 이용당하거나 늘 손해만 보게 되므로 명령을 듣지 않는 것이다. 그러므로 덕이 있는 사람은 자기에게 착하고 어진 마음이 있은 후에 남에게도 착하고 어질기를 요구하고, 자신에게 포악함이 없은 후에 남의 포악함을 비난한다.

서恕는 자신의 마음과 남의 마음이 같음을 말하는 것이니, 자신이 싫어하는 것은 남도 싫어하고 자신이 좋아하는 것은 남도 좋아한다는 것이 서恕이다. 그러므로 서恕를 실천하는 사람은 자신이 싫어하는 일을 남에게 시키지 않으며 자신이 좋아하는 일을 남에게 권한다. 이와 반대로 자신이 싫어하는 일을 남에게 시키고 자신은 좋아하면서 남에게 하지 못하게 하면 남은 듣지 않는다. 따라서 자신이 하고 있는 것이 서恕를 실천하는 것이 아니면서 남의 마음을 일깨울 수 있는 사람은 없다. 그러므로 나라를 다스리는 것은 그 집을 안락하게 하는 것과 다를 바 없다.

詩云桃之夭夭여 其葉蓁蓁이로다 之子于歸여 宜其家人이라하니 宜其家人而后에 可以敎國人이니라 詩云

宜兄宜弟라하니 宜兄宜弟而后에 可以敎國人이니라

詩云其儀不忒이라 正是四國이라하니 其爲父子兄弟

足法而后에 民法之也니라 此謂治國이 在齊其家니라

| 국역 |

『시경』에 이르기를, "복숭아의 화사함이여, 그 잎이 무성하도다. 이 아이 시집감이여, 그 집 사람들에게 어울리도다" 하였으니 그 집 사람들에게 어울리게 된 뒤에 나라의 사람들을 가르칠 수 있다. 『시경』에 이르기를, "형 노릇 하는 데 마땅하고 동생 노릇 하는 데 마땅하다" 하였으니 형 노릇 하는 데 마땅하고 동생 노릇 하는 데 마땅하게 된 이후에 나라의 사람들을 가르칠 수 있다. 『시경』에 이르기를, "그 거동이 어그러지지 아니하므로 이 사방의 나라를 바르게 할 것이다" 하니 그 아버지됨과 아들됨과 형됨과 동생됨이 본받을 만하게 된 후에 백성들이 본받는 것이다. 이 때문에 나라를 다스리는 것이 그 집을 안락하게 하는 데 있다고 하는 것이다.

| 난자풀이 |

1 夭夭 : ①나이가 젊고 예쁜 모양. ②안색이 온화한 모양. ③무성하게 잘 자라는 모양. 음은 '요요'.
2 蓁蓁 : 초목이 무성한 모양. 음은 '진진'.
3 之 : 시是와 통용되어 지시대명사 '이'라는 뜻. 지자之子는 '이 아이'.
4 于 : 여기서는 '가다'는 뜻.
5 歸 : '시집가다'는 뜻.

6 宜 : '~하는 데 마땅하다'는 뜻이다.
7 忒 : 어그러지다. 음은 '특'.

| 강설 |

　　『시경』 주남周南 도요편桃夭篇에 이르기를, "복숭아의 화사함
이여! 그 잎이 무성하도다. 이 아이 시집감이여! 그 집 사람들에
게 어울리도다" 하였으니, 이 시는 복숭아나무가 무성하게 자라서
잎이 그득하게 난 계절에 그 복숭아나무처럼 덕德이 무성한 여자아
이가 시집가는 모습을 노래한 것이다. 그 집의 식구가 되어 그 역
할을 훌륭하게 해낼 수 있어야 다른 사람들을 교화시킬 수 있는 것
이다.

　　또 『시경』 소아小雅 요소편蓼蕭篇에서는 성왕成王의 덕德을 노래
하여 "형이 되어서는 형 노릇 하는 데 마땅하였고 동생이 되어서는
동생 노릇 하는 데 마땅하였다"라고 하였는데 이는 집안에서 동생
에게는 형 노릇을 훌륭하게 해내고 형에게는 동생 노릇을 훌륭하게
해냄으로써 모범이 된 뒤에야 집 밖의 다른 사람을 교화시킬 수 있
다는 뜻이다.

　　또 『시경』 조풍曹風 시구편鳲鳩篇에서는 대부의 아름다움을 노
래하기를, "그 일거수일투족이 어그러지지 아니하니 이 사방의 나
라를 바르게 할 것이다" 하였으니 이 시의 교훈은, 아버지의 위치
가 되었을 때는 아버지의 역할을 다하고 아들의 위치가 되었을 때
는 아들의 역할을 다하며 형의 위치가 되었을 때는 형의 역할을 다
하고 아우의 위치가 되었을 때는 아우의 역할을 다함으로써 남의
모범이 된 후에 백성이 그를 본받게 된다는 사실을 깨우친 것이다.
이 때문에 나라를 다스리는 것이 그 집을 안락하게 하는 데 있다고
하는 것이다.

　　이 장은 치국治國과 제가齊家의 관계를 설명한 전傳이다.

# 十一. 전십장傳十章

所謂平天下이 在治其國者는 上老老而民興孝하며
1  2

上長長而民興弟하며 上恤孤而民不倍하나니 是以로
3  4                              5

君子는 有絜矩之道也니라 所惡於上으로 毋以使下하며
6

所惡於下로 毋以事上하며 所惡於前으로 毋以先後하

며 所惡於後로 毋以從前하며 所惡於右로 毋以交於

左하며 所惡於左로 毋以交於右하니 此之謂絜矩之道

니라

| 국역 |

이른바 천하를 화평하게 하는 것이 그 나라를 다스리는 데 있다고

하는 것은, 윗사람이 늙은이를 늙은이로 대접하면 백성들은 효도

하는 마음을 일으키며, 윗사람이 연장자를 연장자로 대접하면 백성들은 공경하는 마음을 일으키며, 윗사람이 외로운 사람을 불쌍히 여기면 백성들은 배반하지 아니하는 것이니, 이 때문에 덕이 있는 사람은 잣대로 재는 방법을 가지고 있다. 윗사람에게서 싫은 것을 가지고 아랫사람을 부리지 말며, 아랫사람에게서 싫은 것을 가지고 윗사람을 섬기지 말며, 앞사람에게서 싫은 것을 가지고 뒷사람에게 먼저 하지 말며, 뒷사람에게서 싫은 것을 가지고 앞사람에게 하지 말며, 오른쪽에 있는 사람에게서 싫은 것을 가지고 왼쪽 사람과 사귀지 말며, 왼쪽 사람에게서 싫은 것을 가지고 오른쪽 사람과 사귀지 말 것이니, 이것을 잣대로 재는 방법이라고 일컫는 것이다.

| 난자풀이 |

① 老 : '노인으로 대접하다', '노인으로 모시다'는 의미의 동사.
② 老 : 앞의 노老의 목적어로 '노인'이라는 뜻.
③ 長 : '연장자로 받들다'는 의미의 동사.
④ 長 : 앞의 장長의 목적어로 '연장자'라는 뜻.
⑤ 倍 : '배반하다', '등지다'는 뜻의 동사. 음은 '배'.
⑥ 絜 : '재다', '헤아리다'는 뜻의 동사. 음은 '혈'.

| 강설 |

　　이른바 천하를 화평하게 하는 것이 그 나라를 다스리는 데 있다고 하는 것은 윗사람, 즉 정치적 실천의 중심자인 임금이 자기가 통치하는 영역(자기 나라)에 있는 노인들에게 노인 대접을 잘하면 남들도 자기들의 부모에 대하여 효도하는 것을 좋아하게 되어 모든 백성은 효도하는 마음을 일으킬 것이며, 임금이 연장자들에게 연장자 대접을 잘하면 모든 백성은 공경하는 마음을 일으킬 것

이며, 임금이 외로운 사람을 불쌍히 여겨 잘 보살피면 모든 사람이 남을 불쌍히 여기는 마음을 일으켜 배반하지 않는다. 이 때문에 순수한 사람은 자신의 마음을 잣대로 하여 남을 헤아리는 방법, 즉 혈구지도絜矩之道를 터득하여 알고 있다.

별로 잘못한 것도 없는데 윗사람이 나에게 꾸중을 하면 듣기 싫을 것이다. 마찬가지로 별로 잘못한 것도 없는 아랫사람을 꾸짖으면 아랫사람의 마음도 윗사람에게 꾸중을 듣고 싫어하는 나의 마음과 같기 때문에 그도 역시 싫어할 것이다. 이 마음을 헤아린다면 아랫사람을 꾸짖지 말아야 한다. 이와 마찬가지로 아랫사람이 나에게 불손하게 대하는 것이 싫다면 나는 윗사람에게 불손하게 하지 말아야 할 것이며, 앞에 있는 사람이 내가 싫어하는 행동을 한다면 나는 뒷사람에게 그런 일을 하지 말아야 할 것이며, 뒤에 있는 사람이 내가 싫어하는 행동을 한다면 나는 앞에 있는 사람에게 그러한 일을 하지 말아야 할 것이며, 오른쪽 사람이 내가 싫어하는 행동을 한다면 왼쪽 사람에게 나는 그러한 행동을 하지 말아야 할 것이며, 왼쪽 사람이 내가 싫어하는 행동을 한다면 오른쪽 사람에게 나는 그러한 행동을 하지 말아야 하는 것이니 이것이 내 마음을 잣대로 삼아 남을 헤아리는 방법이다.

詩云樂只君子여 民之父母라하니 民之所好를 好
之하며 民之所惡를 惡之하니 此之謂民之父母
니라 詩云節彼南山이여 維石巖巖이로다. 赫赫師
尹이여 民具爾瞻이라하니 有國者不可以不愼이니,
辟則爲天下僇矣니라 詩云殷之未喪師에 克配上

帝<sup>러니</sup> 儀監<sup>의감</sup>于殷<sup>우은</sup><sup>이어다</sup> 峻命<sup>준명</sup>不易<sup>불이</sup><sup>라하니</sup> 道得衆則<sup>도득중즉</sup>
[11]
得國<sup>득국</sup><sup>하고</sup> 失衆則失國<sup>실중즉실국</sup><sup>이니라</sup> 是故<sup>시고</sup><sup>로</sup> 君子<sup>군자</sup><sup>는</sup> 先愼<sup>선신</sup>

乎德<sup>호덕</sup><sup>이니</sup> 有德<sup>유덕</sup><sup>이면</sup> 此有人<sup>차유인</sup><sup>이오</sup> 有人<sup>유인</sup><sup>이면</sup> 此有土<sup>차유토</sup>

<sup>이오</sup> 有土<sup>유토</sup><sup>면</sup> 此有財<sup>차유재</sup><sup>이오</sup> 有財<sup>유재</sup><sup>면</sup> 此有用<sup>차유용</sup><sup>이니라</sup>

| 국역 |

『시경』에 이르기를, "즐거운 군자여! 백성의 부모로다" 하니, 백성
이 좋아하는 것을 좋아하고 백성이 싫어하는 것을 싫어하므로, 이
를 일컬어 백성의 부모라 하는 것이다. 『시경』에 이르기를, "우뚝
한 저 남산이여! 오직 돌들이 빽빽하도다. 혁혁한 태사 윤씨여!
백성이 모두 너를 본다"고 하였으니 나라를 가진 자 그 때문에 삼
가지 아니할 수 없다. 편벽되면 천하 사람들에게 벌을 받을 것이
다. 『시경』에 이르기를, "은殷나라가 무리(백성)를 잃지 아니하였
을 때에는 능히 상제와 짝을 이루었다. 마땅히 은殷나라에서 보아
야 한다. 큰 명은 쉽지 아니하다"고 하였으니 무리를 얻으면 나라
를 얻고 무리를 잃으면 나라를 잃음을 말하는 것이다. 이 때문에
군자는 먼저 덕德에 있어서 삼가야 하는 것이니, 덕德이 있으면 곧
사람이 있고, 사람이 있으면 곧 땅이 있으며, 땅이 있으면 곧 재
물이 있고, 재물이 있으면 쓸 수가 있다.

## | 난자풀이 |

① 只 : 어조사. 어구의 가운데나 끝에 붙여 어조를 고르게 함.
② 節 : 깎아지른 듯이 높은 모양.
③ 南山 : 일본日本의 유학자 오규 쇼라이[荻生徂徠]는 남산南山을 종남산終南山
으로 보았다.
④ 巖巖 : 돌이 중첩하여 험한 모양.
⑤ 赫赫 : 밝게 드러난 모양. 빛나는 모양.
⑥ 師 : 주周나라의 삼공三公 중의 하나인 태사太師.
⑦ 尹 : 윤씨尹氏를 가리킴.
⑧ 以 : 민구이첨民具爾瞻이 목적어다. 여기서는 '그 때문에'로 번역함이 좋을 듯
하다.
⑨ 僇 : 육戮과 통용되어 '큰 형벌을 받는 것', '크게 치욕스럽게 되는 것'이라는
뜻을 나타낸다. 음은 '육'.
⑩ 配 : '짝을 이루어 하나가 된다'는 뜻. 음은 '배'.
⑪ 儀 : 『시경』에는 의宜로 되어 있다. 음은 '의'.

## | 강설 |

　　『시경』 소아小雅 남산유대편南山有臺篇에서 이르기를, "즐거운
군자여! 백성들의 부모로다" 하였는데 이때의 군자는 덕德과 정치
적 지위를 동시에 가진 자로 보아야 할 것이다. 덕德을 가진 임금
이 혈구지도, 즉 자기 마음을 잣대로 삼아 남을 헤아리는 방법을
가지고 다스림으로써 백성들과 일체가 되어, 백성들이 좋아하는
것을 좋아하고 백성들이 미워하는 것을 미워하게 되면, 백성들은
그를 부모처럼 좋아하고 따르게 될 것이므로 백성들의 부모와 같
다고 한 것이다.
　　또 『시경』 소아小雅 절남산편節南山篇에서는 혈구지도를 하지
못하여 백성들에게 비난받게 된 정치가를 경계하여 "우뚝 솟은 저
남산이여! 오직 돌들만이 빽빽하도다. 번쩍번쩍 빛나는 높은 자리

에 있는 태사 윤씨여! 백성들이 모두 너의 험악함을 쳐다보고 있도다" 하였으니 그 내용은 우뚝한 저 남산의, 나무가 없고 돌들만이 빽빽하여 험악한 모습을 모두 쳐다보고 있듯이, 높은 지위에 있는 윤씨의, 혈구지도를 하지 못함으로써 보기 싫게 된 모습을 모든 백성들이 다 쳐다본다는 의미이다. 나라를 가진 자인 임금은 그 때문에 조심하지 않을 수 없으니 편벽된 마음을 가지고, 백성들이 좋아하는 것을 싫어하고 백성들이 싫어하는 것을 좋아하면, 백성들이 그를 버릴 것이므로 나라가 망하게 되어 천하 사람들에게 큰 치욕을 당할 것이다.

또 『시경』 대아大雅 문왕편文王篇에서는 성왕成王을 경계하여 "은殷나라가 아직 백성을 잃지 아니하였을 때는 상제上帝와 짝을 이루어 하나가 됨으로써 번영하였는데, 포악한 정치를 하여 백성을 잃고 난 후에는 상제의 뜻을 어김으로써 나라가 망하였으니, 나라를 다스리는 일은 마땅히 은殷을 거울삼아 볼 것이다. 큰 명은 쉽지 아니하다" 하였다.

중국 고대에서 상제란, 첫째로 원시신앙에서 의인화된 인격신으로 나타나며, 움직이고 말하고 명령하면서 실제로 존재하는 커다란 사람과 같은 자, 둘째로 사람들의 마음과 통하기는 하지만 결국 사람들의 마음 밖에서 초월적으로 존재하는 자, 셋째로 사람처럼 욕망이 있는 자, 넷째로 사람들에게 그 상벌로서 빈천貧賤, 부귀富貴, 사생死生, 이해利害 등의 외재적 축복을 내려주는 자 등으로 정의되는데, 주대周代로 내려오면서 천天이라는 용어로 바뀌게 된다. 그리고 공자를 거쳐 맹자에 이르면 상제나 천天의 개념은 '모든 백성이 공통적으로 갖고 있는 전체적인 뜻'이라고 하는 합리적 의미로 이해되며 천명天命은 그 전체적인 뜻의 방향성이나 작용성으로 이해된다. 상제와 짝을 이루어 하나가 된다는 말은 모든 백성들이 공통적으로 갖고 있는 전체적인 뜻과 하나가 되는 것이고, 큰 명命은 상제의 명命이다.

이렇게 생각하면, 이 시의 내용은 백성을 얻으면 나라를 얻고 백성을 잃으면 나라를 잃게 되므로 나라를 유지하려면 백성의 뜻과 하나가 됨으로써 백성을 얻어야 하는 것임을 깨우치고 있는 것이다.

그러므로 훌륭한 임금은 먼저 덕德을 갖추는 일에 신중을 기하는 것이니, 덕德이 있으면 곧 백성이 따르게 되고, 백성이 따르면 백성이 경작하는 땅이 국가 재산이 되므로 국토가 생기며, 국토가 있으면 국토에서 농산물이 수확되므로 재물이 생기고, 재물이 생기면 그 재물로 국가를 경영하는 비용을 충당할 수 있게 된다.

---

德<sup>덕</sup>者<sup>자</sup>는 本<sup>본</sup>也<sup>야</sup>이오 財<sup>재</sup>者<sup>자</sup>는 末<sup>말</sup>也<sup>야</sup>이니 外本內末<sup>외본내말</sup>이면 爭<sup>쟁</sup>

民施奪<sup>민시탈</sup>이니라 是故<sup>시고</sup>로 財聚則民散<sup>재취즉민산</sup>하고 財散則民聚<sup>재산즉민취</sup>니

라 是故<sup>시고</sup>로 言悖而出者<sup>언패이출자</sup>는 亦悖而入<sup>역패이입</sup>하고 貨悖而入者<sup>화패이입자</sup>

는 亦悖而出<sup>역패이출</sup>이니라

---

| 국역 |

덕德이라는 것은 근본이고 재財라는 것은 말단이다. 근본을 외면하고 말단을 중시하면 백성들을 다투도록 유도하고 남의 것을 빼앗도록 인도하게 된다. 이 때문에 재물이 모이면 백성은 흩어지고, 재물이 흩어지면 백성이 모인다. 이 때문에 말이 거슬려서 나간 것은 또한 거슬려서 들어오고, 재물이 거슬려서 들어온 것은 또한 거슬려서 나간다.

덕德이 있으면 백성이 따르고 백성이 따르면 국토가 생기며 국토가 생기면 재물이 생기므로, 덕德과 재물의 관계에 있어서는 덕德이 근본이고 재물이 말단이 된다. 근본인 덕德을 도외시하고 말단인 재물을 중시하면, 남을 아끼거나 남에게 사양하는 마음이 없어지고, 한정된 재물을 서로 차지하려는 투쟁심이 발달하게 되어, 백성들을 서로 다투도록 만든다. 그것은 백성들로 하여금 남의 것을 빼앗는 것을 당연하게 여기도록 하는 정치를 시행하는 것이다.

재물을 중시하여 백성의 재물을 거두어들임으로써 재물이 모이기 시작하면, 백성은 빼앗기지 않기 위해서 다른 데로 흩어져 간다. 이와 반대로 재물을 거두어들이지 않고 오히려 나누어주면, 백성들은 저절로 모여든다. 그러므로 거친 말을 하여 상대를 존경하지 않고 무시하면, 상대도 무시당하지 않기 위하여 거친 말로 응답한다. 횡재나 정당하지 아니한 방법으로 벌어들인 나의 재물은, 그 때문에 잃어버린 사람들의 원한으로 말미암아 정당하지 아니한 방법으로 되돌아가게 된다. 원한을 가진 자들은 나의 재물을 도로 찾아가기 위해 수단과 방법을 가리지 않게 될 것이며, 정당하지 않은 방법으로 되찾아 가더라도 그들은 잘못으로 여기지 않을 것이다.

康誥에 曰惟命은 不于常이라하니 道善則得之하고 不
[1]

善則失之矣니라 楚書에 曰楚國은 無以爲寶이오 惟
[2]　　　　　　　　[3]

선        이 위 보                      구 범      왈 망 인        무 이 위 보
善을  以爲寶라하니라 舅犯이  曰亡人은  無以爲寶이오
                        ④          ⑤

인 친      이 위 보
仁親을  以爲寶라하니라

| 국역 |

강고에서는, "오직 명命은 한 곳에 머물지 아니한다" 하였으니, 착
하면 그것[명命]을 얻고 착하지 아니하면 잃는 것임을 말하는 것이
다. 「초서」에서는 "초나라는 다른 것으로는 보배 삼을 것이 없고
오직 착한 이로써 보배 삼는다" 하였고 외삼촌인 범犯은, "망명한
사람(문공)은 다른 것으로는 보배 삼는 것이 없고 부모와 하나가 되
는 것으로써 보배 삼아야 한다" 하였다.

| 난자풀이 |

① 不 : 여기서는 문법적으로 동사가 되어 있으므로 '있지 아니하다'로 해석하였다.
② 楚書 : 『국어國語』 초어 하楚語下.
③ 以 : 다음에 오는 글자인 위보爲寶, 즉 보배 삼는 것의 재료, 도구를 표시한
      다. 문맥으로 보아 '다른 것으로는'으로 해석함이 좋을 듯하다.
④ 犯 : 춘추시대의 진晉 문공의 외삼촌. 이름은 호언狐偃. 자는 자범子犯.
⑤ 亡人 : '망명한 사람'이라는 뜻으로 구체적으로는 진晉의 문공文公을 가리킴.

| 강설 |

    『서경』 강고편에서는 "하늘은 특정한 사람에게만 항상 이 세
상을 다스리도록 명령하는 것이 아니다"라고 하였는데 '하늘'을 모
든 백성의 공통된 뜻으로 이해한다면 이 문장은 다음과 같이 새길
수 있다. 즉 모든 백성은 모든 백성의 공통의 뜻을 대변하는 자를

대표자로 추대하지만, 한번 추대한 사람을 계속 추대하는 것이 아니라 그가 백성의 뜻을 대변하지 못하게 되면, 백성은 그를 버리고 백성의 뜻을 대변할 수 있는 다른 사람을 대표로 추대하게 된다는 것이다. 그런데 여기서 말하는 백성의 공통된 뜻이란 투표를 하여 다수결로 결정할 수 있는 의식화된 뜻이 아니라 백성 각각의 본마음이 갖고 있는 의지이므로 모두 하나일 수 있다. 그러므로 이러한 의지를 대변할 수 있는 사람이란 자신의 본마음을 회복하여 실천하는 사람이다.

또 『국어』 초어 하에 보면 옛날에 조간자趙簡子가 백형白珩이라는 패옥을 가지고 자랑하면서 초楚의 대부인 왕손어王孫圉에게 초楚의 보배는 어떠한 것이 있는가 하고 물으니 왕손어는 "우리 초楚는 금과 옥을 보배로 여기지 아니하고 착하고 어진 신하를 보배로 여긴다"라고 대답한 것이 기록되어 있는데 이 기록 역시 재물이 근본이 아니라 덕德이 근본임을 시사하고 있다. 정현鄭玄은 당시 초楚가 보배로 여기던 신하는 구체적으로 관사보觀射父와 소해휼昭奚恤이라 하였다.

옛날 진晉의 공자 중이重耳(후에 문공이 됨)가 진秦에 망명하여 있을 때, 그 부친 헌공獻公이 죽자 진秦의 목공穆公은 이 기회에 귀국하여 정권을 잡을 것을 권하지만, 그의 외삼촌인 자범은, "중이는 정권을 잡는 등 다른 일은 보배로 삼지 아니하고 오직 부모에게 효도하여 부모와 한마음이 되는 것을 보배로 삼아야 하기 때문에 아버지의 상에 임하여 다른 마음을 먹지 않고 오직 애통해야 할 뿐이다"라고 하였으니, 이 역시 근본인 본마음의 착함을 회복하여 실천하는 것을 중히 여기고 말단인 정권을 잡는 일 등을 가볍게 여기는 가치 질서를 표명한 것이다.

秦誓에 曰若有一个臣이 斷斷兮無他技나 其心休休焉
[1] [2][3] [4] [5]

이면 其如有容焉이라 人之有技를 若己有之하며 人之
[6][7] [8]

彦聖을 其心好之하고 不啻若自其口出이면 寔能容之
[9] [10] [11]

니 以能保我子孫黎民이라 尙亦有利哉인저 人之有
[12] [13]

技를 媢嫉以惡之하며 人之彦聖을 而違之하여 俾不通
[14] [15]

이면 寔不能容이니 以不能保我子孫黎民이라 亦曰殆

哉인저 唯仁人이아 放流之하여 迸諸四夷하여 不與同

中國하나니 此謂唯仁人이아 爲能愛人하며 能惡人하니라
[16]

| 국역 |

『서경』 주서周書 진서秦誓편에 이르기를, "만약 어떤 한 신하가 있
는데 다양하지 못하여 다른 재주가 없으나 그 마음이 너그러우면
포용력이 있는 듯하다. 다른 사람의 재주 있음을 자기가 가지고
있는 것처럼 (좋아)하고, 다른 사람의 빼어나고 훌륭한 것을 마음
으로 좋아하고, 자기 입에서 나온 것 같이만 아니하면, 이는 포용
력이 있는 것이니, 그럼으로써 나의 자손과 백성을 보전할 수 있
으니, 오히려 또한 이로움이 있는 것이다. 다른 사람의 재주 있음
을 시기하고 질투하여 그를 미워하고, 다른 사람의 빼어나고 훌륭
함을 거부하여 출세하지 못하도록 하면 이는 포용력이 없는 것이

니, 그럼으로써 나의 자손과 백성을 보전할 수 없으니, 또한 위태롭다고 할 것이다"라고 하였다. 오직 어진 사람만이 (이런 사람들을) 추방하여 사방 오랑캐 지방으로 내쫓아서 중원의 사람들과 함께 살지 않게 할 것이다. 이 때문에 오직 어진 사람만이 남을 사랑할 수 있고 남을 미워할 수 있다고 하는 것이다.

| 난자풀이 |

① 曰 : '말하다', '이르다'는 뜻의 동사인데 그 말하는 내용이 길 때에는 이를 먼저 해석하는 것이 좋다. 이때는 '~에 말하기를'로 번역한다.

② 一 : '하나'라는 뜻의 수사인데, 여기서는 수를 세는 것이 아니라 예를 드는 것이기 때문에 '어떤'이라는 말을 첨가하여 '어떤 한'으로 해석하면 뜻이 더 분명해진다.

③ 个 : 個와 같은 뜻.

④ 斷斷 : 주자나 정현鄭玄은 성일誠一한 모양이라 하였고 공영달孔穎達은 성실전일誠實專一이라 하였으나 이 문맥에서 보면 '무타지無他技', 즉 다른 재주가 없는 것을 형용하는 말이므로 부정적인 뜻이 되어야 할 것이다.

⑤ 休休 : 너그러운 모양.

⑥ 其 : 발어사로서 여기서는 미래에 대한 추측의 뜻을 약간 내포하고 있다.

⑦ 如 : '~과 같다'는 뜻인데 여기서는 앞의 기其와 더불어 추측을 나타내는 것으로 볼 수 있다.

⑧ 容 : 일반적으로 '다른 사람의 뜻을 받아들이다', '포용하다'는 뜻으로 풀이하여 '포용력이 있다'는 뜻으로 이해하면 될 것이다.

⑨ 啻 : '뿐'이라는 뜻. 음은 '시'.

⑩ 自 : '~으로부터'라는 뜻으로 출발 또는 시작하는 지점을 나타내므로 여기서는 '에서'로 해석하는 것이 좋을 듯하다.

⑪ 寔 : 시是와 통용됨. 음은 '식'.

⑫ 以 : 앞 문장의 용容, 즉 받아들일 수 있는 결과를 의미한다.

⑬ 黎民 : 백성을 지칭하는 말인데 백성의 머리가 검은 데서 유래하여 검은 백성이라는 용어가 생겼다고 함.

⑭ 媢 : '투기하다', '질투하다', '시기하다'는 뜻. 음은 '모'.

⑮ 俾 : '~로 하여금', '~하게 하다'는 뜻으로 사역형을 만들어주는 구실을 함.

사使와 뜻이 같음.

16 中 : 중원지방을 나타내는 말. 당시는 중국中國이라는 용어가 한국이나 일본 등과 구별되는 국가라는 의미로 쓰이지 않았다. 국國이란 서울지방을 지칭하는 말로도 사용되었으므로 중국이라 하면 중원지방에 있는 서울을 의미하는 말로 보아야 할 것이다.

| 강설 |

『서경』주서의 진서편에는 옛적에 진秦의 목공이 신하들에게 맹세하여 고誥한 말 가운데 다음과 같은 말이 기록되어 있다. 만일 어떤 한 신하가 있는데 그는 단조롭고 다양하지 못하여 다른 재주가 없으나 그 마음이 너그러우면 그는 남을 포용할 수 있다. 마음이 너그러운 사람은 본마음의 순수함을 회복하여 실천하는 사람이므로 남을 자기처럼 아끼고 사랑하게 된다. 그래서 남의 재주 있는 것을 보면 자기에게 재주가 있는 것만큼이나 기뻐하고, 남의 빼어나고 훌륭한 것을 보면 마치 자기의 일처럼 좋아하게 된다. 이때의 좋아함은 말로만 좋아하는 것이 아니다. 진심으로 좋아하는 것이다. 그러한 사람에게 가면 다른 사람들이 인정을 받고 보람을 느끼게 된다. 그렇기 때문에 재주가 없어 바보스럽게 보이는 그 사람에게로 사람들이 모여들게 된다. 그는 모든 사람을 용납할 수 있어서 우리의 자손이나 백성을 편안하게 잘 보전할 수 있을 것이다.

그러나 재주가 많고 똑똑하지만 본마음의 순수함을 갖지 않은 사람은 늘 남과 경쟁하고 비교하는 마음을 갖고 있으므로, 다른 사람이 재주가 있으면 자기가 그 사람보다 뒤떨어질까 해서 시기하고 질투하여 그를 미워하고, 다른 사람이 빼어난 슬기와 훌륭한 인격을 갖고 있으면 그것을 거부하고 어그러뜨려서 출세하지 못하도록 한다. 그러므로 그 사람에게 가면 아무리 똑똑하고 재주 있는 사람도 인정받지 못한다. 그래서 사람들은 그에게서 떠난다. 그렇기 때문에 그와 같은 사람은 남을 용납할 수 없어서 우리의 자손이나 백성을 편안히 보전할 수 없다. 그래서 재주가 없는 것보다 오히려 위태롭다.

　　재주가 있으나 다른 사람을 물리침으로써 나라를 위태롭게 하는 사람은, 백성과 한마음이 된 사람이 백성의 뜻으로 제거해야 할 것이다. 더욱 재주 있는 사람이 그를 제거한다면 악순환이 거듭될 것이기 때문이다. 그러한 사람은 추방하여 사방의 오랑캐들이 사는 지역으로 내쫓아서 우리가 사는 문화지역에서는 더불어 살지 못하게 하여야 할 것이다. 이 때문에 오직 본마음의 순수성을 가진 어진 사람만이 다른 사람들을 사랑할 수도 있고 다른 사람들을 미워할 수도 있다. 어진 사람에게 사랑받는 사람은 어떠한 이기적인 계산에서 사랑받는 것이 아니라 참으로 사랑받아야 되기 때문에 사랑받는 것이며, 미움받는 사람은 참으로 미움을 받아야 되기 때문에 미움받는 것이다.

見賢而不能擧하며 擧而不能先이 命也이오 見不善而[1]

不能退하며 退而不能遠이 過也니라 好人之所惡하며

惡人之所好이 是謂拂人之性이라 菑必逮夫身이니라[2]

是故로 君子는 有大道하니 必忠信以得之하고 驕泰以[3]

失之니라

| 국역 |

　　어진 이를 보고 등용할 수 없거나 등용하더라도 먼저 하지 못하는 것은 태만한 것이고, 착하지 못한 이를 보고 물리치지 못하거나

물리치더라도 멀리 물리치지 못하는 것은 허물이다. 남들이 싫어
하는 것을 좋아하고 남들이 좋아하는 것을 싫어하는 것, 이것을
사람의 본성을 거스르는 것이라 하는 것이니, 재해가 반드시 그
몸에 미친다. 이 때문에 덕이 있는 정치가는 정치를 하는 데 있어
서 큰 방법을 가지고 있으니, 반드시 충忠과 신信으로써 그 방법을
얻고 교만하고 나태하는 것으로써 그 방법을 잃게 된다.

| 난자풀이 |

① 命 : 정현은 만慢이라 하였고, 정이程頤는 태怠라 하였다.
② 菑 : 주자는 재災라 하였다. 음은 '재'.
③ 君子 : 여기서는 '덕이 있는 정치가'로 보아야 할 것이다.

| 강설 |

　　정치하는 사람이 대신大臣을 등용할 때는 그 기준을 재주의
유무에 둘 것이 아니라 본마음의 순수성을 가지고 있는가 없는가
에 두어야 한다. 본마음의 순수성을 가지고 있는 어진 사람을 보
면 바로 등용하고, 등용하는 순서에 있어서도 가장 먼저 하는 것
이 정치의 비결이다. 그렇게 하지 못하는 것은 태만한 것이다. 그
리고 본마음의 순수성을 가지고 있지 않은 사람은 물리쳐야 하고,
물리치는 정도에 있어서도 가장 멀리 물리쳐야 한다. 그렇게 못하
는 것은 정치를 담당한 자의 과실이다.
　　남들이 싫어하는 것을 좋아하고 남들이 좋아하는 것을 싫어하
는 것은 사람의 본성에 거스르는 일이다. 사람의 성性은 천지만물 전
체의 성性으로서 천지만물 전체의 삶을 유지해가는 '의지'이므로 사
람을 포함한 천지만물은 모두 근원적으로 이 성性의 작용에 의하여
삶을 유지하고 있다. 그런데 어떤 사람이 이 성性의 작용과 반대로
하면 일시적으로는 삶을 유지할 수 있을지 모르나, 삶을 유지하는

근원적인 작용에 위배되어 남과 조화를 이루지 못함으로써 결국 패망한다.

　　정치를 담당하는 자는 정치를 하는 데 큰 방법이 있다. 그것은 백성과 한마음이 되어 백성이 좋아하는 것을 좋아하고 백성이 싫어하는 것을 싫어하는 것이다. 그런데 이러한 방법은 어떻게 터득할 수 있는가? 그것은 먼저 자신의 본마음을 회복함으로써 가능하다. 자신의 본마음은 가장 속에 있는 마음이므로 충忠이라고도 하며, 이 본마음은 다 같은 마음이므로 남의 마음을 나의 마음처럼 믿을 수 있는 마음이기도 하다. 그러므로 나의 본마음을 실천하고 남의 본마음을 믿음으로써 정치에 있어서 중요한 방법을 터득할 수 있다. 이와 반대로 내가 남보다 똑똑하다고 하여 교만하거나, 나는 똑똑하므로 성실하지 않아도 된다는 식으로 태만하면 그 방법을 잃어버린다.

生財有大道하니 生之者衆하고 食之者寡하며 爲之者

疾하고 用之者舒하면 則財恒足矣리라 仁者는 以財發

身하고 不仁者는 以身發財니라 未有上好仁而下不好

義者也이니 未有好義오 其事不終者也이며 未有府庫

財非其財者也니라

| 국역 |

재물을 만드는 데 큰 방법이 있으니 만드는 자가 많고 그것을 먹는 자가 적으며, (만드는 일을) 하는 자가 빠르고 그것을 쓰는 자

가 느긋하면, 곧 재물은 항상 족할 것이다. 어진 자는 재물을 가지고 몸을 발전시키며, 어질지 못한 자는 몸을 가지고 재물을 늘린다. 위에서 인仁을 좋아하는데 아래에서 의義를 좋아하지 아니하는 경우는 있지 아니하며, 의義를 좋아하는데도 그 일이 잘 마쳐지지 아니하는 경우는 있지 아니하며, 부고府庫의 재물이 자기의 재물이 아닌 경우는 있지 아니하다.

| 강설 |

정치를 하는 요긴한 방법은 정치를 담당하는 사람 자신의 본마음의 순수성을 회복하여 백성과 한마음이 되는 데 있다. 그리하여 정치적 도덕성을 회복한 후에는 경제적인 발전을 이룩하여야한다. 그 방법은 다음과 같다. 농산물을 생산하는 사람을 늘리고, 정치나 교육 등에 종사하는 사람 중에 불필요한 사람을 줄임으로써 소비자의 수를 줄이며, 농산물이나 공산물을 만드는 것은 빠르게 하고, 그 생산물을 쓰는 것을 느리게 하면 재물은 늘 풍족하다.

재물을 축적하는 것은 어디까지나 인간의 행복한 삶을 위한 것이지 그 자체가 목적이 되어서는 안된다. 그러므로 순수한 사람은 재물을 교육 등에 투자함으로써 인간성을 회복하는 데 쓰지만 그렇지 못한 사람은 가치관이 전도되어 재물 모으는 것 자체를 목적으로 여김으로써 몸과 마음을 다 기울여 재물 모으는 데 헌신한다.

인仁은 남을 나처럼 아끼고 사랑하는 마음이고 의義는 옳지 않은 것을 미워하는 마음이다. 윗사람이 자신의 이익만을 추구하여 아랫사람을 착취하면, 아랫사람은 윗사람에게 착취당하지 않으려고 노력할 뿐만 아니라 오히려 틈만 있으면 윗사람의 것을 횡령하여 자신의 것으로 만들려고 할 것이다. 그러나 윗사람이 아랫사람을 자신처럼 아끼고 사랑하면, 아랫사람 역시 윗사람의 일을 자신의 일처럼 생각하게 됨으로써 윗사람의 물건을 횡령하는 것을 부끄러워하게 될 것이다. 이처럼 모든 사람이 의義를 좋아하여 부정을 행하는 것을 부끄러워하게 되면 일은 순조롭게 이루어질 것이며, 창고에 들어 있는 국가재산이 부정으로 유출되는 일은 없을 것이다.

孟獻子曰畜馬乘은 不察於鷄豚하고 伐氷之家는 不畜
①　②③　　　　　　　　　　　　　　　④

牛羊하고 百乘之家는 不畜聚斂之臣하나니 與其有聚
　　　　⑤

斂之臣으론 寧有盜臣이라하니 此謂國不以利爲利오
　　　　　⑥

以義爲利也니라 長國家而務財用者는 必自小人矣니

라 彼爲善之 小人之使爲國家면 菑害竝至이니 雖有
　　⑦　　　　⑧⑨

善者나 亦無如之何矣니 此謂國不以利爲利오 以義
　　　　　　⑩

爲利也니라

| 국역 |

맹헌자가 이르기를, "마승馬乘을 기르는 이는 닭과 돼지에게서 살 피지 아니하고, 얼음을 자르는 집은 소와 양을 기르지 아니하며, 백승百乘의 집은 취렴聚斂하는 신하를 기르지 아니하니, 취렴하는 신하를 두기보다는 차라리 도둑질하는 신하를 두는 것이 낫다"라고 하였으니, 이는 국가는 이로운 것을 이로운 것으로 여기지 아니하고 의로운 것을 이로운 것으로 여겨야 됨을 말한 것이다. 국

가의 어른이 되어 재물의 쓰여지는 것에 힘쓰는 자는 반드시 소인
으로부터 시작되는 것이다. 소인으로 하여금 국가를 다스리게 하
면 재해가 아울러 이를 것이니, 비록 착한 자가 있다 하더라도 또
한 어떻게 할 수 없을 것이니, 이 때문에 나라는 이로운 것을 이로
운 것으로 여기지 아니하고 의로운 것을 이로운 것으로 여겨야 한
다고 한 것이다.

| 난자풀이 |

1 孟獻子 : 노魯의 대부大夫인 중손멸仲孫蔑.
2 畜 : 가축이라는 뜻으로 쓰일 때는 음이 '축'이지만, '기르다'는 뜻의 동사로
   쓰일 때는 음이 '혹'이다. 여기서는 후자의 의미이다.
3 馬乘 : 병거兵車를 끄는 네 마리의 말. 사士가 처음으로 대부大夫가 되면 마
   승馬乘을 기르게 됨.
4 氷 : 얼음. 경卿이나 대부 이상은 얼음을 저장하였다가 상사喪事나 제사祭祠
   때에 씀.
5 乘 : 병거兵車. 백승지가百乘之家는 봉토에서 병거 백 대를 조달할 수 있는
   대부의 집.
6 寧 : 차라리 ~가 낫다. 앞의 여기與其와 상응한다. '與其A, 寧B'는 'A보다는
   차라리 B가 낫다'임.
7 彼爲善之 : 문맥이 통하지 아니하므로 잘못 들어간 말이거나 위아래에 어떤
   문장이 빠져 있는 것임.
8 之 : 소인小人과 사使의 도치를 의미함.
9 爲 : 다스리다.
10 如之何 : 문법적으로 따지기보다는 관용구로 보는 것이 좋다. 굳이 따지자면
   하여何如의 도치로 보아야 할 것이다. '어떠하냐', '어떻게 하느냐'로 해석한다.

| 강설 |

　　노魯나라의 어진 대부인 맹헌자가 이르기를, "병거를 끄는 말
을 기르는 자는 닭이나 돼지에게서 그 기르는 법을 살피지 아니하

고, 얼음을 보관하였다가 상사나 제사 때 쓰는 대부의 집에서는 소와 양을 기르지 아니하며, 병거 백 대를 낼 수 있는 집에서는 재산을 모으기 위하여 부정한 방법으로 백성들의 재물을 거두어들이는 신하를 기르지 아니하니, 그러한 신하를 기르기보다는 차라리 국고를 훔치는 신하를 두는 것이 낫다"고 했다. 맹헌자가 닭과 돼지를 기르는 집과 병거를 끄는 말을 기르는 집, 소와 양을 기르는 집과 얼음을 사용하는 집의 규모의 차이를 예로 든 것은, 취렴하는 신하와 도둑질하는 신하의 나쁜 정도의 차이의 현격함을 나타내기 위한 것이다. 백성의 재물을 지나치게 거두어들이면, 백성은 정부를 강도처럼 생각하여 부정한 방법을 써서라도 빼앗기지 않으려고 한다. 의義를 생각할 겨를이 없다. 이렇게 되면 정부는 유지될 수 없다. 그러므로 정치에 있어서 중요한 것은 재물 모으는 것을 이롭게 생각할 것이 아니라 모든 국민이 의롭게 되는 것을 이롭게 생각하는 것이다.

나라나 집의 최고 책임자가 되어 재물에 신경을 쓰는 것은 욕심 많은 사람이나 하는 짓이다. 욕심 많은 사람이 나라나 집을 다스리면 백성은 하나같이 재물을 차지하기 위하여 다투게 되고, 나라나 집은 그 때문에 패망할 것이다. 비록 착한 자가 그 가운데 있다고 하더라도 어찌할 수 없을 것이다. 그러므로 최고 책임자가 덕을 회복하여 어진 정치를 베풀고, 의로움이 가장 중요한 줄 알아서 백성들을 의롭게 만드는 것이 정치의 생명이다.

이 장은 치국治國과 평천하平天下의 관계를 설명한 전傳이다.

中庸

# 제일장第一章

천명지위성　　솔성지위도　　수도지위교　　도
天命之謂性이오 率性之謂道이오 修道之謂教니라 道
　　①

야자불가수유리야　　가 리　　비 도 야　　시 고　　군 자
也者不可須臾離也니 可離면 非道也라 是故로 君子는
　　　②

계신호기소부도　　공구호기소불문　　막현호은
戒愼乎其所不睹하며 恐懼乎其所不聞이니라 莫見乎隱
　　　　　　　　　　　　　　　　　　　　③④⑤

막현호미　고　군 자　신 기 독 야
이며 莫顯乎微니 故로 君子는 愼其獨也니라

| 국역 |

하늘이 명하는 것을 성性이라 하고 성性을 따르는 것을 도道라 하
고 도道를 닦는 것을 교教라 한다. 도道라는 것에서는 잠시도 벗어
날 수 없는 것이니 떠날 수 있다면 도道가 아니다. 이 때문에 군자
는 그 보이지 아니하는 곳에서 경계하고 삼가며 그 들리지 아니하
는 곳에서 두려워한다. 숨은 것에서 가장 잘 나타나며 미세한 것에
서 가장 잘 드러난다. 그러므로 군자는 그 홀로 있을 때 조심한다.

| 난자풀이 |

1 之 : 도치법을 나타내는 조사. 도치법에서 목적어가 동사 앞에 올 때 목적어
  와 동사 사이에 끼움.
2 須臾 : 잠시. 음은 '수유'.
3 莫 : '더 ~한 것이 없다'로 해석함. 막강莫強 : 더 강한 것이 없다.
  막대莫大 : 더 큰 것이 없다. 따라서 '가장 ~하다'로 해석하면 된다.
4 見 : 여기서는 '나타나다'는 뜻. 음은 '현'.
5 乎 : 어於와 같은 뜻으로 '~에서'로 해석하면 된다.

| 강설 |

　　인간의 모든 문제는 근본적으로 하늘과 하나 되어 하늘의 뜻
으로 살아갈 때 해소된다. 하늘의 뜻이 완벽하게 실현된 낙원이
천국이다.
　　아마도 사람들이 가장 가고 싶어 하는 곳은 천국일 것이다.
천국은 어디 있는가? 고개를 들어 하늘을 쳐다보아도 천국은 보이
지 않는다. 그런데 『중용』에서는 그 천국에 대해서 말하고 있다.
　　천국은 하늘의 뜻이 실현되는 곳이다. 그런데 그 하늘의 뜻이
멀리 있는 것이 아니라 바로 우리들의 마음속에 있다는 것이다.
'천명지위성天命之謂性'이란 말이 바로 그것이다. 내 마음속에 있는
성性이 바로 하늘의 뜻이라면 이제 걱정이 없다. 그 성性을 붙잡기
만 하면 나는 천국으로 들어가는 것이기 때문이다. 문제는 이제
성性을 붙잡는 것으로 구체화 된다.
　　그러면 다음으로 성性의 의미를 생각해 보기로 하자. 성性은
마음[忄=심心]과 삶[생生]의 합체어이므로 글자의 구조를 보면 '살려
는 마음', '살려는 의지'로 풀이할 수 있다.
　　인간존재의 구조로 볼 때 삶의 현상은 생리적인 삶을 기본적
인 조건으로 설명할 수 있다. 생리적인 삶은 육체가 삶을 유지하

는 것을 말하는데, 현재의 육체는 원래 주어져 있는 것이 아니라 부모에게서 받은 작은 세포가 끊임없는 생명활동을 통하여 차츰 커온 것이다.

육체의 생명활동 중에서 끊임없이 호흡을 하고 심장이 움직이며 음식물을 소화하고 피로할 때 잠이 오는 등, 인간의 의지와 관계없이 주어진 여러 가지 작용들은, 다양하게 움직이는 공장의 기계들이 하나같이 원동기에 연결되어 있듯이, 모두 '삶을 유지하려는 의지'로 일관되어 있음을 알 수 있다. 이 '삶을 유지하려는 의지'를 성性으로 이해할 수 있는 것이다.

그런데 나의 육체가 가지고 있는 '살려는 의지'는 다른 사람이 가지고 있는 '살려는 의지'와 근본적으로 동일한 것이며 살아 있는 모든 물체에 존재하는 '살려는 의지'와도 같다. 그러므로 성性은 나의 육체에 내재하여 나의 삶을 유지해 가고 있다는 점에서 보면 개체적이지만 다른 생명체에 존재하는 성性과 동일하다는 점에서 보면 전체적이다.

'살려는 의지'의 이와 같은 양면성 중에서 개체적인 면을 성性이라고 하면 전체적인 면을 표현하는 또 하나의 용어가 필요하게 되는데, 그것을 천명天命으로 이해할 수 있다. 따라서 천명이 곧 성性이고 성性이 곧 천명이지만 천명은 전체적인 면을 표현하는 말이고 성性은 개체적인 면을 표현하는 말임을 알 수 있다.

천天과 명命의 관계에 대해서 생각해보기로 하자.

천명을 살아있는 모든 물체의 삶을 유지시키는, 전체적인 견지에서의 '살려는 의지'로 파악한다면 이 '살려는 의지'는 모든 물체의 삶을 유지해 가는 작용과 그 작용의 주체라고 하는 두 요소를 동시에 포괄한다. 이 중에서 작용이 명命이고 작용의 주체가 천天이라고 이해하면 될 것이다.

명命이란 명령이란 뜻이니 이는 만물의 삶을 전체적인 견지에서 조화롭게 유지해 가는 작용이 전쟁터의 모든 병사들을 일사불란하게 움직이는 장군의 명령과 같다고 파악한 데서 나온 말이다.

이러한 작용을 의인화하여 사람의 마음과 같은 것으로 파악하면 천심天心이라 하고, 뜻과 같은 것으로 파악하면 천의天意라고 하며, 사람이 다니는 길과 같은 의미로 파악하면 천도天道라 한다.

만물은 근본적으로 이 천명, 즉 하늘의 명령에 따라서 삶을 유지하고 있는 것으로 설명할 수 있다. 인식론적인 견지에서 보면 현상적인 삶을 유지하고 있는 사람을 포함한 모든 물체와, 그 물체의 구체적인 삶 속에서 그 근원을 찾아 들어간 결과 하늘과 하늘의 명령이라고 하는 삶의 본질적인 요소를 찾아낸 것이 되지만, 존재론적으로 보면 삶의 본질적인 요소인 하늘과 하늘의 명령이 먼저 존재하는 것이므로, 만물의 개체적인 삶의 현상은 하늘과 하늘의 명령으로 시작된다고 할 수 있다. 이는 마치 현상적으로 존재하는 일가친족의 뿌리를 찾아 들어가다 보면 궁극적으로 존재의 근원인 시조할아버지를 찾게 되지만, 일단 시조할아버지의 존재를 찾고 나면 시조할아버지가 존재한 후에 자손들이 존재하게 된 것임을 알게 됨으로써, 자손들의 존재가 그 시조할아버지에서부터 시작된다고 설명하는 것과 같다. 여기에서 "천명을 성性이라고 한다"고 한 명제는 존재의 근원에서부터 현상을 설명하는, 존재론적 견지에서의 명제이다.

솔率은 '좇다', '따르다' 등의 뜻이므로 솔성率性은 성性을 따른다는 말이 된다. 성性은 언제나 일정한 방향으로 발휘되는데, 이 성性이 발휘되는 길이 도道이다.

성性이 개체적인 성격을 강조하여 표현한 말인 점에서 본다면 성性을 따르는 것이 도道라고 했을 때의 도道는, 개체의 구체적인 행위에 관한 판단기준으로 볼 수 있으므로, 인간의 처지에서 말하면 천도天道가 아니라 인도人道가 되는 것이다. 도道는 우리말로 '길'이란 뜻이므로 인도人道란 '사람이 다니는 길'이 되는데 사람은 길 아닌 곳으로 다니기도 하기 때문에 이를 경계하는 의미에서 '사람이 마땅히 다녀야 할 길'로 그 뜻이 확대되고, 또 길을 다니는 것이 사람의 행위 일반을 상징하게 됨으로써 도道는 결국 '사람이 마땅히 행하여야 할 도리'라는 뜻으로 정리된다.

성性, 즉 '살려는 의지'는 나의 육체에 삶을 유지하는 방향으로 명령을 내리기 때문에, 배가 부를 때는 그만 먹도록 명령하고, 피곤할 때는 쉬도록 명령한다. 이때 그 명령에 따라 그만 먹거나 쉬는 행위는, 성性을 따른 행위이므로 도道라고 할 수 있지만, 더 먹거나, 쉬지 않고 일을 계속하는 행위는 성性에서 나오는 명령을 거역하는 것이 되므로 도道라고 할 수 없다.

성性은 마음속에 존재하면서 그 근원을 이루고 있고, 마음은 육체에 붙어 있으면서 육체를 조종하는 기능을 가지고 있다. 마음에는 성性 외에, 성性이 발휘되어 이루어진 정情이 있고, 또 성性에서 정情으로 이행하는 과정을 조절하는 기능―생각하는 기능[사려思慮], 분별하는 기능[분별分別], 계산하고 비교하는 기능[계교計較], 헤아리는 기능[상량商量], 외물을 인지하고 깨닫는 기능[지각知覺] 등―이 있다. 성性이 삶을 유지하기 위하여 좋은 색을 좋아하고 나쁜 냄새를 싫어하도록 명령하는 작용이라면, 이 작용이 구체화되어 실제로 좋은 색을 좋아하고 나쁜 냄새를 싫어하게 되는 마음이 정情이다. 사람의 행위는 이 정情이 좌우한다.

인간의 성性은 누구에게나 동일할 것이기 때문에 정情으로 되는 과정에서 조절기능이 작용하지 않으면 인간의 정情은 모두 똑같을 수밖에 없다. 그런데 이 마음의 조절기능은 육체가 갖고 있는 감각기관의 감각작용을 바탕으로 생겨나는 것이기 때문에, 육체적 조건과 감각기관의 능력이 각각 다른 만큼 이 기능도 다양하며, 따라서 이 기능에 의해 조절을 받고 나타나는 인간의 정情도 다양할 수밖에 없다.

육체가 갖고 있는 감각기관의 감각작용은 육체의 삶을 계속 유지시키려는 성性의 명령을 따르는 데 필요한 것이다. 왜냐하면 먹이를 볼 수 있는 시각작용이나 맛을 구별할 수 있는 미각작용이 있어야만 배가 고플 때 먹을 수 있기 때문이다. 그러나 감각작용은 단순히 감지만 하는 것이 아니다. 감각작용은 구별하는 능력을 갖는다. 그런데 구별하는 능력은 지속적으로 작용함으로써 의식세계를 만들어낸다. 그리고 감각작용의 구별능력이 감각대상을 구별하는 데 그치지 않고 '감각주체'를 의식 속에 만들고 만다. 의식 속에 만들어진 감각주체가 바로 '나'이다. '나'는 감각작용이 의식 속에 만들어 놓은 개념이다. 그런데 일단 '나'라는 개념이 만들어지면 동시에 '너'라는 개념이 만들어짐으로써 '나'와 '너'의 경쟁 관계가 성립되고 사람은 그래서 이기적인 존재가 된다.

사람이 이기적으로 바뀌면 성性이 발휘되는 순간에 이기적으로 개입한다. 사람이 피곤하면 성性으로부터 쉬고 싶은 정情이 발휘되지만, 이때 쉬면 손해라는 이기적인 계산이 개입되면 쉬고 싶지 않은 정情이 나타나고 만다.

그러므로 정情에는 성性을 따르는 정情과 성性을 거역하는 정情의 두 가지가 있을 수 있다. 인간의 행위가 전자에 의하여 이루어졌을 때는 도道이고 후자에 의하여 이루어졌을 때는 도道가 아니다. 도道가 아닌 인간의 행위는 근본적으로는 '살려는 의지'에서 출발한 것이라 하더라도 이기적인 계산에 의해 변질되므로 서로 투쟁하는 방향으로 나타난다.

나의 삶이 성性에 따라 영위되고 있다면 삶의 주체인 '나'는 나의 육체가 아니라 성性이며 천명이다. 이렇게 되면 나는 시간적으로는 단절이 없는 영원한 존재가 되고 공간적으로는 개체로 나뉘지 않는 전체적인 존재가 된다. 그러므로 '나는 남자다', '나는 30세다', '나는 언젠가는 죽을 것이다' 등은 모두 잘못된 말이 된다. 반면 '나는 너이다', '나는 만물이다', '나는 영원하다' 등은 옳은 말이 된다. 이러한 나의 삶에는 개체적인 경쟁에서 나타나는 갈등이 없고, 죽음을 맞이할 수밖에 없는 유한자의 슬픔이 없다.

이와 반대로 나의 삶이 성性을 거역하는 형태로 영위되고 있다면 이는 육체적인 요소를 따른 것이므로 삶의 주체인 '나'는 성性이 아니라 '육체'가 된다. 이렇게 되면 나는 시간적으로는 죽음을 맞이할 수밖에 없는 유한한 존재가 되고, 공간적으로는 남과 구별되는 개체적인 존재가 됨으로써 '나는 남자다', '나는 30세다', '나는 언젠가는 죽을 것이다' 등의 말은 모두 옳은 말이 된다. 이러한 나의 삶에는 죽음을 맞이할 수밖에 없는 슬픔과, 남과의 경쟁에서 나타나는 갈등이 늘 깔려 있다.

이와 같은 논리에서 보면, 모든 갈등과 슬픔을 극복하는 것은 성性을 따라 영위하는 삶에서만 가능하다. 그런데 성性을 따르는 것이 도道이기 때문에 성性을 따라 영위하는 삶은 결국 도道에 합치되는 삶으로 구체화된다. 따라서 현실적으로 도道에 합치되지 않는 삶을 사는 사람들은 도道에서 벗어난 사람들이 된다. 그렇기 때문에 다시 도道에 합치되기 위해서는 먼저 도道를 밝혀야 한다. 그런데 도道란 용어가 원래 '길'을 지칭하는 것이므로 도道를 밝히는 것을 여기서는 '수도修道', 즉 '길을 닦는 것'으로 표기하고 이 '길을 닦는 것'을 다시 '가르침[교教]'이라 정의한 것이다. '수도'의 목적이 도道에 합치되는 삶을 영위하는 데 있으므로 '수도'로 정의된 '가르침'의 목적은 구체적으로 갈등과 슬픔으로 이어지는 삶을 극복하여 행복한 삶으로 바꾸어 놓는 데 있음을 알 수 있다.

도道와 비도非道는 성性을 따르는 것인가 아닌가에 의해서 결정되는 것이므로 도道를 닦는 것은 결국 성性을 따르는 것이 어떠한 것인지를 인식하는 데로 귀결되고, 그것은 다시 성性이 무엇이며 천명이 무엇인지를 인식하는 데로 귀결된다. 이와 같이 천명에서 성性, 성性에서 도道로 구체화되는 인간의 존재구조를 보면 모든 인간에게는 도道를 실천해야 하는 당위성이 있지만, 현실적으로 도道를 실천하지 못하는 인간에게는 먼저 도道를 닦아야 하는 과제가 부과된다. 다시 말하면 인간은 인간이기 때문에 당연히 인간답게 행동해야 하지만, 현실적으로 인간다운 행동을 하지 못하는 사람에게는, 인간다운 행동을 할 수 있는 길을 닦아야 하는 과제가 주어진다.

"도道라는 것에서는 잠시도 벗어날 수 없다[도야자불가수유리야道

也者不可須臾離也]"라는 문장에서 도道를 주어로 보아 "도道가 잠시도 벗어날 수 없다"고 해석하면 도道가 행위의 주체가 되기 때문에 문맥상 통하지 않는다. 그러므로 여기서는 주어가 생략된 것으로 보고 생략된 주어는 내용상으로 '인간의 삶'으로 파악하여 "인간의 삶은 도道에서는 잠시도 벗어날 수 없다[인지생불가수유리어도야人之生不可須臾離於道也]"고 해석하는 것이 좋을 것이다.

　　이익을 차지하기 위해 서로 투쟁하고 있는 인간들의 모습을 보면 인간의 삶이 도道에서 벗어난 행위로 일관되고 있는 것으로 속단하기 쉽지만, 이와 같은 행위는 삶에 있어서 극히 일부분일 따름이다. 인간의 삶은 처음부터 끝까지 도道에서 거의 벗어나지 못한다. 한순간이라도 도道에서 완전히 벗어날 수 있는 사람은 없다. 왜냐하면 잠시라도 도에서 벗어난다면 당장 호흡이 멎고 심장의 박동이 중지하여 삶이 영위될 수 없을 것이기 때문이다. 그러므로 '어떤 것'에서 완전히 벗어날 수 있다고 했을 때의 '어떤 것'은 도道가 아니다.

　　문제는 인간이 부분적으로 도道에서 벗어난 행위를 많이 하고 있다는 데에 있다. 도道에서 벗어나지 않는 경우는 주로 의식작용이 일어나지 않을 때이다. 사람의 무의식세계에서는 늘 도道에 합치되는 삶을 이어가고 있다. 그러다가 사람의 의식세계에서 의식이 이기적으로 작용할 때 도道에서 벗어난다. 인간의 고통은 도道에서 벗어날 때 의식세계에서 나타나는 현상이므로 이를 극복하기 위해서는 다시 도道에 합치되는 삶으로 돌아가야 한다.

　　도道에서 벗어나는 행위는 기본적으로 남의 육체와 나의 육체를 구별하여 나의 육체만이 잘 살려고 하는 데서 생기는 것인데, 남의 육체와 나의 육체를 구별하게 되는 근본 원인은 육체의 기능인 감각기관에서 비롯된다. 그러므로 도道는 감각기관이 감각작용을 하고 있을 때 감추어지고, 하고 있지 않을 때 드러난다. 따라서 도道를 닦는 사람은 아무것도 보이지 않고 들리지 않을 때를 도道 닦는 기회로 생각한다. 즉 보이지 않는 곳에서 조심하고 들리지 않는 곳에서 두려워한다. 그곳에서 하늘의 소리가 들리기 때문이고 성性의 모습이 보이기 때문이다.

　도道나 하늘의 명령은 감각기관으로 감각할 수 없는 감추어진 곳에서 잘 나타나고, 감각기관이 감각하기 어려운 미세한 곳에서 가장 잘 드러난다. 만물이 서로 경쟁하고 있는 낮보다, 만물이 구별되지 않는 밤에 오히려 하늘의 뜻이 충만해 있음을 알 수 있고, 힘 겨루기를 하고 있는 거대한 육체보다, 작은 나뭇잎 하나, 조그만 풀벌레 한 마리, 현미경으로 관찰할 수 있는 세포의 작은 움직임 속에서 오히려 삶의 의지가 잘 나타남을 알 수 있다.

　그러므로 도道를 닦는 사람은 남과 경쟁하고 있을 때보다 홀로 있을 때 더욱 조심한다.

　뿌리의 작용은 모든 잎과 가지에 드러나 있지만, 그 모습은 보이지 않는 곳에 숨어 있고, 그 움직임은 모든 잎과 가지의 움직임으로 드러나지만, 그 자체의 움직임은 지극히 미세하다. 도道나 하늘의 명령도 이와 같다. 도道나 하늘의 모습은 보이지 않지만, 그 작용은 천지만물로 나타나 있고, 그 움직임은 지극히 미세하지만, 천지만물의 움직임으로 드러나 있다. 그러므로 도道나 하늘의 명령은 숨어 있지만 천지만물보다 더 나타나고 그 움직임은 미세하지만 천지만물의 움직임보다 더 드러나 있다. 그렇기 때문에 드러나 눈에 보이는 것만 살피면 도道나 하늘의 모습을 볼 수 없다. 오히려 아무것도 보이지 않고 들리지 않는 혼자 있는 곳이라야 도道의 세계로 깊이 들어갈 수 있다.

喜怒哀樂之未發을 謂之中이오 發而皆中節을 謂之和
    희 로 애 락 지 미 발      위 지 중        발 이 개 중 절      위 지 화
                    ①                    ②
니 中也者는 天下之大本也이오 和也者는 天下之達
      중 야 자      천 하 지 대 본 야          화 야 자      천 하 지 달
道也니라 致中和면 天地位焉하며 萬物育焉하니라
  도 야          치 중 화      천 지 위 언        만 물 육 언

| 국역 |

기뻐하고 성내고 슬퍼하고 즐거워하는 정情이 아직 나타나지 아니
한 상태를 '속'이라는 의미로서 중中이라 하고, 나타나서 모두 절도
에 알맞게 된 상태를 화和라 한다. 중中이란 천하天下의 큰 뿌리이
고 화和란 천하에 통하는 도리이다. 중中과 화和를 이루면 하늘과
땅이 제자리로 돌아가고 만물이 (제대로) 길러진다.

| 난자풀이 |

① 未 : 과거에 대한 것을 부정하는 말이므로 '아직 ~하지 아니하다'로 해석하
는 것이 좋다.
② 之 : 희로애락지미발喜怒哀樂之未發을 지칭하는 대명사.

| 강설 |

희로애락喜怒哀樂은 기뻐하고 성내고 슬퍼하고 즐거워하는 인
간의 정情을 말한다. 일반적으로는 『예기禮記』 예운禮運편에 근거하
여 인간의 정情을 희노애구애오욕喜怒哀懼愛惡欲의 칠정七情으로 말
하고 있지만 여기서는 생략하여 네 가지만을 열거하였다.
인간의 정情은 성性에서 생겨나는 것이며, 성性과 정情은 모두
마음 속에 존재한다. 그러므로 희로애락의 정情이 정情으로 구체화

되기 이전의 상태는 당연히 성性이라고 해야 하는데, 여기서 중中이라고 한 까닭은 이 성性이 마음속 깊은 곳에 존재하고 있음을 드러내기 위해서이다.

중中은 동사로서 '적중하다', '들어맞다'는 뜻으로 쓰이기도 하지만 명사로서 신분이나 평면의 '가운데', 입체의 '속'이라는 뜻으로 쓰이기도 한다. 여기서의 중中은 '속'이라는 뜻이다.

절節이란 대나 풀에 있는 '마디'를 말한다. 대나무 한 그루나 풀 한 포기가 여러 단락으로 나누어지는 계기가 마디이듯이 사물이 여러 단위로 나뉘는 계기를 마디라 한다.

공간적으로는 독립된 물체 하나하나가 모두 '마디'이며 시간적으로는 구별할 수 있는 시간의 단위 하나하나가 모두 마디이다. 1년을 둘로 나눈다면 여름과 겨울이 각각 마디이며, 12개월로 나누면 각 달이 마디이고, 24절기로 나누면 각 절기 하나하나가 마디이며, 365일로 나누면 하루하루가 모두 마디가 된다.

인간의 정情이 정情으로 구체화되기 이전의 성性은 모든 물체에 동일하게 존재하고 있기 때문에, 모든 물체를 동시에 살리는 방향으로 작용한다. 그런데 모든 물체는 저마다 다르게 지니고 있는 물질의 속성 때문에 동일할 수 없으며, 사람의 육체도 남자와 여자, 노인과 젊은이 등으로 각각 다르게 존재하므로 각각의 물체가 최선의 삶을 유지하기 위해서는 각 물체의 상황에 알맞도록 각각 다르게 작용하여야 할 것이다. 남자와 여자의 서로 다른 육체가 각각 최선의 삶을 유지하기 위해서는, 남자는 남자의 육체에 알맞은 작용을 얻어 힘든 일을 할 수 있게 되고, 여자는 여자의 육체에 알맞은 작용을 얻어 아기를 낳는 일 등을 잘할 수 있게 되어야 한다.

이와 같이 성性이 발發하여 구체화될 때 각각의 물체에 가장 알맞게 작용하는 정情이 되면, 새는 하늘을 날고 물고기는 물속을 헤엄치며 봄에는 꽃이 피고 가을에는 열매를 맺음으로써 모든 물체가 각각 삶을 최선으로 유지하게 되고 전체가 조화를 이루게 된다. 남자가 아이를 낳을 수 없음에 불만을 갖고, 여자가 남자처럼 힘이 없음을 불만스러워하며, 새가 물속을 헤엄치지 못함을 불만스러워하고, 물고기가 날지 못함을 불만스러워하면 세상은 온통 불만으로 가득 찰 것이다.

중中, 즉 속은 하늘 아래 존재하는 모든 물체의 삶을 유지하는 근원이다. 모든 물체는 현실적으로는 각각 다른 모습과 다른 방법의 삶을 유지하고 있지만 모두 이 성性의 작용에 의하여 삶을 유지하고 있다. 달達은 모든 방향으로 통하는 것을 말하므로 달도達道란 어디에서나 통하는 방법・도리를 말한다.

성性이 어떤 물체가 처한 상황에 가장 알맞게 작용함으로써 그 물체의 상태가 최선으로 유지될 때 그 물체는 전체적으로 조화를 이루게 되므로 어디를 가든지 그 존재가치를 인정받게 된다. 장미꽃이 아름답다고 하여 모든 꽃나무들이 장미꽃을 피우려고 하면 그 꽃밭은 조화가 깨진다. 매화는 매화꽃을 피우고 국화는 국화꽃을 피울 때 전체적인 조화를 이루게 되어 제각기 가치를 인정받는 것이다. 임금이 되었을 때는 임금으로서 최선을 다하고, 신하가 되었을 때는 신하로서 최선을 다하며, 아버지가 되었을 때는 아버지로서 최선을 다하고, 아들일 때는 아들로서 최선을 다하는 것이 중절中節하는 삶이니, 이러한 삶은 어디를 가더라도 통한다.

성性의 작용에 의하여 현재의 모든 물체가 형성・유지되고 있다는 사실을 망각하면, 물체 그 자체를 존재의 주체로 알게 된다. 그렇게 되면 인간의 삶에 있어서도 인간의 몸을 삶의 주체로 인식하고 만다. 몸이 삶의 주체가 되면 인간의 마음은 의・식・주 등 육체적인 삶에 필요한 물질을 얻기 위해 전력투구하게 된다. 말하자면 몸이 주主가 되고 마음이 종從이 되는 셈이다. 이러한 형태의 삶은 삶의 주체인 성性의 작용에 따르는 삶과는 상반된다. 성性에 따르는 삶은 마음이 주主가 되고 몸이 종從이 된다. 성性에 따르는 삶이 바로 선 삶이라면 몸이 주체가 되는 삶은 거꾸로 사는 것이다. 거꾸로 서서 보면 하늘이 발 밑에 있고 땅이 머리 위에 있으며 만물이 거꾸로 자란다.

중中과 화和의 상태에 이른다는 것은 각각 다른 모습으로 존재하는 물체들이 사실은 모두 성性의 작용에 의하여 각각 조화로운 삶을 유지하고 있는 것임을 깨달아, 지금까지 육체적인 삶에 진력해 왔던 나의 삶이 성性의 작용에 따라 사는 삶으로 바뀌는 것을 말하므로, 이는 거꾸로 서 있는 내가 바로 서는 것과 같다. 그렇게 되면 하늘은 비로소 머리 위로 가고 땅이 발밑으로 감으로써 하늘과 땅이 제자리를 찾고 만물이 제대로 자라게 된다.

내가 거꾸로 있으면 모든 것이 거꾸로 되어 이 세상은 갈등과 불만으로 가득 차게 되지만, 내가 바로 서면 일시에 모든 것이 바로 되어 이 세상은 조화로움과 즐거움으로 가득 찬다.

하나의 나뭇잎을 주체로 보면, 가을이 되어 이 나뭇잎이 떨어지는 것은 죽음의 세계로 가는 것이 되지만, 나무 전체의 삶을 주체로 보면 이 나뭇잎의 떨어짐은 나무 전체의 삶을 유지하는 과정에서 나타나는 하나의 현상이다. 이를 깨달은 나뭇잎은 떨어지는 것이 곧 사는 것임을 알기 때문에 기꺼이 떨어질 것이다. 이와 마찬가지로 인간의 삶에 있어서도 성性을 주체로 인식하게 되면, 육체적인 죽음은 삶의 과정에서 나타나는 하나의 현상이기 때문에 죽는 것을 곧 사는 것으로 이해하게 된다. 따라서 성性에 따라서 살면 죽음도 기꺼이 맞이할 수 있다.

# 쎄이장第二章

中尼曰 君子는 中庸하고 小人은 反中庸하니라 君子之
[1]
中庸也는 君子而時中이오 小人之中庸也는 小人而無
[2]                                    [3]
忌憚也니라

## 국역

중니는 말씀하셨다. "군자는 중용을 하고 소인은 중용을 거꾸로 한
다. 군자가 중용을 하는 것은 군자다우면서 때에 알맞게 하고 소
인이 중용을 거꾸로 하는 것은 소인스러우면서 꺼리는 것이 없다."

## 난자풀이

[1] 仲尼 : 공자의 자. 중仲은 둘째를 나타내는 말이고 이尼는 이구산尼丘山에서
    따온 말이다. 공자는 둘째 아들이고 또 공자의 어머니 안징재顔徵在가 공자
    를 낳을 때 이구산에서 백일기도를 하였다는 데서 연유한다.

[2] 君子 : 이때의 군자君子는 문맥상 술어로서 '군자다운 모습을 하고 있으면서',

'순수하면서' 등으로 해석하여야 한다.

③ 中庸：왕숙본王肅本에는 중용 앞에 반反자가 있으므로 여기서도 '소인지반중
용야小人之反中庸也'로 보는 것이 좋을 것 같다.

| 강설 |

　　중中은 명사로서 첫째로 입체의 '속'을 의미하고, 둘째로 평면
이나 선분의 '가운데'를 의미하며, 셋째로 동사로서 '들어맞다', '적
중시키다'는 뜻으로 쓰이기도 한다. 입체의 '속'이라는 의미의 중中
은 다시 그 뜻이 전변하여 사람의 '속마음'을 뜻하기도 한다. 그리
고 평면이나 선분의 '가운데'라는 의미로 쓰인 중中은 단지 한가운
데의 고정된 지점을 뜻하는 것이 아니라 수평을 유지하면서 전체
를 들어올릴 수 있는 지점이어야 한다. 이러한 의미의 중中은 다시
인간의 일에 적용되어, 나아가는 것과 물러서는 것, 사는 것과 죽
는 것, 남을 위하는 것과 자기를 위하는 것, 생산자와 소비자, 파
는 자와 사는 자, 사용자와 노동자 등으로 나뉘는 상반된 두 처지
를 어느 한 쪽도 고집함이 없이 조화롭게 포괄할 수 있는 것으로
뜻이 전변된다.

　　예를 들어, 파는 자와 사는 자가 가격을 결정할 때 파는 자가
200을 요구하고 사는 자가 100을 주장한다면 이때의 적정한 가격
은 100과 200 사이에 있으면서 양자가 다 납득할 수 있는 어떤 선에
서 결정되어야 할 것인데 이때의 가격이 중中이라고 할 수 있다.

　　중中의 의미는 결국 이 세 가지 요소가 모두 통합되어 조화된
상태, 즉 '속마음'이 밖으로 나타나서 서로 상반된 두 의견을 '모두
포괄할 수 있는 견해'를 '알맞게 취하는' 상태이다. 그리고 용庸은
'바꿔지 않는 가장 평범한 진리'를 뜻하므로 중中이 곧 용庸이다.
용庸은 중中을 설명하는 형용사적 술어다.

　　그런데 중中의 세 가지 요소 중에서 하나라도 결여되면 중中
이 될 수 없는 것이니, 상반된 두 의견을 포괄하는 견해를 취한다
하더라도 순수한 마음에서가 아니라 자신의 이익이나 명예를 위해

서 하는 것이라면 중中이 아니며, 아무리 순수한 마음이라 하더라도 상반된 두 의견을 포괄하는 견해를 취하지 못한다면 중中이 아니며, 순수한 마음을 가진 사람이 있고 또 상반된 두 의견을 포괄할 수 있는 견해가 객관적으로 있다 하더라도 실제로 그 견해를 과감하게 취하지 않는다면 중中이 아니다.

그리고 상반된 두 의견을 포괄하는 견해는, 양끝에 물건이 매달려 있는 막대를 수평을 유지하는 상태로 들어올릴 수 있는 어떤 지점이, 매달린 물건의 무게의 변화에 따라 이동되듯이, 상반된 두 의견의 경중에 따라 바뀔 수 있어야 한다.

그러므로 군자가 중용을 실천하는 모습은 군자답게 순수하면서 어느 하나의 의견을 고집함이 없이 때에 따라 가장 합당한 견해를 취하는 것이니, 나아가야 할 때 나아가고 물러나야 할 때 물러나며 살아야 할 때 살고 죽어야 할 때 죽는 것이다. 그리고 소인들이 중용을 거꾸로 하는 모습은, 욕심을 갖고 모든 일에 임하여 이익을 취하는 일이면 아무리 부정한 일이라도 거리낌없이 하는 것이다.

# 제삼장第三章

> 자 왈 중 용   기 지 의 호   민 선 능 구 의
> 子曰中庸은 其至矣乎인저 民鮮能久矣니라
> ① ② ③

| 국역 |

공자는 말씀하셨다. "중용은 최고의 도리이다. 백성들은 오래 지
속하기 어렵다."

| 난자풀이 |

① 子 : 일반적으로 성 밑에 붙여서 남자에 대한 미칭으로 쓰는데, 성이 없이
    자子 한 자를 쓸 때는 공자를 지칭한다.
② 其 : 별 뜻이 없이 쓰인 조음소이나, 추측의 뜻이 약간 있다.
③ 鮮 : 드물다. '오래 지속할 수 있는 경우가 드물다'는 말은 '오래 지속하기 어
    렵다'는 말이다.

| 강설 |

    전장前章의 설명에 의하면, 중용이란 인간의 속마음이 외적

상황에 가장 알맞게 발현된 상태이기 때문에, 중용이 실현되면 모든 존재는 하나됨을 바탕으로 하면서 전체적인 조화를 이루게 된다.

모든 철학의 목적은 개인의 내적 갈등과 고민을 어떻게 해결할 수 있는가 하는 것과, 남과 내가 공존하는 인간사회를 어떻게 정의롭고 안정된 사회로 만들 수 있는가 하는 두 가지 문제로 집약되는데, 중용이 실현된 상태는 이 두 가지 목적이 모두 이루어진 상태이기 때문에 공자는 중용을 최선의 덕목으로 여겼다.

사람은 누구나 속마음을 가지고 있고 또 외적 상황을 판단할 수 있는 판단력도 있으므로, 때로는 속마음이 외적 상황에 맞게 나타나기도 하지만 곧 계산적인 마음이 작용하기 때문에 그러한 상태가 오래 지속되기 어렵다.

주자는 이 구절을 '민선능民鮮能이 구의久矣니라'로 읽어 "백성들 중에 중용을 실천할 수 있는 자가 적어진 지 오래되었다"고 해석하였으나 『논어論語』에, "안연은 석달 동안 인仁을 어기지 아니한다" 등의 말이 있는 것으로 보면 내용상 주자의 해석은 무리가 있다.

# 제사장 第四章

子曰道之不行也를 我知之矣로다 知者는 過之하

고 愚者는 不及也니라 道之不明也를 我知之矣로

다 賢者는 過之하고 不肖者는 不及也니라 人莫

不飮食也이언마는 鮮能知味也니라

| 국역 |

공자는 말씀하셨다. "도道가 행하여지지 아니함을 나는 알겠다. 지
혜로운 자는 지나치고 어리석은 자는 미치지 못하기 때문이다. 도
道가 밝아지지 아니함을 나는 알겠다. 어진 자는 지나치고 못난 자
는 미치지 못하기 때문이다. 사람은 마시고 먹지 아니함이 없지만
맛을 알기 어렵다."

| 강설 |

　　여기에 나온 도道는 중용의 도道를 말한다. 중용의 도道는 모든 사람이 존재의 본질에 있어서 하나라는 사실을 바탕으로 하기 때문에, 지혜로운 자와 어리석은 자, 어진 자와 못난 자 등으로 사람을 구별하지 않는다.

　　참으로 지혜롭고 참으로 어진 자는 남과 하나됨을 실천하기 때문에 남보다 지혜롭고 슬기롭게 되려고 하는 마음이 없다. 그러므로 지혜로워야 할 때 지혜롭고, 어리석어야 할 때 어리석으며, 슬기로워야 할 때 슬기롭고, 슬기롭지 않아야 할 때 슬기롭지 않을 수 있어야 한다.

　　여기서 말하는 지혜로운 자는 참으로 지혜로운 자가 아니라, 남과 자기를 구별하여 남보다 지혜가 있고 똑똑한 자를 말하고, 어리석은 자는 남보다 어리석은 자, 어진 자는 남보다 어진 자, 못난 자는 남보다 못난 자를 말한다. 그러므로 이들은 남과 하나됨을 실천하지 못하기 때문에 중용이 실현되는 조화로운 사회는 건설되지 않는다.

　　중용이 실현되는 사회에서는 남이 나보다 지혜롭다고 생각하지도 않고 어리석다고 생각하지도 않으며, 남과 나를 비교하는 마음이 없이 자적自適하며 살 수 있게 될 것이다. "해가 뜨면 일어나고 해가 지면 들어가 쉬며, 우물 파서 물 마시고 밭 갈아서 밥 먹으니, 임금이 나에게 무슨 힘을 썼겠는가[일출이작日出而作, 일입이식日入而息, 착정이음鑿井而飮, 경전이식耕田而食, 제하력어아재帝何力於我哉]"라고 노래한 격양가擊壤歌의 내용처럼 요堯와 같이 훌륭한 임금이라 하더라도 칭송함이 없이 그저 자연에 따라 자적하며 사는 삶을 영위하게 될 것이다.

　　삶의 원동력인 '삶의 의지', 즉 성性은 삶의 방향으로 나아갈 때 쾌락을 주고 그 반대의 방향으로 나아갈 때 고통을 준다. 산에 올라가 맑은 공기와 물을 마시며 숲속을 거닐면 유쾌해지고, 도시의 복잡한 길거리에서 소음과 공해에 시달리다 보면 짜증스러워지는 것은 모두 이러한 이치이다.

　사람이 음식을 먹으면 맛을 아는데 이는 먹도록 유도하기 위한 성性의 작용이다. 그러므로 맛의 의미를 바로 알면 사는 데에 가장 적절한 양의 음식만 먹고 그칠 수 있다. 그런데 음식에 맛이 있게 된 본래의 의미를 망각하고 단지 맛만을 추구하다 보면 과식을 하게 되어 오히려 삶을 해친다. 삶을 위하여 주어진 맛 때문에 삶을 해치게 되는 것이다. 오직 속마음인 성性을 밝혀 그 성性의 작용대로 살 수 있는 사람만이 맛의 참뜻을 알아, 알맞은 양의 음식을 먹고 건강한 삶을 유지한다.

　음식을 알맞게 먹고 건강을 최선으로 유지한다 하더라도 육체적인 삶에는 한계가 있기 때문에 영원히 살 수는 없다. 그렇기 때문에 이 한계를 극복할 수 있는 수단이 다시 강구되어야 한다. 그것은 자녀를 낳아 삶을 계속하는 것이다. 그러기 위해서는 남녀간의 성적性的 결합이 필요하다. 이를 위해서 성적 결합에 쾌락이 부여된다. 이것 역시 삶의 연장을 위한 성性의 작용인 것이다. 그런데 남녀간의 성적性的 결합에 내려진 이 쾌락의 참다운 의미를 알지 못하고 그 쾌락만을 필요 이상으로 추구하게 되면 도리어 몸을 상하고 삶을 해친다. 삶을 위하여 부여된 쾌락이 오히려 삶을 해치는 결과를 초래하는 것이다.

# 제오장 第五章

자 왈 도 기 불 행 의 부
子曰道其不行矣夫인저
　　①　　②

| 국역 |

공자는 말씀하셨다. "도道는 아마도 행하여지지 아니할 것인가!"

| 난자풀이 |

① 其 : 추측할 때 쓰이는 글자다. 이때는 '아마'라고 번역하면 된다.
② 夫 : 감탄이나 탄식하는 말의 끝에 붙는 조사.

# 제육장 第六章

> 자왈순기대지야여 순    호문이호찰이언    은악
> 子曰舜其大知也與 舜은 好問而好察邇言하고 隱惡
> ① ② ③
> 이양선    집기양단    용기중어민    기사이위
> 而揚善하며 執其兩端하여 用其中於民하시니 其斯以爲
> 순 호
> 舜乎인저

| 국역 |

공자는 말씀하셨다. "순舜은 크게 지혜로운 자이시다. 순舜은 묻기를 좋아하시고 하찮은 말을 살피기 좋아하시며, 악을 숨기고 선을 드러내시며, 두 끝을 붙잡아 가운데를 백성에게 쓰시니, 이 때문에 순舜이 된 것이다."

| 난자풀이 |

① 舜 : 동아시아 고대의 우虞나라 임금. 오제五帝의 한 사람이다. 순舜의 아버지는 장님이었다. 부모의 학대가 심했으나 부모에게 효도하고 형제와 우애

있게 지냈다. 후에 요의 딸과 결혼하고 요의 사후에 황제의 자리에 올랐다.

② 與 : 감탄의 뜻을 나타내는 조사.

③ 邇 : '가깝다', '평범하다', '통속적이다' 등의 뜻. 음은 '이'.


| 강설 |

　　안다고 하는 것은 구별할 수 있음을 말한다. 너를 안다는 말
은 너를 다른 사람과 구별해낼 수 있다는 것이고, 저것이 책상임
을 안다는 말은 책상을 다른 것과 구별할 수 있다는 것이다. 그러
므로 앎이 많은 사람은 구별할 수 있는 능력이 많기 때문에 자신
과 남도 잘 구별한다. 그래서 상대적으로 남과 동화할 수 있는 능
력이 부족하다. 공자가 순舜을 평함에 있어서 크게 지혜로운 자라
고 한 것은 순舜이 구별을 잘하는 사람이라는 뜻이 아니라, 남과
조화를 이룰 수 있는 지혜를 소유한 자라는 의미에서이다.

　　정신과 의사가 환자를 대할 때, 나는 의사로서 당신을 치료하
는 훌륭한 사람이고 당신은 환자로 나에게 치료를 받아야 하는 모
자라는 사람이라는 자세로 임하면, 환자는 마음의 문을 닫는다.
그렇게 되면 의사의 어떠한 말도 받아들이려 하지 않을 것이다.
의사는 먼저 환자와 동화되어야 한다. 의사가 이것저것 많이 묻고
또 그들의 행동과 말들을 잘 살피는 까닭은, 먼저 그들의 닫힌 마
음을 열어서 그들과 동화되기 위해서이다.

　　순舜이 어떤 사람을 만나면 그에게 잘 묻고 그의 평범한 말들
을 잘 살핀다. 그리하여 그의 특징이나 고민거리를 찾아내어 그것
을 이해하고 함께 고민한다. 그와 하나가 되는 것이다. 그와 하나
가 된 순舜은 그를 자신처럼 사랑하기 때문에 그의 착함을 드러내
고 그의 악함은 감춘다.

　　순舜을 만나 순舜에게 인정받고 사랑받은 사람은 순舜을 좋아
하게 될 것이고 순舜과 닮기를 바랄 것이다. 그래서 순舜처럼 착해
지려고 노력할 것이고, 그래서 착해질 것이다.

　　사람은 이익에 투철해지면 서로 다투게 된다. 예를 들면 쌀을

생산하는 농민은 쌀값이 비쌀수록 좋아하고 쌀을 사먹는 도시인은 쌀값이 쌀수록 좋아하여 서로 대립한다. 극단적으로 말하면 농민은 쌀값이 100이기를 바라고 도시인은 0이기를 원한다. 이러한 상황에서 쌀값을 50으로 책정하면 농민은 100이 아니어서 반발하고, 도시인은 0이 아니어서 반발한다. 그런데 순舜이 정치를 하게 되면 어떻게 될 것인가. 순舜은 농민의 처지에서 농민과 하나가 됨으로써 농민도 순舜과 하나가 되어 착함을 드러내고, 또 도시인의 처지에서 도시인과 하나가 됨으로써 도시인도 순舜과 하나가 되어 착함을 드러낸다. 그래서 농민과 도시인은 순舜으로 말미암아 하나가 된다. 그리하여 그들은 자기의 이익만 추구하는 태도에서 다같이 잘 살아야 한다는 자세로 바뀌게 된다. 그렇게 되면 순舜이 책정한 50이라는 가격에 양자는 모두 만족하게 될 것이다. 또 50이라는 가격은 고정적인 것이 아니라 늘 변할 수 있다. 농사가 흉년이 들면 도시인이 먼저 농민을 생각하여 가격이 50에서 100쪽으로 옮겨가기를 바랄 것이며, 또 풍년이 들거나 도시인에게 어려움이 생기면 농민이 먼저 도시인을 생각하여 50에서 0쪽으로 옮겨가기를 바랄 것이어서, 가격은 상황에 맞게 늘 변할 것이다. 순舜이 두 끝을 붙잡아 그 가운데를 백성에게 실시한다는 말은 이와 같이 상반된 두 견지의 사람들이 모두 만족할 수 있는 적절한 선에서 해결한다는 뜻이다.

# 제 칠 장 第七章

자 왈 인 개 왈 여 지          구 이 납 저 고 획 함 정 지 중 이 막
子曰人皆曰予知로대 驅而納諸罟擭陷阱之中而莫
　　　　　　　　　　　　　　　　①　②　③

지 지 피 야          인 개 왈 여 지          택 호 중 용 이 불 능 기 월
之知辟也하며 人皆曰予知로대 擇乎中庸而不能期月
④　⑤

수 야
守也니라

| 국역 |

　공자는 말씀하셨다. "사람들은 다 '나는 지혜롭다'고 말하지만, 몰아서 그물이나 덫이나 함정에 넣어도 피할 줄을 알지 못하며, 사람들은 다 '나는 지혜롭다'고 말하지만 중용을 골라서 한 달도 지킬 수 없다."

| 난자풀이 |

　① 罟 : 그물. 음은 '고'.
　② 擭 : 덫. 음은 '획'.

③ 陷阱 : 동물을 잡기 위해 파놓은 구덩이. 음은 '함정'.

④ 之 : 辟벽의 목적어를 나타내는 대명사. 문법적으로 볼 때 원래의 순서는 막지피지야莫知辟之也가 되어야 할 것이지만 부정을 나타내는 막莫 다음에 타동사(여기서는 지知와 피辟)가 오고, 그 다음에 타동사의 목적어之가 올 때, 타동사와 목적어가 도치되는 예에 따라 막지지피야莫之知辟也로 되었다.

⑤ 辟 : 피避와 같은 뜻으로 쓰인다. 이때는 음도 '피'가 된다.

⑥ 期 : 기期는 두루 한다는 뜻이므로 기월期月은 달을 두루 한다는 의미가 되어 만 한 달을 뜻한다.

| 강설 |

    사람들은 스스로 많이 안다고 생각하는데, 많이 안다는 것은 사물을 잘 구별할 줄 안다는 뜻이다. 많이 아는 사람은 구별하는 능력이 발달하였기 때문에 남보다 돈을 더 잘 벌 수 있고 더 잘 살 수 있다. 그러나 『대학』 수장首章에서 설명한 것처럼 돈을 많이 벌어서 잘 산다는 것은 모두 육체적인 삶에 국한되는 것이므로, 육체가 없어지는 날이 되면 그러한 삶의 결과는 아무 의미도 없다. 이처럼 많이 알면 잘 살 수 있다고 생각하는 사람은 결국 모든 의미가 없어지는 죽음으로 달려가는 사람이다. 이는 마치 그물을 향하여 달려가는 물고기나, 덫이나 구덩이로 뛰어가는 짐승과도 같다.

    불교 서적에 "두 마리 진흙소가 싸우면서 바다로 들어간다[양개니우투입해兩個泥牛鬪入海]"는 말이 있다. 이는, 바다로 들어가면 진흙으로 만들어진 두 소는 녹아 없어져버릴 것이므로 싸움에 이긴다 하더라도 아무 의미가 없을 것이지만, 그러한 사실도 모르고 이기는 데 열중하여 서로 다투고 있는 진흙소와 마찬가지로, 이기기 위한 경쟁에 몰두하면서 살아가는 사람들의 어리석음을 깨우친 말이다. 함정에 빠지는 화를 면하는 방법은 경쟁적인 삶에서 벗어나 남과 내가 하나되는, 존재의 본질을 회복하는 것밖에 없다.

    사람들은 모두 스스로 지혜롭다고 생각하여 남보다 똑똑하다고 생각한다. 그러나 그러한 사람일수록 남과 동화되어 조화를 이룰 수 있는 중용을 실천하지 못한다. 간혹 중용을 선택하여 실천한다 하더라도 한 달도 계속하지 못한다. 그러므로 스스로 지혜롭다고 생각하는 그 지혜는 참다운 지혜가 아니다.

# 제팔장第八章

자 왈 회 지 위 인 야    택 호 중 용    득 일 선 즉 권 권 복 응
子曰回之爲人也는 擇乎中庸이니 得一善則拳拳服膺
　　①　　　　　　　　　　　　　　　　　②　③　④
이 불 실 지 의
而弗失之矣니라

| 국역 |

공자는 말씀하셨다. "회回의 사람됨은 중용을 골라서 실천하는 것
이니 하나의 착한 것이라도 얻으면 받들어 가슴에 꼭 붙잡고 잃어
버리지 아니한다."

| 난자풀이 |

① 回 : 공자의 제자 안회顔回. 자는 자연子淵. 단명하였으나 공자의 가르침을
　　가장 잘 이해하였음.
② 拳拳 : 받들어 가지는 모양. 음은 '권권'.
③ 服 : 붙이다.
④ 膺 : 가슴. 음은 '응'.

　　공자의 제자 가운데 공자의 가르침을 가장 잘 계승한 안회는
남보다 앞서거나 뒤떨어지려 하지 않고 남과 동화되어 조화를 이
룰 수 있었다. 그는 공자의 가르침 가운데 가장 실천하기 어려운
중용을 선택하여 실천하였다. 선善이란 인간의 속마음이 발현된
것으로 남과 조화를 이루는 것이며 악惡은 그 반대이다. 그러므로
중용이 곧 선善이고 선善이 곧 중용이다. 안회는 하나의 선善이라
도 얻으면 결코 놓치지 않고 잘 받들어 실천하였던 것이다.

# 제구장第九章

子曰天下 國家도 可均也며 爵祿도 可辭也며 白刃도
[1]

可蹈也로대 中庸은 不可能也니라

| 국역 |

공자는 말씀하셨다. "천하나 국가도 고르게 할 수 있으며, 벼슬이
나 녹도 사양할 수 있으며, 시퍼런 칼날도 디딜 수 있으나 중용은
할 수가 없다."

| 난자풀이 |

[1] 白 : 희다. 백인白刃은 글자 그대로 번역하면 '흰 칼날'이지만 우리말에서는
'시퍼런 칼날'이라고 한다.

| 강설 |

　　이 문장은 중용을 실천하는 것이 매우 어려움을 강조한 말이다.
　　중용은, 마음의 바탕인 성性을 완전히 회복하여 성性을 따름
으로써 남과 하나됨을 실천하여야 하고[인仁], 또 외적 상황을 잘
파악하여 가장 합당한 것이 무엇인지 알아야 하며[지知], 가장 합
당한 일을 과감히 실천할 수 있는 용기가 있어야 하기 때문에[용勇]
인仁·지知·용勇 세 덕목德目을 동시에 실현하는 최고의 덕德이다.
그러므로 천하나 국가를 고르게 잘 다스리는 일보다도, 벼슬이나
녹을 사양하는 일보다도, 시퍼런 칼날 위를 딛고 서는 것보다도
중용을 실천하는 게 더 어렵다. 중용은 할 수가 없다고 한 말은 공
자 자신도 중용을 실천할 수 없다는 뜻이 아니라, 중용을 실천하
기가 매우 어려움을 강조한 말로 보아야 할 것이다.

# 제십장第十章

子路問强한대 子曰南方之强與아 北方之强與아 抑而
[1]
强與아 寬柔以敎이오 不報無道는 南方之强也니 君子
居之니라 袵金革하며 死而不厭은 北方之强也니 而强
[3]                                                      [4]
者居之니라 故로 君子는 和而不流하나니 强哉矯여
[5]
中立而不倚하나니 强哉矯여 國有道면 不變塞焉하나니
[6]
强哉矯여 國無道면 至死不變하나니 强哉矯여

| 국역 |

자로가 강한 것에 대해서 물었다. 이에 공자는 대답하셨다. "남방
의 강함인가? 북방의 강함인가? 아니면 너의 강함인가? 너그럽고
부드러운 것으로써 가르치고 무도한 자에게 보복하지 아니하는 것
은 남방의 강함이니, 군자는 이를 택한다. 창검과 갑옷을 깔고 누

워 죽어도 싫어하지 아니함은 북방의 강함이니, 너의 강함은 이를 택한다. 그러므로 군자는 조화되지만 흐르지 아니하니, 그 강한 꿋꿋함이여! 가운데에 서서 기대지 아니하니, 그 강한 꿋꿋함이여! 나라에 도道가 있으면 궁색하던 때의 절조를 변치 아니하니, 그 강한 꿋꿋함이여! 나라에 도道가 없으면 죽음에 이르러도 변치 아니하니, 그 강한 꿋꿋함이여!"

## | 난자풀이 |

① 子路 : 중유仲由. 자는 자로子路 또는 계로季路. 원래 무인武人으로서 공자의 제자 가운데 용기 있는 자로 유명하다.

② 而 : 뜻은 '너'.

③ 衽 : 깔고 눕는 자리. 여기서는 동사로 쓰여 '깔고 눕다'는 뜻. 음은 '임'.

④ 而 : 공영달孔穎達이나 주자朱子는 모두 접속사로 보았고 일본의 오규 쇼라이 [荻生徂徠]는 상문上文의 '이강여而强與'에서와 마찬가지로 '너'로 보았다. '이而'를 접속사로 보게 되면 상문의 군자거지君子居之의 위에도 접속사가 있어야 할 것이므로 문맥상 옳지 않고, 상문上文의 '이강而强'에 대한 설명이 없게 되므로 내용상으로도 무리가 생긴다. 그러므로 '이而'는 오규 쇼라이의 견해대로 '너'로 보는 것이 좋을 듯하다.

⑤ 矯 : '굳세다', '꿋꿋하다', '강하다' 등의 뜻을 나타내는 형용사. 음은 '교'.

⑥ 塞 : 높은 지위에 오르기 전의 궁색한 시절. 음은 '색'.

## | 강설 |

자로는 무인으로 그 자신 무력武力이 뛰어났기 때문에 무武에 대한 관심이 많았다. 그리하여 그는 공자에게 강함에 대하여 질문했다. 이에 대하여 공자는 '남방의 강함을 말하는 것인가 북방의 강함을 말하는 것인가 아니면 네가 생각하는 것과 같은 강함을 말하는 것인가'라고 반문함으로써, 자로가 생각하는 것과 같은 강함 외에도 다른 종류의 강함이 있음을 제시한 다음 그 구체적인 내용을 설명하고 있다.

남방에서 말하는 강함이란 육체적인 힘의 강함이 아니라 속마음이 밖으로 발현되었을 때 나타나는 강함이다. 그것은 남을 자신처럼 아끼고 사랑하는 마음을 가지고 너그럽고 부드럽게 가르치며 무도한 자를 보복하지 않는 태도에서 나타나는 강함이다. 덕이 있는 사람은 육체적인 힘의 강함보다는 이러한 강함을 택한다. 여기서 거居한다는 말은 선택하여 실천한다는 말이다. 북방에서 말하는 강함이란 총검이나 갑옷을 깔고 누워 죽음에 이르러도 싫어하지 아니하는 것과 같은 무인의 강함인데, 자로가 생각하는 강함이란 이에 속하는 것이다.

남방의 강함을 실천하는 군자君子는 남과 동화되어 조화를 이루지만 이익을 좇아 흘러가지 아니하며, 중용을 실천함으로써 하늘에 뿌리박고 살아간다. 그래서 그는 남에게 의지하거나 기대지 아니한다. 나라에 도道가 있을 때는 궁색하였을 때의 절조를 바꾸지 아니하고, 나라에 도가 없을 때는 죽음에 이르러도 절조를 바꾸지 아니한다. 나라에 도道가 있는 경우는 나라가 나아가야 할 길대로 나아가고 있는 경우이다. 이때는 민심民心이 추구하는 것과 국가가 추구하는 것이 일치한다. 이와 반대로 나라에 도道가 없으면 민심이 추구하는 것과 국가가 추구하는 것이 일치하지 않는다.

나라에 도道가 있을 때는 누구나 정당한 노력만 하면 출세도 할 수 있고 부자가 될 수 있지만, 도道가 없을 때는 정당한 사람일수록 국가의 핍박을 받게 된다. 그렇기 때문에, 여기서 나라에 도道가 있는 경우에는 궁색함을 벗어나는 것을 예로 들었고, 나라에 도道가 없는 경우에는 핍박을 받아 죽게 되는 것을 예로 들었다. 보통사람은 궁색하게 있을 때는 절조를 지키고 있지만, 지위나 재물을 얻게 되면 그 지위나 재물에 마음이 팔리게 되어 궁색하였을 때의 절조를 잊어버리기 쉽다. 1억원짜리 복권에 당첨된다면 불우한 친구에게 5천만원을 줄 수 있겠다는 생각은 흔히 할 수 있다.

그러나 막상 당첨이 되고 난 후에는 돈이 아까워 주기 어렵다. 이미 욕심이 생겨버렸기 때문이다. 또 보통사람은 죽음을 가장 큰 슬픔으로 여기기 때문에 이를 면하기 위하여 무슨 짓이든 하게 된다. 그러나 삶의 주체는 육체적인 요소에 있는 것이 아니라 속마음, 즉 성性에 있는 것임을 자각한 군자는 정치적 지위, 경제적 부, 죽음 등의 육체적 요소에 마음이 팔리지 않고 성性의 작용대로 살 수 있는 능력을 갖는다.

# 제십일장 第十一章

자왈 색은행괴    후세유술언    오불위지의
子曰 素隱行怪는 後世有述焉이나 吾弗爲之矣니라
①

군자준도이행        반도이폐        오불능이의
君子遵道而行하다가 半塗而廢하나니 吾弗能已矣로다

군자    의호중용        둔세불견지이불회        유
君子는 依乎中庸하나니 遯世不見知而不悔하나니라 唯
②          ③

성자능지
聖者能之니라

| 국역 |

공자는 말씀하셨다. "은벽한 것을 찾고 괴이한 것을 행하는 것은
후세에 칭술함이 있지만 나는 그러한 것을 하지 않는다. 군자君子
가 길을 따라서 가다가 길을 반쯤 가서 그만두기도 하지만 나는
그만둘 수 없다. 군자는 중용에 의지하는 것이니 세상에 숨어서
알려지지 아니하여도 후회하지 아니한다. 오직 성인聖人만이 할 수
있는 것이다."

1 素 : 『한서漢書』 예문지藝文志에 인용된 글에는 색索으로 되어 있다. 여기서
   도 素는 색索의 잘못으로 보아야 할 것이다. 따라서 음은 '색'.
2 遯 : '숨다'는 뜻. 음은 '둔'.
3 見 : 다음에 오는 동사를 피동의 뜻으로 만들어주는 역할을 한다. 그러므로
   견지見知는 '알려지다'는 뜻이다. 음은 '견'.

| 강설 |

    은벽한 것을 찾아내고 괴이한 것을 행하는 것은 자신이 남에
게 알려지려는 마음에서 나타나는 것이며, 그 결과 후세 사람들은
괴이한 사람으로 그를 칭술할 것이지만, 남과 하나됨을 실천하여
남과 조화를 이루는 공자는 이와 같은 행동을 하지 않는다. 군자
들 중에는 중용의 도道를 실천하다가 도중에 그만두는 사람이 있
지만, 공자는 최후까지 실천한다. 참으로 덕이 있는 사람은 남보
다 유명해지려는 마음이 없이 오직 남과 하나가 되어 조화를 이루
면서 산다. 그러므로 그는 세상에 숨어서 알려지지 아니하여도 후
회하지 아니하는 것이니, 이와 같이 할 수 있는 참다운 군자가 바
로 성인이다. 성인은 중용을 완벽하게 실천하는 자인 것이다.
    위의 문장에는 군자가 두 번 나온다. 앞의 군자는 진리에 뜻
을 둔 구도자를 말하고, 뒤의 군자는 진리를 이루어 진리의 모습
으로 사는 성인을 말한다.

# 제십이장第十二章

君子之道는 費而隱이니라 夫婦之愚로도 可以與知焉이
①                              ②
로대 及其至也엔 雖聖人이라도 亦有所不知焉하며 夫

婦之不肖로도 可以能行焉이로대 及其至也엔 雖聖人이

라도 亦有所不能焉하며 天地之大也에도 人猶有所憾이

니 故로 君子語大인댄 天下莫能載焉이오 語小인댄 天

下莫能破焉이니라

| 국역 |

군자君子의 도道는 널리 쓰이면서 은밀하다. 일개 부부의 어리석은
수준에서도 알 수가 있지만 그 지극한 경지에 이르면 비록 성인聖
人이라도 또한 알지 못하는 것이 있으며, 일개 부부의 못난 수준에

서도 행할 수 있지만 그 지극한 경지에 이르면 비록 성인이라도 또한 할 수 없는 것이 있으며, 천지가 아무리 커도 사람은 오히려 유감으로 생각하는 것이 있다. 그러므로 군자가 큰 것을 말하면 천하에 실을 수 있는 것이 없고, 작은 것을 말하면 천하에 쪼갤 수 있는 것이 없다.

| 난자풀이 |

① 君子 : 이때의 군자는 중용을 실천하는 자로서 성인까지 포함하는 완전자로 보아야 한다.
② 與 : 여기서는 '참여하다'는 뜻. 아는 것에 참여하여 함께 알고, 행하는 것에 참여하여 함께 행한다는 말이다. 문맥상 번역하지 않는 것이 부드럽다.

| 강설 |

여기서 말하는 군자는 상징적으로 설정된 완벽한 인격자이고, 도道는 군자의 실천원리인 중용의 도道이며, 성인은 구체적으로 존재할 수 있는 역사적 인간으로 보아야 할 것이다. 지知와 행行은 무위자연無爲自然하는 차원에서의 지知와 행行이 아니라 의식이 작용하는 차원에서의 지知와 행行이고, 불초不肖란 부모나 스승을 닮지 못하였다는 말이니 못났다는 말이다.

중용의 도道는 천지만물의 공통적인 존재의 본질인, 속에 있는 마음이 외적 상황에 가장 알맞게 발현되어 조화를 이루는 것이므로 전체적인 조화 속에서 삶을 누리고 있는 만물은 모두 중용의 도道를 실천하고 있는 것으로 볼 수 있지만, 중용의 도道의 발현처인 마음의 깊은 속은 은밀하여 인식할 수 없다. 그러므로 중용의 도道의 쓰임은 넓지만 은밀하다고 한 것이다.

어리석은 한 남자나 여자라 하더라도 밤에 잠을 자고 낮에 활동하며, 봄에 씨 뿌리고 가을에 추수하며, 남녀의 결합으로 자손을 낳는 등 삶을 영위하는 방법들이 모두 조화에 따르는 것이므로 중용의 도道를 알고 행한다. 그러나 그 은밀한 발현처는 인식할 수 없기 때문에 가장 많이 알고 있는 성인이라 하더라도 알 수 없다. 중용의 도道는 쓰임이 넓기 때문에 못난 한 남자나 여자라 하더라도 행할 수 있는 것이지만 그 은밀한 발현처는 인식할 수 없기 때문에 성인이라 하더라도 다 행할 수가 없다.

　천지天地가 아무리 커도 사람들은 오히려 작다고 생각한다. 그 이유는 군자가 큼을 말하면 그 군자의 말을 다 포용할 수 있는 것이 없으며, 작음을 말하면 그것을 부술 수 있는 것이 없기 때문이다. 다시 말하면 군자의 도道는 쓰임이 한없이 넓기 때문에 천지보다 더 넓고, 그 발현처가 은밀하기 때문에 천하에 그보다 더 미세한 것이 없다.

---

詩云鳶飛戾天이어늘 魚躍于淵이라 하니 言其上下察也

니라 君子之道는 造端乎夫婦나 及其至也하여는 察乎

天地니라

---

| 국역 |

『시경』에서 이르기를, "솔개는 날아서 하늘에 이르고, 물고기는 못에서 뛴다" 하니, 그 위와 아래로 나타남을 말한 것이다. 군자의 도道는 그 실마리가 부부 사이에서 시작하지만 그 지극함에 이르러서는 하늘과 땅에 나타난다.

| 난자풀이 |

1 詩 :『시경詩經』대아大雅 한록편旱麓篇.
2 戾 : '이르다', '도달하다' 등의 뜻. 음은 '려'.
3 察 : '드러나다', '나타나다'는 뜻. 음은 '찰'.
4 端 : 실마리, 단서, 일의 첫머리.

| 강설 |

하늘 위에서 날고 있는 솔개와 못에서 뛰고 있는 물고기는 여러 가지 점에서 상반된다. 하늘을 나는 솔개는 물속을 헤엄치지 못하고, 물 속을 헤엄치는 물고기는 하늘을 날지 못하므로 불공평하고 불평등한 것처럼 보인다. 그러나 잘 생각해보면 솔개의 존재의 본질이나 물고기의 존재의 본질은 그 몸이 아니라 그 몸의 삶을 계속 유지시켜 가는 공통적인 '삶에 대한 의지'이니, 곧 '성性'이며 '하늘의 뜻[천명天命]'이다. 존재의 본질에서 본다면 솔개와 물고기는 하나가 된다. 공통적인 '삶에 대한 의지'는 솔개와 같은 몸을 가진 존재에게는 최선으로 유지시키기 위해서 하늘을 날게 하고, 물고기의 몸을 가진 존재에게는 물속을 헤엄치도록 하는 것이다. 이 '삶에 대한 의지'에 충실하면 솔개와 물고기는 서로 대적하는 관계에 있는 것이 아니므로 날고 있는 솔개는 그 자체로 자족自足하여 헤엄치지 못함을 불평하지 않고, 헤엄치는 물고기도 그 자체로 자족하여 날지 못함을 불평하지 않을 것이다.

하늘을 날고 있는 솔개와 물에서 헤엄치고 있는 물고기는 존재의 본질인 '삶에 대한 의지'가 위와 아래에서 동시에 나타나 서로 조화를 이루고 있는 모습이다. 이를 보면 상반되고 대립되는 관계에 있는 것같이 보이는 현상들도 사실은 조화 속에 있음을 알 수 있다.

조선조 중기의 철학자 율곡栗谷 이이李珥 선생은 16세 때 어머니 신사임당申師任堂을 여의고 18세 때까지 3년간 묘막墓幕 생활을 한 후 "사람의 죽음이란 무엇인가"라는 문제를 풀기 위하여 금강산 金剛山 마하연摩訶衍으로 들어가 수도修道 생활을 했다. 그러던 어느 날 다음과 같은 일을 겪었다. 율곡선생의 말을 직접 들어보자.

내가 풍악에서 공부할 때였다. 어느 날 혼자 깊은 골짜기를 걸어 몇 리를 들어가다가 한 조그마한 암자를 발견했다. 거기에 한 늙은 스님이 가사를 입고 정좌하고 계셨는데, 나를 보고 일어 나시지도 않고 또한 한 마디 말도 없었다. 암자 속을 둘러보니 아무 물건도 없었고 부엌에는 밥을 하거나 불을 때지 않은 지가 여러 날 되어 보였다. "여기서 무엇을 하십니까?"하고 물으니, 스님은 웃고 대답하지 않았다. 다시 "무엇을 먹고 요기를 하십니까?"하고 물으니, 스님은 소나무를 가리키면서 "이것이 나의 양식이다"라고 했다. 나는 그의 말을 시험하려고 "공자와 석가 중 누가 성인聖人입니까?"하고 물으니, "서생은 늙은 중을 속이지 말라"고 대답했다. 나는 "불교는 오랑캐의 가르침이니 중국에서는 시행할 것이 못됩니다"고 했다. 이에 스님은 "순임금은 동쪽 오랑캐이고, 문왕은 서쪽 오랑캐이니 그들도 오랑캐이냐?"고 했다. 내가 "불가의 진리는 우리 유학보다 나은 것이 없으니 하필 유학을 버리고 불교의 가르침을 구하십니까?"하니, 스님은 "유가에도 즉심즉불卽心卽佛이라는 말이 있느냐?"고 했다. 내가 "맹자는 인간의 본성이 옳다는 것을 말할 때, 말끝마다 반드시 요순을 일컬었으니 어찌 즉심즉불과 다른 것이겠습니까? 그러나 우리 유학은 실질을 압니다"고 하니, 스님은 즐거이 여기지 아니하며 한참 있다가 "비색비공非色非空은 어떤 말이냐?" 했다. 내가 "이것도 전경前景입니다"고 하니 스님은 피식 웃었다. 나는 바로 "솔개가 날아 하늘에 이르고 물고기가 못에서 뛰는 것은 색입니까, 공입니까?"하고 말하자, 스님이 말하기를 "비색비공은 진여체眞如體다. 어찌 이 시에 비할 수 있겠느냐?"고 했다. 나는 웃고 말하기를 "이미 말이 있었으니, 바로 경계입니다. 어찌 체라고 하겠습니까? 만일 그렇다면 유가의 진리는 말로 전할 수 없는 것이고, 불교의 진리는 문자 밖에 있지 않은 것입니다"라고 했다. 스님은 놀라 나의 손을 붙잡고 말하기를 "당신은 속된 선비가 아니다. 나를 위해 시를 지어 연어鳶魚의 구句를 풀이하라"고 했다. 나는 바로 한 절구를 썼다. 스님은 본 뒤에 옷소매 속에 걸어 넣고 몸을 돌려 벽을 향해 앉았다. 나도 골짜기에서 나왔다. 어둑어둑하여 그가 어떠한 사람인지 몰랐다. 사흘이 지나 다시 가보니 조그만 암자는 여전히 있었지만 스님은 이미 가버렸다. (『栗谷全書』 卷1, 楓嶽贈小菴老僧)

다음은 율곡栗谷 선생이 그 스님에게 써준 시이다.

물고기는 뛰고 솔개는 날지만 위아래가 같은 것
이는 색色도 아니요 또 공空도 아니다.
부질없이 한번 웃고 이 몸을 바라보니
석양 빗긴 총림 속에 홀로 서 있네.

어약연비상하동魚躍鳶飛上下同 저반비색역비공這般非色亦非空
등한일소간신세等閑一笑看身世 독립사양만목중獨立斜陽萬木中

이 시를 보면, 율곡 선생은 물고기가 물에서 뛰고 솔개가 하늘을 나는 현상을 대립되고 상반되는 것으로 보지 않고 동일한 존재의 본질이 위아래로 나타난 조화된 현상으로 파악하고 있음을 알 수 있다. 그렇다면 삶과 죽음이라고 하는 상반된 것으로 보이는 두 현상도 사실은 동일한 본질에서 나타난 조화된 현상임을 알 수 있다. 이렇게 하여 율곡 선생은 "사람의 죽음이란 무엇인가"라는 문제가 유가사상儒家思想에서 해결되고 있음을 알게 되어, 현실 타개 능력까지 갖춘 유가사상으로 회귀한다.

대립적인 요소를 가지고 있으면서 조화를 이루고 있는 것으로서 가장 쉽게 찾아볼 수 있는 예는 부부의 관계이다. 부부간의 갈등과 대립은 부부간의 조화를 전제로 하여 일어나는 것이므로, 그 대립과 갈등은 조화의 한 표현형식이라고 할 수 있다. 그렇기 때문에 대립적인 관계에 있는 것으로 보이는 것이 사실은 조화를 이루는 것으로 파악되는 군자의 도道는 부부의 관계에서 그 실마리를 찾을 수 있지만, 궁극적으로는 하늘과 땅 사이에 존재하는 모든 물체에 나타나 있는 것이다.

# 쩨십삼장第十三章

子曰道不遠人하니 人之爲道而遠人이면 不可以爲道니
라 詩云伐柯伐柯여 其則不遠이라하니 執柯以伐柯하
되 睨而視之하고 猶以爲遠하나니 故로 君子는 以人治
人하다가 改而止니라 忠恕違道不遠하니 施諸己而不願
이면 亦勿施於人이니라 君子之道四이니 丘未能一焉이
라 所求乎子로 以事父를 未能也하며 所求乎臣으로
以事君을 未能也하며 所求乎弟로 以事兄을 未能也하
며 所求乎朋友로 先施之를 未能也하니라 庸德之行
과 庸言之謹에 有所不足이어든 不敢不勉하고 有餘이어
든 不敢盡하며 言顧行하고 行顧言하니 君子胡不慥慥
이爾리오

공자는 말씀하셨다. "도道가 사람에게서 멀지 아니하다. 사람이 도道를 하면서 사람에게서 멀리 있는 것으로 여기면, 도道를 제대로 할수 없다. 『시경詩經』에 이르기를 '도끼자루를 베네 도끼자루를 베네 그 법이 멀지 않네'라 하니, 도끼자루를 붙잡고 도끼자루를 베면서 나무를 보며 길이를 알기 어렵다 하니, 그러므로 군자는 남의 처지에서 남을 다스리다가 고치면 그친다. 속마음으로 살피고 한마음으로 헤아리면 도道에서 벗어남이 멀지 아니하니 자기가 당했을 때 원하지 않는 일이라면 또한 남에게는 그렇게 하지 않는다. 군자의 도道는 네 가지이니 나는 한 가지도 할 수 없다. 아들에게 구하는 것을 가지고 아버지 섬기는 것을 할 수 없으며, 신하에게서 구하는 것을 가지고 임금 섬기는 것을 할 수 없으며, 동생에게서 구하는 것을 가지고 형 섬기는 것을 할 수 없으며, 벗에게서 구하는 것을 먼저 벗에게 베푸는 것을 할 수 없다. 일상적인 도덕을 행하는 것과 평상시 말을 삼가는 데에 모자람이 있으면 감히 힘쓰지 아니함이 없고 남음이 있으면 감히 다하지 아니한다. 말은 행실을 돌아보고 행실은 말을 돌아보아서 서로 일치하도록 해야 하니 군자는 어찌 독실해야 하지 않겠는가."

| 난자풀이 |

[1] 以 : 앞 문장의 인지위도이원인人之爲道而遠人 을 받는다.
[2] 詩 :『시경』 빈풍豳風 벌가편伐柯篇.
[3] 丘 : 공자의 이름.
[4] 乎 : ~에게.

| 강설 |

　　여기서의 도道는 사람을 다스리는 방법, 사람과 교제하는 방법 등의 구체적인 행동원리를 말한다. 이 문장은 사람을 다스리는 구체적인 방법을 설명한 것이다. 공자의 말에 의하면, 사람을 다스리는 구체적인 방법은 사람에게서 멀리 있지 아니한데도 사람이 사람을 다스리는 방법을 먼데서 찾는다면 그것은 사람을 다스리는 방법이 될 수 없다는 것이다. 다시 말하면, 사람을 다스리려면 먼저 그 사람의 마음을 다스려야 하는데, 사람의 마음은 다 같기 때문에 그 사람의 처지에 임했을 때 일어날 수 있는 나의 마음으로 그 사람을 다스리면 될 것이다.

　　『시경』 빈풍 벌가편에 있는 "도끼자루를 베네 도끼자루를 베네 그 방법이 멀지 않네"라고 한 말이 바로 이를 설명한 것이다. 자기가 가지고 있는 도끼의 자루를 가지고 베려고 하는 도끼자루의 길이를 재면 될 것이기 때문이다. 그런데도 도끼자루를 가지고 도끼자루를 베면서 사람들은 그 방법을 몰라 이리저리 쳐다보면서, 그 방법이 가까이 있는 쉬운 것이 아니라 멀리 있는 어려운 것이라 생각한다. 그러므로 군자는 사람을 다스리는 방법을 다른 데서 구하지 않고, 그 사람의 처지에 임했을 때 일어날 수 있는 나의 마음을 가지고 그 사람을 다스리되, 그 사람이 개과천선하면 곧 그만둔다.

　　충忠은 속에 있는 마음이며 서恕는 남과 나의 같은 마음이니 속에 있는 본마음이 곧 남과 나의 같은 마음이다. 충忠이 곧 서恕인 것이다. 충서忠恕를 가지고 사람을 다스리면 사람을 다스리는 방법에서 벗어난다 하더라도 크게 벗어나지는 않는다. 내가 하기 싫은 것은 남도 하기 싫기 때문에 충서의 마음을 발휘하여 내가 하기 싫은 일을 남에게 시키지 않으면 되는 것이다.

　　군자가 사람을 다스리는 방법에는 네 가지가 있다. 이 중에서 공자는 한 가지도 실천할 수 없다고 하였다. 이는 공자가 실제로 실천할 수 없어서가 아니라 그 중요성과 어려움을 강조하기 위하여 한 말로 이해해야 할 것이다. 사람을 다스리는 군자의 방법은 다음의 네 가지이다. 아들에게 요구하는 것을 가지고 부모를 섬기며, 아랫사람에게 요구하는 것을 가지고 윗사람을 섬기며, 동생에게 요구하는 것을 가지고 형을 섬기며, 벗에게 요구하는 것을 가지고 먼저 벗에게 베푸는 것이 그것이다.

소홀하기 쉬운 일상적인 도덕을 행하는 것과 소홀하기 쉬운 평소의 말을 조심하는 것에 있어서도, 행동해야 할 때 안하면 행동이 부족한 것이고 말하지 않아야 할 때 말하면 조심성이 부족한 것이므로 더욱 힘써서 부족함이 없게 해야 한다. 행동하지 않아야 할 때 행동하면 행동이 지나친 것이고, 말해야 할 때 말하지 않으면 조심성이 지나친 것이니 이때는 특히 지나침이 없도록 해야 한다. 말을 할 때는 행실과 합치하는가를 살피고 행동을 할 때는 말과 어긋나지 아니한가를 돌아보아 언행이 일치하게 해야 한다. 그러므로 진리를 구하는 군자는 참으로 독실하지 않으면 안된다.

이 장은 공자가 군자라는 이상적인 인격자를 설정하여 사람을 다스리는 최선의 방법과, 말과 행동을 할 때 지켜야 할 도리를 제시한 것이다.

# 제십사장第十四章

君子는 素其位而行이오 不願乎其外니라 素富貴하야
[1]        [2]

行乎富貴하며 素貧賤하야 行乎貧賤하며 素夷狄하야

行乎夷狄하며 素患難하야 行乎患難이니 君子는 無入
                                        [3]

而不自得焉이니라 在上位하여 不陵下하며 在下位하여

不援上이오 正己而不求於人이면 則無怨이니 上不怨
                    [4]

天하며 下不尤人이니라 故로 君子는 居易以俟命하고
                                        [5]

小人은 行險以徼幸이니라 子曰射有似乎君子하니 失
        [6]

諸正鵠이면 反求諸其身이니라
[7] [8]

군자는 그 자리를 바탕으로 하여 행하고 그 밖의 것은 원하지 않는다. 부귀하게 되면 부귀한 도리를 행하며, 빈천하게 되면 빈천한 도리를 행하며, 이적이 되면 이적의 도리를 행하며, 환난에 처하여서는 환난을 당했을 때의 도리를 행하니, 군자는 어디를 들어가더라도 자득하지 아니함이 없다. 윗자리에서는 아랫사람을 업신여기지 아니하고, 아랫자리에서는 윗사람에게 의지하지 아니하며, 자기를 바르게 하고 남에게서 구하지 아니하면 원망할 것이 없다. 위로는 하늘을 원망하지 않고, 아래로는 남을 탓하지 않는다. 그러므로 군자는 순탄한 일을 하면서 명을 기다리고, 소인은 위험한 것을 행하여 요행을 바란다. 공자는 "활쏘기는 군자와 비슷함이 있으니, 정곡을 맞추지 못하면 돌이켜 자기의 몸에서 (원인을) 찾는다"고 하셨다.

| 난자풀이 |

[1] 素 : 정현鄭玄의 예기주禮記注와 완원阮元의 교감기校勘記에는 '소傃의 뜻으로 읽어야 한다'고 하였고, 공영달孔穎達의 소疏에는 '향鄕'이라 하여 '향向한다는 뜻으로 읽어야 한다'고 하였으며, 주자朱子는 '현재現在'로 풀이하였다. 그러나 소素의 원래 의미인 '바탕'이라는 뜻을 살려 '그것을 바탕으로 삼는다', '거기에 근거한다' 등의 뜻으로 풀이해도 무난할 것 같다.
[2] 乎 : 어於와 같은 뜻. 행호부귀行乎富貴는 '부귀富貴한 사람의 처지에서 행한다'라는 뜻이다.
[3] 入 : '어디를 들어가더라도'로 해석하면 뜻이 선명해진다.
[4] 人 : 기己와 반대개념으로 쓰이는 人은 '남'으로 번역해야 한다.
[5] 命 : 천명天命. 천지자연天地自然의 조화를 유지시키는 원동력.
[6] 徼 : 구求한다는 뜻. 음은 '요'.

⑧ 正鵠 : 정곡이나 곡鵠이 모두 활쏠 때의 표적을 말한다. 정현의 주석에서는 정正은 천으로 만든 것이고, 곡鵠은 가죽으로 만든 것이라고 했다.

| 강설 |

군자는 만물일체萬物一體로 나타나는 인간존재의 본래모습을 실현하여, 천지만물天地萬物을 전체적으로 조화시키는 천명을 실천하는 자이다. 전체적인 조화는, 시간적으로는 각 개체에 그때그때 놓인 상황에 최선의 상태로 적응할 때, 공간적으로는 각 개체가 각각 맡은 역할을 충분히 완수할 때 이룩된다. 따라서 자신에게 내린 역할을 다하는 군자는, 또 시간에 따라 자신의 처한 상황이 바뀌면 그 바뀐 상황에 새로이 부과되는 새로운 역할을 다하게 되는 것이다.

군자는 자신이 놓인 위치에 따르기 때문에 그 지위에 부과된 역할을 다할 뿐, 그 지위와 관계없는 다른 일은 상관하지 아니한다. 부귀를 바탕으로 하게 되면, 다시 말하여 부귀한 상황에 처하게 되면, 부귀한 상황에서 마땅히 해야 하는 역할, 즉 가난한 자들을 보살피고 지위가 낮은 사람들을 인도하는 등의 일을 행하며, 빈천한 상황에 처하게 되면, 부귀한 사람에게 아첨하지도 말고 낭비하지도 말며 근검절약하여 빈천에서 벗어나도록 하며, 문화가 뒤떨어진 오랑캐의 처지가 되었을 때는 겸허하게 우수한 문화를 섭취함으로써 오랑캐의 처지에서 마땅히 해야 하는 일을 하며, 환난에 처하여서는 성급하게 서둘지 말고 침착하게 참으면서 환난을 극복하도록 슬기롭게 대처한다. 그러므로 군자는 어떠한 상황 속에 들어가더라도 자득하지 아니함이 없다. 윗자리에 있게 되면 아랫사람을 업신여기지 않고 잘 보살핌으로써 윗사람 된 도리를 다하며, 아래의 낮은 자리에 있게 되면 윗사람에게 의지하거나 매달리지 않고 윗사람에게 할 도리를 정당하게 함으로써 아랫사람 된 도리를 다하며, 먼저 자신의 허물을 바로잡고 일이 잘못된 경우 그 원인을 남에게서 구하지 않는다. 그렇게 되면 원망할 일이 없어지므로 위로는 하늘을 원망하지 않고 아래로는 남을 탓하지 않는다. 그러므로 군자가 하는 일은 쉽고 순탄하며 남과 갈등을 일으킬 것이 없다. 늘 평탄한 일을 하면서 결과는 전체적 조화를 유지시켜 가는 천명에 따르는 것이다. 이에 반하여 소인은 늘 욕심을 부리고 남과 이익을 다투며 일이 잘못된 것을 남의 탓으로 돌린다. 자신의 노력에 대한 정당한 대가를 바라는 것이 아니라 투기나 무모한 일을 하여 요행히 자신에게 유리하게 되기를 바란다.

공자는 이러한 군자의 태도를 활쏘는 일에 비유하였다. 활쏘는 일에서는 정곡을 맞추지 못하여 다른 사람에게 지게 되더라도 이긴 자를 원망하지 않고 정곡을 맞추지 못한 원인을 자신에게서 찾는 것이다.

# 제십오장第十五章

君子之道는 辟如行遠必自邇하며 辟如登高必自卑니라
①          ②

詩曰妻子好合이 如鼓瑟琴하며 兄弟旣翕하여 和樂且
                                    ③

耽이라 宜爾室家하며 樂爾妻帑라하여늘 子曰父母는
        ④

其順矣乎인저

| 국역 |

군자君子의 도는 비유하면 먼 곳에 가는 것이 반드시 가까운 데서
부터 출발하는 것과 같으며, 비유하면 높은 곳에 가는 것이 반드
시 낮은 데서부터 출발하는 것과 같다. 『시경詩經』에서 이르기를,
"처자가 좋아하고 화합함이 비파와 거문고를 타는 듯하고, 형제는
이미 화합하여 화락하고 기뻐하는도다. 너의 집안을 안락하게 하
고 너의 처자를 즐겁게 하는구나" 하였거늘 공자는 (이 시를 보고)
말씀하셨다. "부모는 순조롭겠구나!"

| 난자풀이 |

① 辟 : 비유한다는 뜻의 비譬로 쓰였음. 辟은 문장의 내용에 따라 벽僻, 벽闢,
　피避, 비譬 등으로 쓰인다. 이때에 음은 '비'.

② 自 : 대개 스스로, 저절로 등의 뜻으로 쓰이는 부사지만 여기서는 '～에서부
　터 시작하다'는 뜻의 동사로 쓰였음.

③ 翕 : '화합하다', '화목하다' 등의 뜻. 음은 '흡'.

④ 帑 : 자식이나 손자를 뜻한다. 음은 '노'.

| 강설 |

　　남과 나, 죽음과 삶 등 상반된 요소가 없는 만물일체의 세계
를 실천하는 본질적 삶은 어린 시절 고향의 삶과 같은 것이고, 남
과 나, 죽음과 삶 등 상반된 요소가 존재함으로 인하여 고뇌하고
있는 현실적 삶은 타향의 삶과 같다. 유가철학과 불가철학은 타향
살이 하는 사람들의 철학이고, 도가철학은 고향에 안주하고 있는
사람들의 철학이라 할 수 있다.

　　불가철학은 타향에서 일어나는 고뇌를 극복하는 방법으로 고
향으로 돌아갈 것을 설파하는 철학이라면, 도가철학은 인간의 고
뇌가 타향에서 일어나는 것임을 간파하고 타향으로 가지 말 것을
권유하는 철학임에 반하여, 유가철학은 인간의 삶이 타향에서 떠
나기 어려움을 인식하고 타향에다 고향을 건설할 것을 주장하는
철학이다.

　　현실적인 인간의 평범한 삶의 모습은 부자·형제·부부 등의
인간관계 속에서 영위된다. 그래서 유가철학에서는 부모에게 효도
하고 형제간에 우애롭게 지내며 처자에게 자애롭게 대하도록 강조
한다. 그러나 불가철학에서는 근본적으로 부자·형제·부부 등의
인간관계에서 벗어나기를 권유한다. 그러나 도가철학적 관점에서
보면 애초에 부모에게 불효함이 없기 때문에 효도할 필요가 없고,

형제간에 우애롭지 않음이 없기 때문에 우애롭게 지낼 필요가 없으며, 처자에게 자애롭지 않음이 없기 때문에 자애로울 필요가 없다. 효도가 강조될수록 불효가 많아지고 우애로움이 강조될수록 우애롭지 않음이 많아지며 자애로움이 강조될수록 자애롭지 않음이 많아진다는 것이다. 이에 비하여 유가철학은, 부모에게 효도하고 형제간에 우애 있게 지내며 처자에게 자애로와야 한다고 하는, 현실적 삶에서 나타나는 긍정적인 모습들에 수긍하면서 그 근원을 밝혀나감으로써 부정적으로 나타나는 모습들만을 극복하려는 태도를 취한다.

여기서 말하는 군자의 도道는 만물일체로 설명되는 인간존재의 본질을 실천하는 고원하고 심오한 것이지만, 유가철학적 견지를 취하기 때문에, 멀리 가는 것이 가까운 데에서 출발하고 높은 곳에 올라가는 것이 낮은 데에서 출발하는 것처럼, 부모의 뜻을 따르고 형제·처자와 화목하게 지내는 등의 비근하고 일상적인 윤리 실천을 진리실천의 출발점으로 삼지 않을 수 없다.

불가철학에서는 삶의 단계를 세간世間적인 것, 출세간出世間적인 것, 출출세간出出世間적인 것의 세 단계로 구분하는데 그 대략은 다음과 같다.

부모에게 효도하고 형제·처자와 화목하게 지내는 등의 세간에서 추구되는 모든 가치는 자신의 죽음과 동시에 모두 의미가 없어지는 허망한 것이기 때문에 이를 깨닫게 되면 세간적 가치질서에서 벗어나 얽매임 없는 출세간적 삶을 영위하게 된다. 그러나 출세간적 차원에서 육체가 존재의 본질이 아님을 깨닫게 되면 존재의 본질을 추구하여 출출세간의 단계로 진입한다. 존재의 본질은 만물의 존재의 본질과 일치한다. 그것은 자연이다. 따라서 출출세간적 삶은 본질에 따르는 삶이고 자연自然과 하나되는 삶이다. 그러므로 그 구체적인 양상은 다시 부모의 뜻을 따르고 형제·처자와 화목하게 지내는 등의 일상적인 삶의 형태를 취하게 된다. 부모의 뜻을 따르고 형제·처자와 화목하게 지내는 것이 바로 자연이다.

　이에 비하여 유가철학에서는 일상적인 삶의 형태를 부정하는 과정을 거치지 않고 그 일상적인 삶의 형태를 긍정하면서 그 속에 내포되어 있는 인간존재의 본질을 직접 추구해 들어가는 방법을 취한다. 『시경』 소아小雅 상체편常棣篇에서는 "처자가 서로 좋아하고 화합하는 모습이 비파와 거문고를 두드리는 것같이 즐겁고, 형제가 이미 화합하며 화락하고 기뻐하니 너의 집안을 안락하게 만들었고 너의 처자를 즐겁게 하였다" 하였다. 그렇게 되면 이를 바라보는 부모는 마음이 순조로울 것이다.

　부모는 자녀를 자신처럼 아끼고 사랑하기 때문에 부모는 자녀에게 봉양받기를 바라기보다는 자녀들이 화목하고 행복하게 살기를 바란다. 그러므로 형제·처자가 화목하게 살면 부모의 마음은 더 바랄 것이 없어서 안락하고 편안해진다.

# 제십육장第十六章

자왈귀신지위덕　기성의호　시지이불견　청
子曰鬼神之爲德이 其盛矣乎인저 視之而弗見하며 聽

지이불문　체물이불가유　사천하지인　재
之而弗聞이로대 體物而不可遺니라 使天下之人으로 齊
[1]

명성복　이승제사　양양호여재기상　여재기
明盛服하여 以承祭祀하고 洋洋乎如在其上하며 如在其
[2]　　　　　　　　　　[3]

좌우　시왈신지격사　불가탁사　신가역사
左右니라 詩曰神之格思를 不可度思이온 矧可射思아
[4][5]　　　[6]　　　[7][8]

부미지현　성지불가엄　여차부
夫微之顯과 誠之不可揜이 如此夫인저

| 국역 |

공자는 말씀하셨다. "귀신鬼神의 덕德됨이 성하도다. 보아도 보
이지 않으며 들어도 들리지 않지만 만물의 주체가 되어 하나도 빠
뜨리지 않는다. 천하의 사람들로 하여금 재계하고 깨끗이 하여 옷
을 잘 차려입고서 제사를 받들도록 하고, 양양하게 그 위에 있는
것 같고 그 좌우에 있는 것 같다." 『시경』에 이르기를 "신神의 임함

을 헤아릴 수 없거늘 하물며 싫어할 수 있겠는가!" 하였다. 대저 미미한 것의 나타남과 정성스러움을 가릴 수 없는 것이 이와 같도다.


## | 난자풀이 |

① 齊 : 재계하다. 재齋와 통한다.
② 明 : 깨끗이 하다.
③ 洋洋乎 : 유동流動하고 충만充滿한 모양.
④ 格 : 이르다.
⑤ 思 : 어조사.
⑥ 度 : '헤아리다'는 뜻. 이때에 음은 '탁'.
⑦ 矧 : 하물며. 음은 '신'.
⑧ 射 : 『시경』에는 역斁으로 되어 있으니 '싫어하다'는 뜻이다. 따라서 射의 음은 '역'으로 읽어야 한다.


## | 강설 |

귀신이란 무엇인가.

천지우주天地宇宙는 전체적으로 일정한 움직임을 가지고 변화하며, 그 속에서 존재하는 만물도 각각 개체적인 움직임을 가지고 있다. 밤과 낮이 순환하고 봄·여름·가을·겨울의 4계절이 순환하는 것이 전체적인 변화의 한 예라면, 만물 하나하나가 그 전체적인 변화에 따르면서 개별적인 삶을 독립적으로 유지하는 것은 개체적인 움직임이라 할 수 있다. 전자를 하드웨어라 하면 후자는 소프트웨어인 것이다.

천지만물天地萬物의 움직임은 그것이 전체적인 움직임이든 개체적인 움직임이든 그 움직임을 주도하는 원동력이 있다. 전체적으로는 낮과 밤, 4계절 등의 순환을 유도하는 원동력이 있고, 개체적으로는 심장의 박동, 호흡 등의 작용을 유도하는 원동력이 있다. 그런데 이 원동력을, 주자학적인 표현을 빌면 기氣, 또는 기운

氣運이라고 한다. 이 기氣는 기본적으로 수축하는 작용과 신장하는 작용의 두 측면을 가지고 있다. 낮은 기氣가 신장된 결과이고 밤은 수축된 결과이며, 봄과 여름은 신장된 결과이고 가을과 겨울은 수축된 결과이다. 또 들이쉬는 숨은 기氣가 신장된 결과이고 내쉬는 숨은 수축된 결과이며, 동맥으로 피를 내보낼 때의 심장은 심장을 움직이는 기氣가 수축된 결과이고 정맥에서 피를 받아들일 때는 신장된 결과이다. 주자는 귀鬼를, 귀歸 또는 굴屈의 의미로 보아, 수축하는 작용으로 파악하고, 신神을 신伸으로 보아 신장하는 작용으로 파악함으로써, 귀신을 기氣의 굴신屈伸으로 풀이하였다. 이렇게 생각하면 4계절을 순환하게 하고 밤과 낮을 순환하게 하는 것에서부터 천지우주의 모든 변화를 주도하는 것이 귀신이며, 심장을 뛰게 하고 호흡을 하게 하는 것을 위시하여 개체적 삶의 모든 현상을 주도하는 것도 귀신이다. 사람이 사물을 보고 듣고 판단하고 인식하는 정신작용도 모두 뇌파라고 하는, 뇌의 수축하고 신장하는 두 작용에 의한 것이기 때문에 역시 귀신이라 할 수 있다. 주자朱子에 의하면, 사람이 죽으면 그 사람의 육체를 움직여온 기氣, 즉 귀신이 흩어지지만 집념이나 원한이 많을수록 그 기氣가 빨리 확산되지 않고 상당한 기간 동안 엉기어 있으면서 독립적인 작용을 하는 경우가 있다고 한다. 우리들이 일반적으로 귀신이라 할 때는 주로 이를 말하는 것이다. 덕德의 본래 글자는 덕悳이므로 '본성이 곧게 발현될 수 있는 마음의 능력'이라는 뜻이다. 따라서 위덕爲德이라는 말은 '작용을 하는 능력'으로 풀이할 수 있다.

귀신이 작용하는 능력은 성대盛大하다. 왜냐하면 그 자체는 보이지도 들리지도 않으므로 없는 것 같지만, 하나도 빠뜨림이 없이 천지만물 모든 존재자의 움직임의 주체가 되고 있기 때문이며, 모든 사람들로 하여금 제사를 지내도록 하기 때문이며, 가득하여 위에 있는 것 같기도 하고 좌우에 있는 것 같기도 하기 때문이다.

사람들이 천지天地에 제사지내고 조상에 제사지내는 것은 천지우주 전체의 움직임을 주도하고 있는 귀신에게, 자신들이 편승

할 수 있는 움직임을 연출해주도록 기원하는 것이다.

귀신의 작용이 만물에 구체화되어 나타난 것은 헤아릴 수 있지만 구체화되기 이전의 그 작용은 헤아려 알 수 없다. 따라서『시경』대아大雅 억편抑篇에서는 "신의 이르름을 헤아릴 수 없거늘 하물며 싫어할 수 있겠는가"라고 노래했다.

그러나 천지만물은 헤아려 알 수 없는 그 은미한 작용으로 인하여 나타난 것이다. 또 귀신의 작용은 중단되지 않고 성실하게 진행됨으로써 결과적으로 천지만물의 현상이 이룩된 것이다. 따라서 성실함이 성과를 이루는 것은 이처럼 확실하므로 아무도 막을 수 없다.

성지불가엄誠之不可揜에서의 지之는 도치를 나타내는 역할을 하는 지之로 보아야 할 것이므로 이 문장은 성誠을 불가엄不可揜의 목적어로 보아 "성실한 작용을 막을 수 없다"로 해야 한다.

# 제십칠장第十七章

<sup>자 왈 순</sup>子曰舜은 <sup>기 대 효 야 여</sup>其大孝也與<sub>신저</sub> <sup>덕 위 성 인</sup>德爲聖人이시고 <sup>존 위 천 자</sup>尊爲天子
[1] [2]

이시고 <sup>부 유 사 해 지 내</sup>富有四海之內하사 <sup>종 묘 향 지</sup>宗廟饗之하며 <sup>자 손 보 지</sup>子孫保之하니

라 故로 <sup>대 덕</sup>大德은 <sup>필 득 기 위</sup>必得其位하며 <sup>필 득 기 록</sup>必得其祿하며 <sup>필 득 기 명</sup>必得其名

하며 <sup>필 득 기 수</sup>必得其壽이니라 故로 <sup>천 지 생 물</sup>天之生物이 <sup>필 인 기 재 이 독</sup>必因其材而篤

<sup>언</sup>焉하나니 故로 <sup>재 자</sup>栽者를 <sup>배 지</sup>培之하고 <sup>경 자</sup>傾者를 <sup>복 지</sup>覆之니라 <sup>시</sup>詩
[3]

<sup>왈 가 락 군 자</sup>曰嘉樂君子여 <sup>헌 헌 령 덕</sup>憲憲令德이로다 <sup>의 민 의 인</sup>宜民宜人이라 <sup>수 록 우 천</sup>受祿于天
[4] [5] [6] [7]

이어늘 <sup>보 우 명 지</sup>保佑命之하니 <sup>자 천 신 지</sup>自天申之라하니라 故로 <sup>대 덕 자</sup>大德者
[8]

는 <sup>필 수 명</sup>必受命이니라

| 국역 |

공자는 말씀하셨다. "순舜은 대효大孝이시다. 덕德으로 보면 성인

聖人이 되셨고 벼슬로 보면 천자가 되셨으며 부유함으로 보면 사해 안을 가지셨다. 종묘에서 그를 제사지냈고 자손이 이를 보존하였다." 그러므로 큰 덕德은 반드시 그 지위를 얻으며 반드시 그 봉록을 얻으며 반드시 그 이름을 얻으며 반드시 그 오랜 삶을 얻는다. 그러므로 하늘이 만물을 살리는 것은 반드시 그 재목에 따르되 그것을 더 강화시킨다. 그러므로 스스로를 가꾸는 것은 북돋아주고 기울어지는 것은 뒤엎어버린다. 『시경』에 이르기를 "아름답고 즐거운 군자여, 밝고 아름다운 덕德이 있도다. 백성들에게 적합하고 관리들에게 적합하여 녹을 하늘에서 받았도다. 백성들을 도와주고 인도하니 하늘에서 녹을 거듭 내려주셨도다" 하였다. 그러므로 큰 덕德이 있는 자는 반드시 명命을 받는다.

| 난자풀이 |

① 其 : 추측을 나타내는 조음소.

② 與 : 감탄을 나타내는 조사.

③ 焉 : '그것' 또는 '거기'라는 뜻을 나타내는 조사.

④ 君子 : 주자朱子는 왕으로 해석하고 정현鄭玄은 성왕成王이라 하였다.

⑤ 憲憲 : 『시경』의 원문에는 현현顯顯으로 되어 있다. '밝다 또는 '빛나다'는 뜻.

⑥ 民 : 일반 백성. 서민.

⑦ 人 : 관리. 재위자. 인人은 원래 동방 사람들을 가리키는 고유명사였다. 동 방인들은 예의를 잘 지키는 군자들이었으므로 인人은 군자라는 뜻으로 사용되다가 나중에 사람[인人]을 뜻하는 보통명사가 되었다.

⑧ 命 : 뒤에 타동사의 목적어인 지之가 있으므로 타동사로 해석해야 한다. 정현은 관리를 임명하는 것이라 하였고 공영달孔穎達과 주자는 하늘이 천자를 임명하는 것이라 하였다.

| 강설 |

　　부모의 사랑은 무조건적이기 때문에 부모의 사랑을 느낄 때 사람은 절대적 고독감에서 해방될 수 있고 그럼으로써 행복을 느낄 수 있다. 따라서 효孝는 자신의 행복을 위하여 부모의 사랑을 지속적으로 받기 위한 자녀의 노력을 말한다. 부모의 사랑을 보존하는 방법은 기본적으로 부모의 몸을 봉양하는 데에서 출발하므로 부모를 봉양하는 것이 효孝가 되지만, 궁극적으로 부모의 사랑을 완전하게 보존하는 방법은 부모의 희망을 실현하는 것이다. 부모의 희망 중에서 가장 큰 것은 자녀가 최고로 훌륭해지는 것이다. 그러므로 자녀가 완전한 인격자가 되는 것이 최고의 효孝이다. 현실적으로 완전한 인격자, 즉 성인이 되고 그로 말미암아 천자天子가 되어 천하를 소유한 순舜이 궁극적인 효孝를 실천한 것이 되므로, 공자는 부모를 봉양한다고 하는 일반적인 효孝와 구별하여 그를 대효라 한 것이다. 덕德으로 말하면 성인이 되었을 정도로 완전한 것을 갖추었고, 지위로 말하면 천자가 되었을 정도로 최고의 지위에 올랐으며, 부富로 말하면 천하를 다 소유하였을 정도로 최고의 수준에 달했으며, 천자를 제사지내는 종묘에서 그를 제사지냈으므로 순舜은 종묘에서 제사를 흠향하는 영광을 누리게 되었다. 그리고 이 제사는 자손 대대로 이어졌다.

　　이를 보면 인간이 가장 먼저 갖추어야 할 것은 덕德, 즉 인격이니 덕德이 있으면 만물일체의 견지에서 남을 자신처럼 사랑하게 될 것이므로 모든 사람이 그를 따르게 되어 결과적으로 그에 상응하는 지위를 얻을 것이고, 그에 상응하는 녹과 명예를 얻을 것이며, 또 오래 살 수 있게 된다. 『논어』에는 "인자仁者는 오래 산다"는 말이 있다. 덕德이 있는 자는 인자이고 인자는 본성[성性]을 실천하는 자이다. 본성은 삶을 유도해가는 의지이므로 본성을 따르면 건강한 삶을 유지할 수 있고 따라서 오래 살 수 있다. 그러므로 하늘이 만물을 낳고 기르는 것은 반드시 그 재목에 따라서 하되 그것을 더욱 강화시킨다. 다시 말하면 덕德 있는 자에게 명예와 녹이 내리듯이, 스스로 열심히 잘 가꾸는 자는 북돋아주고, 기울어지는 자는 뒤엎어버리는 것이다. 따라서 『시경』에서는 훌륭한 왕에 대해서 다음과 같이 찬양하였다.

"아름답고 즐거운 군자가 밝고 아름다운 덕德이 있어서 백성들을 사랑하고 관리들에게 인자하여 백성들과 관리들을 다스리는 데 적합하니, 이 때문에 하늘에서 녹祿을 받게 되었고 백성들을 잘 보호하고 인도하였으므로 하늘이 그를 천자로 임명하였다." 이를 보면 큰 덕德이 있는 자는 반드시 하늘의 명을 받는다는 것을 알 수 있다. 여기서의 하늘은 제1장에서와 같이 백성들의 공통적 의지로 이해하면 될 것이다.

# 쩨십팔장第十八章

子曰無憂者는 其惟文王乎신저 以王季爲父하고 以武
王爲子하니 父作之어늘 子述之하니라 武王이 纘大王
王季 文王之緖하여 壹戎衣而有天下하되 身不失天下
之顯名하고 尊爲天子이며 富有四海之內하여 宗廟饗
之하며 子孫保之하니라

| 국역 |

공자는 말씀하셨다. "근심이 없는 자는 오직 문왕文王일 것이다."
왕계王季가 아버지이고 무왕武王이 아들이어서 아버지가 왕업을 일
으키고 아들[무왕]이 계승하였다. 무왕이 태왕大王과 왕계와 문왕이
일으켜 놓은 것을 계승하여 한번 군복을 입고 천하를 평정하였다.
그러나 그의 몸에서 천하의 드러난 명예가 떠나지 않았다. 지위는

천자가 되었으며 부富로 말하면 사해四海의 안을 가졌다. 종묘에서
그를 제사지냈고 자손들이 계속 보존하였다.

| 난자풀이 |

① 文王 : 무왕의 아버지. 성은 희姬, 이름은 창昌. 은殷의 주왕紂王 때 서백西伯
　　이 되어 인자하게 백성을 다스렸다. 문왕은 그의 아들 무왕이 은殷을 멸망
　　시키고 왕위에 오른 뒤 붙인 시호이다.
② 王季 : 문왕의 아버지. 이름은 계력季歷. 뒤에 왕으로 추존하여 왕계라 하였
　　다. 예악禮樂을 제작하고[공영달孔穎達] 왕업에 힘썼다[주자朱子]고 한다.
③ 武王 : 문왕의 아들. 이름은 발發. 아우 주공단周公旦과 협력하여 은殷을 멸
　　망시키고 주周를 세웠다. 태공망太公望을 사사師事하여 선정을 베풀었다.
④ 大王 : 大는 태太와 통용되므로 大王은 태왕太王이다. 문왕의 조부祖父. 처
　　음에 빈邠에 있었는데 적인狄人이 침범하였으므로 기산岐山 아래로 옮겼으
　　나 빈인邠人들이 흠모하여 따라왔다. 거기에서 나라를 세워 국호를 주周라
　　하였다. 태왕은 후일 무왕이 추존하여 붙인 시호이고 이름은 고공단보古公
　　亶父이다.
⑤ 戎衣 : 정현鄭玄은 의衣를 은殷으로 보아, '한번 병兵을 사용하여 은殷을 쳤다'
　　고 해석하였고 주자는 융의戎衣를 '군복을 입는다'로 보아 '한번 군복을 입고
　　주紂를 쳤다'고 해석하였으며, 양승암楊升庵・모기령毛奇齡 등은 『서경』 강
　　고康誥의 '에융은殪戎殷'이라는 말에 근거하여 일壹을 에殪, 융戎을 '크다'는
　　뜻으로 보아 '큰 은殷을 넘어뜨렸다'라고 해석하였다.

| 강설 |

　　요堯에게는 단주丹朱라는 불충한 아들이 있어 걱정거리였으
며, 순舜에게는 고수瞽瞍라는 완악한 아버지가 있었고, 우禹나 탕
湯에게는 훌륭한 아버지나 아들이 없었으나, 오직 문왕에게만 왕
계라는 훌륭한 아버지와 무왕이라는 훌륭한 아들이 있어 아버지
가 왕업을 일으키고 아들이 계승하였으니 문왕만큼 걱정이 없는
사람이 없다. 무왕이 태왕과 왕계와 문왕이 일으켜 놓은 업적을
계승하여 한번 융의(군복)를 입고 군사를 일으켜 천하를 평정하였

다. 무왕은 평화적인 방법을 쓰지 않고 무력을 썼지만 백성들의 호응을 받았고 또 정치를 잘하였으므로 천하에서 가장 훌륭한 명성을 얻게 되었다. 지위로 보면 천자가 되었으며 부유한 것으로 말하면 사해의 안, 즉 천하를 소유하게 되었다. 그리하여 종묘에서 그를 제사지냈고 자손들이 천자 자리를 계속 이어받으며 종묘의 제사를 계속 지냈다. 공자는 순舜을 평가할 때 덕德으로 보면 성인聖人이 되었다고 하여 무왕과 구별한 것은 순舜은 평화적으로 천자가 되었고 무왕은 무력으로 천자가 된 것에서 나타나는 덕德의 차이를 둔 것이다. 공자가 음악을 평함에 있어서도 순舜임금의 음악인 소韶는 미美를 다 갖추고 또 선善을 다 갖추었는데 무왕武王의 음악인 무武는 미美는 다 갖추었으나 선善은 다 갖추지 못했다고 한 것에서도 그 차이를 알 수 있다.

武王이 未受命이어늘 周公이 成文武之德하여 追王大

王 王季하고 上祀先公以天子之禮하니 斯禮也達乎諸

侯 大夫及士庶人하니 父爲大夫이오 子爲士이어든 葬

以大夫이오 祭以士하며 父爲士이오 子爲大夫이어든 葬

以士이오 祭以大夫하며 期之喪은 達乎大夫하고 三年

之喪은 達乎天子하니 父母之喪은 無貴賤一也니라

| 국역 |

무왕이 말년에 명命을 받았다. 주공周公이 문왕과 무왕의 덕德을 완성하여 태왕과 왕계를 왕으로 추존하고 위로 선공을 제사지내기를 천자의 예로써 하니, 이 예는 제후·대부 및 사·서인에게 모두 통용[달達]된다. 아버지가 대부이고 아들이 사인 경우에는 장사지내기를 대부로서 하고 제사지내기를 사로서 하며, 아버지가 사이고 아들이 대부인 경우에는, 장사지내기를 사로서 하고 제사지내기를 대부로서 한다. 1년상은 대부까지만 통용되고 3년상은 천자까지 통용되니 부모상은 귀천의 구별이 없이 다 같다.

| 난자풀이 |

① 周公 : 무왕의 동생. 이름은 단旦. 무왕의 아들인 성왕成王이 어렸으므로 주공이 섭정하여 예악禮樂 등의 문물제도文物制度를 만들었다고 함.

| 강설 |

무왕이 은을 멸망시키고 천자가 된 것은 말년의 일이었다. 무왕이 죽고 아들 성왕이 어렸으므로 무왕의 동생인 주공이 섭정하여 문왕과 무왕의 공업을 완성시켰다. 그리하여 문왕의 아버지인 왕계와 할아버지인 태왕을 왕으로 추존하였다. 이때 정현의 해석처럼 태왕과 왕계를 제사지낼 때 왕을 장사지내는 예로 개장改葬하였을 것이다. 그리고 위로는 태왕의 아버지 조감組紺에서부터 주周의 시조인 후직后稷까지의 선공先公을 천자의 예로써 제사지냈다. 이와 같은 예禮는 제후·대부 및 사·서인에 이르기까지 모두에게 통용된다.

다시 말하면 아버지가 대부이고 아들이 사일 경우, 장사를 지낼 때는 당사자인 아버지를 기준으로 하여 대부의 예로써 하고, 제사를 지낼 때는 제사지내는 사람인 아들의 처지에서 사의 예로써 제사지낸다. 아버지가 사이고 아들이 대부인 경우에도 그 아버지를 장사지낼 때는 사의 예로써 하고, 제사지낼 때는 아들의 처지에서 대부의 예로써 한다. 요컨대 장례는 죽은 자의 신분에 따라서 하고 제례는 제사를 지내는 자의 신분에 따라서 한다. 또 백부나 숙부, 형제 등이 작고했을 때 입는 1년상은 대부까지만 통용된다. 제후와 천자는 백부·숙부·형제 등을 신하로 삼기 때문에 복을 입지 않는다. 또 그들에 대해 모두 복을 입는다면 정치를 할 겨를이 없어져 백성들에게 미치는 영향이 클 것이다. 그러나 부모에 대한 3년상은 천자까지 통용된다. 이는 귀천의 구별이 없이 모두 같다.

子曰武王 周公은 其達孝矣乎인저 夫孝者는 善繼人之 [1] [2]

志하며 善述人之事者也니라 春秋에 修其祖廟하며 陳 [3]

其宗器하며 設其裳衣하며 薦其時食이니라 宗廟之禮는 [4] [5] [6]

所以序昭穆也이오 序爵은 所以辨貴賤也이오 序事는 [7]

所以辨賢也이오 旅酬에 下爲上은 所以逮賤也이오 [8]

燕毛는 所以序齒也니라 [9] [10]

| 국역 |

공자는 말씀하셨다. "무왕과 주공은 뛰어난 효자孝子이다." 효孝는 조상의 뜻을 잘 이어받고 조상의 일을 잘 계승하는 것이다. 봄과 가을에 조묘祖廟를 수리하고 종기宗器를 진열하며 상의裳衣를 진설하고 시식時食을 바친다. 종묘宗廟의 예禮로 소목昭穆의 차례를 밝히

고, 헌작의 차례로 귀천을 변별하며, 일의 순서를 정하여 현명함을 분별하고, 여럿이 술을 마실 때 아랫사람이 윗사람을 위하여 천한 사람까지 참여하며, 잔치할 때 머리털 색을 중시하여 나이[치齒] 순의 질서를 밝힌다.


| 난자풀이 |

① 達 : 여덟 갈래로 통하는 길. 따라서 두루 통용되는 뛰어난 것을 의미한다.
② 人 : 선인先人이라는 뜻. 인지지人之志는 선인의 뜻, 인지사人之事는 선인의 일.
③ 祖廟 : 조상의 사당.
④ 宗器 : 종묘의 제사 때 쓰는 그릇. 제기祭器. 주자는 조상들이 감추어 놓은 중요한 그릇이라 하였다.
⑤ 裳衣 : 선조들이 남겨 놓은 의복.
⑥ 時 : 제때. 제철. 시식時食은 제철에 나는 음식.
⑦ 昭穆 : 종묘나 사당에 신주를 모시는 순서로서, 시조를 가운데에 모시고 그 왼쪽 줄을 소昭, 오른쪽 줄을 목穆이라 하며, 2·4·6세世를 소昭에 3·5·7세世를 목穆에 모시는 것. 다시 말해서 종묘의 서쪽 벽 중앙 아래에 시조의 영위靈位를 동향東向으로 안치하고 그 아들인 1대代를 북쪽의 벽 아래에 남향南向으로 안치하며 또 그 아들인 2대代는 남쪽의 벽 아래에 북향北向으로 안치하며 또 그 아들인 3대代는 다시 북쪽의 벽 아래에 남향으로 안치한다. 이러한 순으로 조상들의 영위를 안치하는데, 북쪽 벽에서 남향한 영위를 어두운 곳이라 하여 목穆이라 한다. 그러므로 할아버지와 손자는 같은 줄에 있지만 아버지와 아들은 서로 반대편에서 마주보게 된다. 할아버지를 제사지낼 때 시동尸童은 그 손자로서 하는데 이는 할아버지와 손자가 같은 줄이므로 서로 가까움을 나타낸다. 또 우리나라에서 이름의 항렬자를 붙이는 데 있어서도 소목법昭穆法으로 한다. 즉 할아버지의 이름에 항렬자를 앞에 붙이면 그 아들의 이름에는 뒤의 자에 붙이고 또 그 아들은 다시 앞의 자에 붙인다.
⑧ 旅 : 여러 사람. 무리.

| 강설 |

　　효孝의 궁극적인 정의는 부모의 뜻과 사업을 잘 계승하는 것이다. 무왕과 주공은 태왕, 왕계, 문왕의 뜻과 사업을 잘 계승하여 완성한 자이므로 그들은 뛰어난 효자孝子이다. 봄가을로 그 조상의 사당을 청소하고, 제기 등 선조 때부터 내려오는 중요한 물건들을 진열하고 확인하며, 선조 때부터 내려오는 의복들을 나열하여 정돈하고 제철에 나는 음식으로 제사지낸다. 종묘에서 제례를 행함으로써 조상의 위치와 참여하는 사람들 자신의 위치가 소昭에 해당하는지 목穆에 해당하는지를 확인할 수 있다. 작爵이란 천자天子·제후諸侯·경卿·대부大夫·사士 등을 말한다. 종묘의 제사에서 배례拜禮나 헌작하는 순서를 정하는데, 그것은 귀천을 분별하기 위해서이다. 사事는 제사를 진행하는 일이다. 이 일은 종宗·축祝·유사有司 등으로 역할이 분담되는데, 종宗은 『주례周禮』에 보이는 종백宗伯·종인宗人 등의 제사 담당관을 말하고, 축祝은 대축大祝, 소축小祝 등의 축문祝文을 담당하는 자이며, 유사有司는 그 밖의 잡다한 일들을 직접 담당하는 자이다. 제례祭禮를 행할 때는 제사에 참여하는 자의 역할을 정하는데, 이는 나이나 지위에 관계없이 일을 처리하는 능력에 따라 정한다. 또 제사가 끝나면 제사에 참여한 내빈을 포함한 모든 사람에게 술을 권하는데, 이때는 아랫사람이 윗사람에게 권한다. 이는 미천한 사람이라 하더라도 참여하게 함으로써 제사를 통한 일체감 형성이 그들에게까지 파급되도록 하는 것이다.

　　이를 보면 제사에 참여하는 사람은 하나도 소외됨이 없이 자기의 존재를 인정받는다. 누구나 소목에 따라 자기의 위치가 있다. 계급이 높은 사람도 인정받고 능력있는 사람도 인정받으며 지위가 낮은 사람도 인정받고 나이가 많은 사람도 인정받는다. 그러므로 제사는 일체감을 조성하는 데 탁월한 효과가 있다.

이러한 형태는 오늘날에도 찾아볼 수 있다. 학술발표회를 개최하는 경우를 예로 들어보자. 대회장에서는 회장, 부회장, 내빈 등이 앞자리의 특별석에 앉게 되는데 이는 이 대회의 참석자들에 대한 귀천을 구별하는 것이다. 그러나 사회자, 발표자, 진행자 등을 임명함에 있어서는 나이나 귀천을 떠나 그 일의 담당 능력에 따라 정하게 된다. 그리고 대회가 끝난 후에는 회장, 발표자, 사회자 등이 모여 회식을 하는데 이때는 지위가 낮은 사람들이 윗사람들에게 술을 권하고 윗사람들은 또 그들의 노고를 치하한다. 이렇게 함으로써 모든 사람이 소외됨이 없이 참여하게 되어 일체감을 형성하게 되는 것이다.

제사의 중요한 기능 중의 하나는 거기에 참여한 사람들의 일체감을 형성하는 데 있다. 내빈들이 가고, 같은 혈통을 가진 집안 사람들만 남았을 때도 마무리하는 의미로 잔치를 하는데, 이때는 머리털의 색을 기준으로 질서를 정한다. 순수한 내부인들만 있고 또 행사가 다 끝났으므로 직위나 능력의 차이를 극복하여 순전히 나이순으로 화합하는 것이다. 마치 학술대회가 끝나고 외부인사도 떠나간 후 내부인들만 모였을 때는 선후배의 순서로 화합하게 되는 것과 같다.

践其位하여 行其禮하며 奏其樂하며 敬其所尊하며 愛其
[1]

所親하며 事死如事生하며 事亡如事存이 孝之至也니라
[2]　　　　　[3]

郊社之禮는 所以事上帝也이오 宗廟之禮는 所以祀乎
[4][5]　　　　　　[6]　　　　　　　　　　　　　　[7]

其先也이니 明乎郊社之禮와 禘嘗之義면 治國은 其如
⑧ ⑨
示諸掌乎인저

| 국역 |

그의 자리에 올라 그가 하던 예를 행하며, 그가 즐기던 음악을 연
주하며, 그가 높이던 바를 공경하고, 그가 친애하던 바를 사랑하
며, 죽은 자 섬기기를 산 사람 섬기듯 하며, 없는 사람 섬기기를
살아 있는 사람 섬기듯 하는 것이 효孝의 지극함이다. 교사郊社의
예禮는 상제上帝를 섬기는 수단이고, 종묘의 예禮는 그 조상에게 제
사지내는 수단이다. 교사의 예禮와 체상禘嘗의 뜻에 밝으면 나라를
다스리는 것은 마치 손바닥을 보는 것같이 쉬운 것이다.

| 난자풀이 |

① 其 : 제사의 대상을 지칭함. 조부祖父를 제사할 때는 기其가 조부祖父를 지
칭하는 것이 된다.
② 死 : 죽은 직후, 아직 장사지내기 전을 말한다.
③ 亡 : 죽어서 장사지낸 후.
④ 郊 : 하늘에 제사지내는 것. 교외에 나가 제사지내므로 郊라고 한다.
⑤ 社 : 땅에 제사지내는 것. 사社는 원래 토지신을 말한다.
⑥ 上帝 : 천신을 말한다.
⑦ 乎 : 장소를 나타내는 조사인 어於와 같이 쓰여 '~에게'로 번역한다.
⑧ 禘 : 제왕이 하늘에 시조를 배향하는 큰 제사. 음은 '체'.
⑨ 嘗 : 가을에 새로 수확한 곡식을 바치는 제사. 체상禘嘗은 임금이 종묘에서
새로 수확한 곡식을 바치는 제사. 음은 '상'.

| 강설 |

　　조상을 사모하고 그리워하는 마음은 그 조상의 행적을 재현하는 것으로 나타난다. 조상이 평소에 거처하던 자리에 올라가서 조상이 생전에 행한 예禮를 재현하며, 조상이 생전에 좋아한 음악을 연주하며, 그 조상이 특히 존경한 분을 들추어내어 공경하며, 조상이 생전에 친애한 사람을 사랑하며, 조상이 죽은 후에도 매장하기 전까지는 살아 있을 때와 같이 대하며, 매장을 한 후라도 없어진 것으로 간주하지 않고 현존하는 것처럼 생각한다. 이는 동양사상이 이지적理智的인 것이 아니라 정감적情感的인 것에 바탕을 두고 있음을 말해주는 것이다.

　　'A所以B'는 'A를 가지고 B를 하는' 것이다. 따라서 A는 B를 하는 수단 또는 도구가 된다. 여기서는 교사郊社의 제사가 상제上帝를 섬기는 수단이 되는 것이다. 교郊는 천신天神인 상제를 제사지내는 것이고 사社는 지신地神을 제사지내는 것이므로, 교사가 상제를 제사지내는 것이라고 했을 때는 상제가 지신까지 포괄하는 개념일 것이다. 그리고 종묘의 예禮는 조상을 제사지내는 것인데, 그 중에서도 체상은 새 곡식을 수확하여 조상께 올리는 제사이다. 상제에게 제사지내는 예와 조상께 제사지내는 의식을 잘할 수 있다면 나라 다스리는 것은 손바닥을 들여다보는 것처럼 쉬운 일이다. 왜냐하면 상제에게 제사지내고 조상에게 제사지내는 과정에서 백성들과 친척들이 일체감을 조성하고 지위·능력·연령 등을 중심으로 한 다양한 질서가 형성되기 때문이다. 이 문장에서 보면 은殷나라 때 왕성했던 제정일치적祭政一致的 사고방식이 깔려 있음을 알 수 있다.

# 쩨이십장第二十章

哀公이 問政한대 子曰文 武之政이 布在方策하니 其人
①　　　　　　　　　　　　　　　　　　②③

存則其政擧하고 其人亡則其政息하니라 人道는 敏政하

고 地道는 敏樹하니 夫政也者는 蒲盧也니라 故로 爲
④⑤

政이 在人하니 取人以身이오 修身以道이오 修道以仁

이니라 仁者는 人也니 親親이 爲大하고 義者는 宜也
⑥

이니 尊賢이 爲大하니 親親之殺와 尊賢之等이 禮所生
⑦　　　　　　　　⑧

야
也니라

| 국역 |

애공이 정치에 관해 묻자, 공자께서 말씀하셨다. "문왕과 무왕의
정치는 방책方策에 펼쳐져 있습니다만, 그런 사람이 나오면 그런

정치가 행해지고 그런 사람이 없으면 그런 정치는 멈춥니다. 사람의 삶은 정치에 민감하고 땅의 성질은 나무에 민감합니다. 정치는 창포나 갈대 같은 것입니다." 그러므로 정치를 하는 것은 사람에게 달려 있다. 몸을 통해 사람을 취하고, 도道를 통해 몸을 닦으며, 한마음을 가지고 도道를 닦는다. 인仁이란 동쪽 사람들의 한마음이니 친족과 하나됨이 으뜸이고, 의義란 의宜이니 어진 사람을 높이는 것이 으뜸이다. 친족과 하나됨의 순서와 어진 사람 높이는 등급이 예禮가 생겨나는 바탕이다.

| 난자풀이 |

1 哀公 : 공자시대 노魯의 임금. 이름은 장蔣. 기원전 494년 공자 59세 때 즉위함.

2 方 : 목판.

3 策 : 죽간竹簡. 종이가 없을 때 목판이나 죽간에 글자를 기록하였으므로 방책은 책 또는 공책의 의미로 쓰인다.

4 蒲 : 창포.

5 盧 : 갈대. 노蘆와 통함. 주자朱子는, 정치란 물가의 창포나 갈대가 성장이 빠른 것처럼 그 백성에게 미치는 효과가 빠르다는 의미로 해석하였다. 그러나 정현鄭玄은 포로蒲盧를 토봉土蜂, 즉 나나니벌로 해석하였다. 『시경』 소아小雅 소완小宛편에 뽕나무 벌레의 새끼를 나나니벌이 물어다 길러서 자기의 새끼로 삼는다는 내용이 있는데 이에서 힌트를 얻어 정치란 백성들을 자기의 아들처럼 만든다는 뜻으로 풀이한 것이다.

6 人 : 민民과 구별된다. 인人은 원래 고유명사로서 중국 동부에 살던 동이東夷를 지칭하였던 것이다. 동이가 어질기 때문에 인人은 인仁하다고 하는 것이고 또 인仁한 인人이 사람의 모범이 되기 때문에 일반명사로 변하여 사람이라는 뜻으로 쓰였다.

7 殺 : 정도가 차차 줄어드는 것. 이때의 음은 '쇄'.

8 等 : 등급.

　　공자는 정치에 대한 애공의 질문에 대하여 다음과 같이 대답
하였다. "문왕과 무왕이 행한 훌륭한 정치의 내용은 책에 다 실려
있으므로 없어진 것이 아니다. 그러나 그런 훌륭한 정치가 실행되
지 않는 까닭은 그러한 정책을 실시하는 사람이 없기 때문이다.
훌륭한 정치가가 있으면 그와 같은 훌륭한 정치는 실행되지만 그
러한 정치가가 없으면 그러한 정치는 실행되지 못한다." 이와 같은
공자의 말에 의하면, 정치가 잘되고 못되는 것은 정치제도나 정치
방법 여하에 달려 있는 것이 아니라 정치하는 사람의 인격과 자질
에 달려 있는 것이 된다. 정치의 성패가 제도에 달려 있는가, 정
치하는 사람에 달려 있는가 하는 것은 현대의 정치학에서도 중요
한 문제이다.

　　일반적으로 인간존재의 본질을 육체적인 것에서 찾는 것과 심
적心的인 것에서 찾는 두 가지 유형이 있다. 먼저 인간존재의 본질
을 심적心的인 것에서 구하는 데서 나타나는 논리를 따져보기로 하
자. 인간의 육체는 단세포에서 출발하여 다른 물체를 흡수함으로
써 꾸준히 변화하여 오늘날에 이르고 있으므로 거기에서 나의 실
체를 찾을 수는 없다. 왜냐하면 흡수해온 다른 물체를 되돌려주고
나면 남는 것이 아무것도 없기 때문이다. 그러므로 인간존재는 이
육체를 조종하고 있는 마음에서 찾아야 할 것이다.

　　마음에는 두 가지가 있으니, 하나는 변하는 마음이고 다른 하
나는 변하지 아니하는 마음이다. 그런데 만약 변하는 마음을 존재
의 본질이라고 한다면 어제의 나의 마음은 오늘의 나의 마음과 달
라질 수 있기 때문에 어제의 나는 오늘의 내가 아닌 것이 된다. 따
라서 존재의 본질은 변하지 아니하는 마음에서 찾아야 한다.

　　변하는 마음을 인심人心이라고 하고, 변하지 아니하는 마음을
도심道心이라 한다. 도심은 육체가 오늘날의 상태로 끊임없이 성

장하도록 호흡을 하게 하고 심장을 뛰게 하는 등의 작용을 하는 것이며, 부모를 그리워하고 자녀를 사랑하며 불쌍한 자를 구제하는 마음이기도 하다. 그런데 이 도심은 근본적으로 다른 모든 물체에 작용하고 있는 것과 동일하다. 따라서 도심을 존재의 본질로 생각하면 인간을 포함한 만물은 존재의 본질에 있어서 모두 하나가 된다.

그런데 이 도심은 육체가 자라면서, 육체적 감각기관을 통하여 다른 사람과 자기를 구별하게 됨으로써 차츰 상실된다. 도심이 작용하면 남을 나처럼 생각하지만 이를 상실하면 남과 나를 구별하게 되는 것이다. 정치적 실천의 핵심에 있는 임금이 도심을 실천하게 되면 모든 백성은 도심의 견지에서 하나가 되지만, 도심을 상실하고 욕심에 사로잡히게 되면, 남과 자기를 별개의 존재로 생각하여 자기의 이익을 위하여 남을 희생시키게 되고, 그 결과 백성들은 하나됨을 실천할 수 있는 구심점을 상실하여 뿔뿔이 흩어지고 만다. 그러므로 모든 백성이 형제처럼 한마음 한뜻으로 통합되는 것은 오직 통치자의 도심이 발휘될 때만 가능하다.

다음으로 인간존재의 본질을 육체적인 것에서 추구하는 데서 나타나는 논리를 따져보기로 하자. 육체는 물질이기 때문에 물질이 갖는 구별성·제한성으로 말미암아 인간은 모두 각각 구별되는 개체적 존재가 된다. 육체는 기본적으로 먹어야만 삶을 유지할 수 있는데, 남이 먹어버리면 내가 먹을 수 없게 되므로, 내가 살기 위해서는 제한된 먹이를 차지하기 위하여 남과 투쟁할 수밖에 없다. 그러므로 자연상태에서는 인간들이 서로 투쟁하게 되어, 사회는 혼란하게 되고 그 결과 파멸하게 된다. 때문에 사람이 살 수 있는, 질서 있고 안정된 사회를 건설하기 위해서는 투쟁을 억제할 수 있는 제도적 장치가 필요하다. 따라서 안정된 사회 건설을 목표로 하는 정치는 훌륭한 제도가 만들어지는가 아닌가에 달려 있다.

이 두 논리를 보면 공자는 인간존재를 도심에서 구하는 전자의 태도를 취하고 있음을 알 수 있다.

도道는 길, 작용 등으로 해석할 수 있다. 하늘의 작용은 천도天道, 사람의 작용은 인도人道, 땅의 작용은 지도地道인 것이다. 사람의 작용은 정치에 민감하게 반응한다. 정치가가 도심을 실천하면 사람들은 형제처럼 한마음 한뜻으로 화합하는 방향으로 작용하지만, 정치가가 자신들의 이익만을 추구하면 사람들은 모두 자신들의 이익만을 추구하여 투쟁을 일삼게 되고 화합하지 못한다. 땅의 작용은 나무에 민감하게 반응하니 나무가 많으면 땅은 곧 비옥해지지만 나무가 없으면 땅은 금방 척박해진다. 그러므로 정치라는 것은 물만 있으면 금방 자라는 창포와 갈대처럼 효과가 빠른 것이다. 이처럼 정치를 잘하고 못하는 것은 모두 사람에게 달려 있다.

모든 백성들을 한마음 한뜻으로 화합시키는 작용은 우선 정치가의 몸을 통해서 나타난다. 정치가의 몸을 구심점으로 하여 화합하는 것이므로 몸이 없으면 화합할 수 없다. 그러나 이 몸은 평범한 것이어서는 안 된다. 도심이 충만하여 그것이 밖으로 스며나오는 몸이어야 한다. 그러기 위해서는 도道를 가지고 수양하여야 한다. 도道는 인간 존재의 본질인 도심이 나타나는 길이다. 그러므로 몸이 행동을 할 때 그 행동이 도道에 합치되는 것인지 늘 반성해야 한다. 그러기 위해서는 도道가 무엇인지 알아야 하므로 먼저 도道를 닦아야 한다. 인仁은 남과 나를 구별하지 않고 남을 나처럼 여기는 마음이므로 마음의 작용이 도道인지 어떤지를 알 수 있는 방법은 마음의 움직임이 인仁에 입각한 것인지 어떤지를 반성해보면 된다. 인仁이란 남과 자기를 구별하지 않는 인人, 즉 동이의 마음씨이다. 남과 자기를 구별하지 않을 수 있는 관계 중에서 으뜸인 것은 부모와 자녀의 관계이다. 그러므로 현실적으로는 자녀에 대한 부모의 마음, 부모에 대한 자녀의 마음이 인仁이다. 부모와 자녀간의 인仁의 마음은 형제·삼촌·사촌·오촌 등으로 확산될 수 있다. 의義는 인仁을 실천함으로써 나타나는 현실적 갈등을 해소하는 원리이다.

　예를 들면, 친구와 둘이서 입학시험을 치르는데 한 사람밖에 합격할 수 없다면 인仁의 입장에서는 갈등을 일으키지 않을 수 없다. 이때 할 수 있는 최선의 해결책은 둘 가운데 성적이 높은 사람이 합격하도록 하는 것이니 이것이 마땅하며 합리적이다. 이것이 의義이다. 그러므로 의義는 누가 더 현명한가를 따져서 더 현명한 쪽을 선택하는 것이다. 이에 성적순의 등급이 정해지는 것이다. 그렇지만 이때도 어디까지나 인仁의 자세가 전제되어 있어야 하므로, 합격한 사람은 그것이 친구의 불합격을 전제한 것이기 때문에 기뻐하지 않아야 한다. 또 불합격한 사람은 친구의 합격을 전제한 것이기 때문에 슬퍼하지 않아야 한다. 부모에 대한 마음이 형제·삼촌·사촌 등으로 퍼져 나가는 인仁의 확산과정에서 나타나는 순서와 차이 그리고 의義의 실천과정에서 나타나는 현명함의 등급에 따라 대처하는 방식의 차이가 있을 수 있는데 그것이 예禮이다.

> 재 하 위　　불 획 호 상　　　민　　불 가 득 이 치 의
> 在下位하여 不獲乎上이면 民은 不可得而治矣니라

| 강설 |

　이 문장은 하문下文에 있는 것인데 잘못되어 여기에 중복으로 삽입된 것이다.

故로 君子는 不可以不修身이니 思修身인댄 不可以不[1]
事親이오 思事親인댄 不可以不知人이오 思知人인댄
不可以不知天이니라

| 국역 |

그러므로 군자는 그 때문에 몸을 닦지 아니할 수 없다. 몸을 닦으려고 생각한다면 부모를 섬기지 않을 수 없다. 부모를 섬기려고 생각한다면 사람을 알지 않을 수 없다. 사람을 알려고 생각한다면 하늘을 알지 않을 수 없다.

| 난자풀이 |

[1] 以 : '~을 가지고', '~으로써', '~때문에' 등의 뜻으로 쓰이는데 여기서는 '그렇기 때문에'라는 뜻으로 위 문장에서 논술한 내용을 받는다. 따라서 '불가이불수신不可以不修身'은 위 문장에서 사람을 취하려면 몸으로써 해야 한다고 했기 때문에 몸을 닦지 않을 수 없다는 뜻이 된다. 그러나 문맥으로 봐서 번역하지 않고 생략하는 것이 부드럽다.

| 강설 |

사람을 결집하고 통합하는 역할은 몸으로써 해야 하지만 이때의 몸은 단순한 몸이 아니라 도심道心이 스며나오는 몸이어야 한다. 그러므로 도심이 스며나오지 아니하는 몸을 가진 사람은 먼저 도심이 스며나올 수 있도록 몸을 닦는 것이 필요하다. 몸을 닦는 방법은 몸속에서 작용하는 마음이 도심인지 아닌지를 따져서 도심

일 때는 확충하고 아닐 때는 고쳐나가면 된다. 남과 나를 구별하지 아니하는 마음을 확충시켜가는 구체적인 방법은 먼저 부모와 나를 구별하지 않고 하나로 여기는 마음에서 출발하여 그것을 형제·삼촌·사촌 등으로 확충해가는 것이다.

먼저 부모와 나를 하나로 여기는 마음을 확보하기 위해서는 부모의 마음이 어떠한 것인지를 알아야 하는데, 부모도 사람이기 때문에 결국 사람의 마음이 어떤 것인지를 잘 알아야 한다. 사람의 마음에는 모든 사람이 공통으로 가지고 있는 변하지 아니하는 마음이 있고 변할 수 있는 마음이 있다. 남과 하나가 되는 것은 변하지 않는 마음을 잘 알아서 거기에 입각하여 삶을 영위할 때 가능하다. 모든 사람이 공통으로 가지고 있는 마음이 천심天心이다. 그렇기 때문에 몸을 닦는 궁극적인 방법은 천심을 알고 천天을 아는 데로 귀결된다.

> 천하지달도 소이행지자 왈군신야부
> 天下之達道이 五에 所以行之者는 三이니 曰君臣也父
> [1]    [2]
> 자야부부야곤제야붕우지교야오자 천하지달도야
> 子也夫婦也昆弟也朋友之交也五者는 天下之達道也이
> 지인용삼자 천하지달덕야 소이행지자 일
> 오 知仁勇三者는 天下之達德也이니 所以行之者는 一
> [3]               [4]
> 야 혹생이지지 혹학이지지 혹곤이지지
> 也니라 或生而知之하며 或學而知之하며 或困而知之하
> [5]        [6]
> 급기지지 일야 혹안이행지 혹리이
> 나니 及其知之하여는 一也니라 或安而行之하며 或利而
> [7]        일야    [8]
> 행지 혹면강이행지 급기성공 일야
> 行之하며 或勉强而行之하나니 及其成功하여는 一也니라

| 국역 |

천하의 달도達道는 다섯 가지가 있고 이를 행하는 소이所以는 세 가지가 있다. 군신·부자·부부·형제·붕우의 사귐이라고 하는 것 다섯 가지가 천하의 달도이다. 지知, 인仁, 용勇 세 가지는 천하의 달덕達德이니, 이를 행하는 소이는 한 가지이다. 혹 나면서 알며 혹 배워서 알고 혹 고심苦心해서 알지만 안다는 점에서 보면 같은 것이다. 혹 편안하게 행하며 혹 이롭게 여겨서 행하며 혹 애쓰고 억지로 힘써서 행하지만 그 공을 이루는 점에서 보면 같은 것이다.

| 난자풀이 |

① 道 : 도道는 우리말로 '길'이다. 길은 객관적으로 일정하게 존재하는 것이다. 하늘에 의하여 행해지는 것이 천도天道이고 사람에 의해서 행해지는 일정한 길이 인도人道이다. 천도는 밤과 낮, 봄·여름·가을·겨울 등의 순환처럼 일정한 길을 말하며, 인도는 사람이 처신해야 하는 일정한 도리를 말한다.

② 以 : 다음에 오는 동사의 내용을 실천하는 수단·도구를 말한다. 여기서는 '~을 가지고 행하는 것'이라는 뜻이므로 이以는 행하는 수단·도구가 된다.

③ 德 : 객관적인 도道를 행하는 실천능력이다. 덕德이 있어야만 도道를 실천할 수 있다. 사람이 길을 걸어가려면 우선 길이 있어야 하고 또 그 길을 걸어갈 수 있는 다리가 있어야 한다. 길이 있어도 다리가 없으면 걸어갈 수 없고 다리가 있어도 길이 없으면 걸어갈 수 없다. 이와 마찬가지로 도道와 덕德 중에서 어느 하나가 없으면 실천할 수 없다.

④ 一 : '오도삼덕五道三德, 기의일야其義一也, 고금불변야古今不變也'라 한 공영달孔穎達의 소疏에 의하면, 오도五道와 삼덕三德은 그 의미가 같다는 뜻이 되고, '일칙성이이의一則誠而已矣'라 한 주자의 주註에 의하면, 一은 성誠으로 해석되지만, 왕염손王念孫은 一을 연문衍文이라 하여 필요없이 잘못 들어간 것으로 보았다. 여기서의 一은 앞의 '고군자불가이불수신故君子不可以不修身'으로 시작하는 문장을 마무리하는 것으로 보아 그 내용을 수신修身으로 보아야 할 것이다. '사수신思修身'에서 '불가이부지천不可以不知天'까지는 수신의

방법方法을 설명한 것이고, '천하지달도天下之達道'에서 '천하지달덕야天下之
達德也'까지는 수신의 결과 나타나는 실천양상實踐樣狀을 설명한 것인데, 실
천을 할 수 있는 구체적인 방법은 결국 수신 그 한 가지뿐임을 환기시키면
서 마무리한 것이다.

5 或 : '어떤 경우' 또는 '어떤 사람'.

6 困 : '곤란을 겪으면서 어렵게'라는 뜻이다.

7 及 : '~에 이르러서 보면'이란 뜻이다. 여기서는 '~점에서 보면'으로 번
역했다.

8 利 : '이리저리 따져보아 이롭게 여겨서'라는 뜻이다.


| 강설 |

앞 문장에서 몸을 닦기 위해서는 결국 하늘[천天]을 알아야 한
다고 하였는데, 천天이란 제1장에서 보았듯이 '모든 사람의 마음
의 깊은 곳에 존재하는 공통된 의지'라고 할 수 있으므로, 천天을
알아서 천天과 합일되면 모든 사람, 나아가서는 만물과 하나됨을
실천할 수 있게 될 것이다. 모든 사람과 하나됨을 실천하는 사람
에 의하여 실천되는 양상은 어떠한 것일까. 실천하지 못하는 사람
들의 길잡이가 되기 위하여 여기서는 그 구체적인 양상을 유형별
로 설명하고 있다.

인간의 관계는 대체로 다섯 가지 유형으로 형성되는데, 달도
즉 누구에게나 적용되는 인간이 해야 하는 도리는 다섯 가지의 인
간관계 속에서 객관적으로 구체화되어 나타난다. 여기서는 인간관
계의 다섯 가지 유형인 임금과 신하의 관계(이는 계급적인 모든 상하관
계를 포함한다), 부모와 자녀의 관계, 남편과 아내의 관계, 형과 아
우의 관계(이는 선배와 후배 등의 모든 비계급적인 연령별 상하관계를 포함한
다), 친구관계를 제시하고 이 다섯 유형의 인간관계에서 나타나는
객관적인 인간의 도리는 제시하지 않았다. 그러나 『맹자』 「등공문」
상의 '부자유친父子有親, 군신유의君臣有義, 부부유별夫婦有別, 장유유
서長幼有序, 붕우유신朋友有信'이라는 문장을 보면, 그것은 친親, 의

義, 별別, 서序, 신信임을 알 수 있다. 이에서 보면 모든 사람과 하나됨을 실천하는 인간의 도리는 인간관계의 다섯 가지 유형에서 각각 친親, 의義, 별別, 서序, 신信을 실천하는 것이다. 이 다섯 가지 인간의 도리를 하나하나 따져보기로 하자.

먼저 임금과 신하, 또는 윗사람과 아랫사람의 관계에서 나타나는 도리로서 의義란 어떤 것인가. 도심道心을 근거로 하여 생각할 때, 인간은 본질적으로 서로 구별되지 않는 동일한 자이지만, 임금과 신하로 대변되는 상관과 부하는, 부하가 상관의 명령을 들어야 하는 상하관계에 놓이게 된다. 이는 일단 모순이고 이 모순 때문에 갈등을 일으킬 수 있다. 그런데 이러한 상하관계가 왜 생겨났는가 하는 원인을 생각해보자. 그것은 모든 인간은 모두 동일한 존재이기 때문에 다 같이 하나됨을 실천함으로써 한마음 한뜻이 되어 평화롭게 살아야 하지만 현실적으로 그렇지 못한 데에서 기인한다. 왜냐하면 현실적으로 하나됨을 실천하지 못하는 데에서 나타나는 갈등을 해소하는 가장 효과적인 방법은, 인간이 모두 동일한 존재임을 자각한 선각자가 정치를 하여 그렇지 못한 현실을 개혁함으로써, 하나됨을 실천하도록 모든 인간을 선도하는 것이기 때문이다. 그래서 사람들은 그 선각자를 추대하여 윗자리에 올려놓는다. 그래서 선각자는 명령을 내리고 사람들은 그 명령을 듣게 된다. 이런 뜻으로 보면 아랫사람이 윗사람의 명령을 따라야 하는 이유가 명백하다. 그것은 모두의 하나됨을 실천하기 위해서이다. 이러한 논리가 의義이다. 따라서 의義는 조건적이다. 그리고 그 조건에 따라 두 가지 상반된 양상으로 나타난다. 윗사람이 모든 사람의 하나됨을 실천하기 위하여 노력할 경우에는 그를 충성으로 도와야 하지만 그렇지 못할 때는 아랫사람들이 힘을 합하여 윗사람을 추방하여야 한다.

다음으로 부모와 자녀의 관계에서 나타나는 도리인 친親이란 무엇인가 살펴보자. 다섯 유형으로 분류되는 이 세상의 다양한 인간관계 중에서 현실적으로도 하나됨이 실천되고 있는 관계는 부모와 자녀와의 관계이다. 그러므로 부모와 자녀의 관계에서 나타나는 인간의 도리를 친親이라고 한 것이다. 친親은 '하나가 된다'는 뜻이다. 부모와 내가 하나이면 부모와 형도 하나이므로 형과 내가 하나가 되고, 부모의 형제인 삼촌과 나도 하나가 된다. 그리하여 이 하나됨은 사촌, 오촌, 육촌 등으로 한없이 확산될 수 있다. 그러므로 모든 사람과 하나됨을 실천하는 상태인 인仁은 친親에서 출발한다고 할 수 있는데, 친親을 계속 유지하려는 노력이 효孝이기 때문에 『논어』「학이學而」편에서 유자有子는 효孝와 제弟를 인仁을 하는 근본이라 했다.

　행복은 삶이 충실해질 때 찾아지게 되고 불행은 죽음으로 향할 때 생긴다고 한다면, 참다운 행복은 가장 충실한 삶에서, 다시 말하면 가장 본래적인 삶에서 충족될 수 있을 것이다. 그런데 인간의 가장 본래적인 삶은 인仁을 실천하는 삶이므로 참다운 행복은 인仁의 실천에서 찾을 수 있다. 그런데 인仁은 친親에서 출발하므로 친親이 행복의 기본 조건이 된다. 이러한 의미에서 보면 삶의 과정에서 근본적으로 우선되어야 하는 것이 친親이므로 이는 어떠한 경우에 있어서도 손상되어서는 안된다.

　맹자는 행복의 첫째 조건으로 부모와 형제의 온전함을 지적하였다. 그리고 그는 또 부모가 자녀를 직접 가르치지는 말아야 하며, 서로 선善하기를 요구하지도 말아야 한다고 했다. 그 이유는 자녀가 잘 모를 경우 화를 내거나 가르치는 부모의 결점이 노출되거나 하면, 또는 서로 선善하기를 요구하다가 충족되지 않거나 하면, 부모와 자녀간의 가장 귀중한 그 하나됨이 손상될 수 있기 때문이다. 그렇다고 부모의 불선不善을 방치해야 하는 것은 아니다. 순舜과 같이 부모를 감화시킬 수 있도록 자신의 인격을 닦아야 하는 것이다. 요컨대, 부모가 자녀를 사랑하고 자녀가 부모에게 효도하는 등, 부모와 자녀의 하나됨을 계속 유지하기 위한 현실적인 모든 노력이 다 친親에 속하는 것이다.

　부부유별이란 부부끼리는 구별되어야 한다는 것이다. 다시 말하면 남편은 자기의 아내와 다른 여자를 구별해야 하며 아내는 자기의 남편과 다른 남자를 구별해야 하는 것이다. 부부는 사랑으로 맺어지지만 남녀간의 사랑은 원래 조건적인 것이다. 예를 들면, 어떤 남자가 특정한 여자를 사랑할 때는 연령·성격·체격 등이 기호에 맞았기 때문이라는 등, 그 특정 여자를 선택하게 된 이유가 있는 것이며, 그것이 사랑의 결실을 맺게 된 조건이 된다. 그런데 그러한 조건을 더 많이 갖추고 있는 여자가 이 세상에 있을 수 있기 때문에 그러한 여자가 현실적으로 나타난다면 사랑은 그 새로운 여자에게로 옮겨갈 것이며, 그렇게 되면 기존의 부부관계가 해체되고 말 것이다. 그런데 이상적인 부부관계는 하나됨이 실천될 수 있는 관계이어야 한다. 그러기 위해서는, 부모와 자녀의 하나됨이 무조건적인 것처럼 부부간의 사랑은 무조건적이어야 한다. 그러므로 결혼하기 전까지는 상대에 대한 사랑이 조건적인 것이었다 하더라도 결혼하는 순간 그것이 무조건적인 것으로 바뀌어야 한다. 요컨대, 부부사이에 별別이 있다는 것은, 남편은 아내를, 아내는 남편을 다른 사람과 구별하여 절대시함이 있다는 것이다. 결혼 후에도 다른 사람과 때때로 혼동함이 있으면 부부의 하나됨은 손상을 입게 된다. 일반적으로 별別은 남편과 아내의 역할은 구별되어야 한다는 의미로 많이 이해되고 있다. 부부가 구별되는 각각의 역할을 할 때 전체적으로 조화가 이루어지기 때문이다. 그러나 우리나라의 남당南塘 한원진韓元震(1682~1751) 선생은 『주자朱子 언론동이고言論同異考』에서 별別을 남편은 아내를 다른 여자와 구별함으로써 혼동하지 않고 아내는 남편을 다른 남자와 구별함으로써 혼동하지 않는 것이라고 하였다.

　　다음은 형과 아우를 포함해서 늙은이와 젊은이의 관계에서 나타나는 도리인 서序에 관해서 알아보자. 모든 사람의 하나됨의 견지에서 보면 서序, 즉 차례가 있는 것 자체가 모순인 것 같이 보이지만 그렇지 않다. 많은 사람이 길을 가다가 극도로 목이 말랐을 때 우물에 도달하였다고 하면, 누가 먼저 물을 마셔야 할 것인가.

하나됨을 실천하는 견지에서 보면 모든 사람이 다 같이 살기를 바라게 되고, 그렇게 하기 위해서는 힘센 자가 먼저 마시는 것이 아니라 늙은이부터 먼저 마셔야 할 것이다. 이러한 이치를 서序로 이해할 수 있다.

마지막으로 벗을 사귀는 도리인 신信에 대해서 생각해보기로 하자. 벗과의 관계는 원래부터 맺어져 있었던 것이 아니라 사회생활을 영위하면서 필요에 따라 형성된 관계이므로 필요에 따라서 다시 단절될 가능성이 있다. 그러므로 벗과 하나됨을 계속 유지하기 위해서는 어떠한 경우에도 단절될 수 없는 믿음이 필요하다. 이러한 믿음은 서로의 착한 마음에 의하여 맺어졌을 때만 확실하게 유지될 수 있고, 또 친구간에 서로 착한 마음을 더욱 확충시킬 수 있다.

인간관계의 다섯 가지 유형에서 나타나는 인간의 도리는 객관적으로 존재하지만 누구나 이를 실천할 수 있는 것은 아니다. 이는 이를 실천할 수 있는 능력이 자신에게 먼저 갖추어져 있을 때만 가능하다. 그런데 인간의 실천능력은 덕德이라고 할 수 있으므로, 여기서는 누구에게나 적용되는 공통된 실천능력을 달덕達德이라 하고 그 구체적인 내용으로 지知, 인仁, 용勇 세 가지를 열거한 것이다. 지知는 인간관계의 유형과 그 유형에서 나타나는 도리를 파악할 수 있는 지적知的 능력이고, 인仁은 인간의 도리를 실천하는 기반이 되는, 남을 나처럼 아끼고 사랑할 수 있는 심心의 상태이고, 용勇은 지知에 의하여 파악된 인간의 도리를 인仁의 견지에서 구체적으로 실천할 수 있는 추진력이다. 지知가 없으면 인간의 도리를 알 수 없고, 인仁이 없으면 도리를 실천할 수 있는 기반이 없어지며, 용勇이 없으면 지知와 인仁이 있어도 인간의 도리를 구체화시키지 못하므로 어느 하나도 빠뜨릴 수 없다. 천하의 달덕을 행할 수 있는 수단이 지知, 인仁, 용勇 삼달덕三達德인데 이 삼달덕을 터득할 수 있는 수단은 역시 수신이라는 그 한 가지뿐이다.

지知, 인仁, 용勇 삼자三者 중에서 지知는 외적·객관적 도리를 아는 것인데 비하여 인仁과 용勇은 그 도리의 주체적 실천에 관한 것이므로 이를 행行으로 묶을 수 있다. 즉 지知, 인仁, 용勇 삼자三者를 지知와 행行으로 이분二分할 수 있는 것이다. 사람에 따라서는 다섯 가지 유형으로 되어 있는 인간의 객관적 도리를 나면서부터 아는 경우가 있고, 또는 이를 배워서 아는 경우가 있으며, 또는 곤란을 겪으면서 겨우 아는 경우도 있지만 알기만 하면 모두 마찬가지이다. 그리고 인仁과 용勇을 실천하는 데 있어서도, 사람에 따라서는 편안한 상태에서 갈등 없이 자연스럽게 행하는 경우가 있고, 잘 분별해본 결과 그것이 이롭다는 것을 깨달아서 실천하는 경우가 있으며, 억지로 노력하여 겨우 행하는 사람도 있지만 실천으로 말미암아 나타나는 효과도 마찬가지이다.

子曰好學은 近乎知하고 力行은 近乎仁하고 知恥는 近[1]
乎勇이니라 知斯三者則知所以修身이오 知所以修身[2]
則知所以治人이오 知所以治人則知所以治天下 國家
矣리라

| 국역 |

공자는 말씀하셨다. "배우기를 좋아함은 지知에 가깝고 실천을 힘씀은 인仁에 가까우며 부끄러움을 아는 것은 용勇에 가깝다." 이 세 가지를 알면 몸을 닦는 방법을 알며, 몸을 닦는 방법을 알면 남

을 다스리는 방법을 알며, 남을 다스리는 방법을 알면 천하와 국가를 다스리는 방법을 안다.

| 난자풀이 |

① 子曰 : 주자는 이를 연문衍文이라 하여 불필요하게 들어간 말로 보았으나, 그 뒤의 '호학근호지好學近乎知, 역행근호인力行近乎仁, 지치근호용知恥近乎勇'이라는 말이 공자의 어투에 가깝고 또 문맥상 지장이 없으므로 연문衍文으로 볼 필요가 없다.

② 以 : '~을 가지고'라는 뜻으로 여기서는 몸을 닦는 수단을 의미한다.

| 강설 |

배우기를 좋아하면 객관적 상황을 분석적으로 잘 파악할 수 있으므로 객관적으로 존재하는 인간의 도리를 알게 되어 지知를 터득하기 쉽고, 머리로 냉정하게 따지고 계산하기보다 몸으로 실천하는 것에 힘쓰면 따뜻한 사랑을 베푸는 인仁을 터득하기 쉽다. 치恥, 즉 부끄러움이란 인仁을 실천하지 못하는 데 대한 부끄러움이다. 부끄럽다는 말을 수羞로 표현하기도 하는데 이는 원래, '음식'이라는 뜻이다. 돼지나 소 등은 사랑의 대상이 되어야 하지만, 나의 삶을 위해서는 사랑하지 못하고 어쩔 수 없이 먹어야 하므로, 미안하고 부끄러운 마음을 가지게 된다. 부끄러운 마음으로 음식을 먹는 것이 의義로운 것이다. 그리고 이 부끄러움은 또한 인仁의 실천을 방해하는 요소에 대한 저항으로 나타나기도 한다. 선량한 시민들에 대한 인仁의 실천의지는 그 시민들을 괴롭히는 폭력배를 미워하는 마음으로 변모되어 나타난다. 그러므로 부끄러움과 미움을 알면 불의不義에 항거하는 용기가 생겨난다.

행行과 용勇이 다 실천에 속하는 것이지만, 불쌍한 사람을 동정하는 경우에는 본마음의 움직임에 따라 자연스럽게 행동하면 되므로 큰 용기가 필요하지 않으나, 불의에 항거할 경우는 희생이 뒤따르므로 큰 용기가 필요하다. 따라서 전자는 인仁의 마음을 단순히 행行으로 표현한 데 비하여, 후자의 경우는 이와 구별하여 용勇으로 표현한 것이다.

세 가지 사실, 즉 배우기를 좋아하면 인간의 도리를 실천하는 데 필요한 세 가지 요소 중 지知를 터득하기 쉽고, 실천을 힘쓰면 인仁을 터득하기 쉬우며, 부끄러움을 알면 용勇을 터득하기 쉽다는 사실을 알면 몸을 닦는 수단을 알게 된다. 몸을 닦는 것은 인간의 도리를 실천할 수 있는 지知, 인仁, 용勇 삼자三者를 갖추는 것을 말하므로, 이 삼자를 터득할 수 있는 구체적인 방법을 아는 것이 곧 몸을 닦는 수단을 아는 것이 된다. 나의 몸을 닦는 수단을 알면 그것을 통하여 다른 사람의 몸도 닦게 할 수 있다. 다른 사람의 몸을 닦게 할 수 있다면 사람으로 하여금 인간의 도리를 실천하도록 할 수 있다. 이렇게 하는 것이 국가를 다스리고 천하를 다스리는 것이다.

凡爲天下 國家有九經하니 曰修身也 尊賢也 親親

也 敬大臣也 體群臣也 子庶民也 來百工也 柔遠

人也 懷諸侯也니라 修身則道立하고 尊賢則不惑하

고 親親則諸父昆弟이 不怨하고 敬大臣則不眩하고

體群臣則士之報禮重하고 子庶民則百姓이 勸하고 來

百工則財用이 足하고 柔遠人則四方이 歸之하고 懷

諸侯則天下이 畏之니라 齊明盛服하여 非禮不動은 所

以修身也<sup>이수신야</sup>이오 去讒遠色<sup>거참원색</sup>하며 賤貨而貴德<sup>천화이귀덕</sup>은 所以勸賢<sup>소이권현</sup>

也<sup>야</sup>이오 尊其位<sup>존기위</sup>하며 重其祿<sup>중기록</sup>하며 同其好惡<sup>동기호오</sup>는 所以勸親<sup>소이권친</sup>

親也<sup>친야</sup>이오 官盛任使<sup>관성임사</sup>는 所以勸大臣也<sup>소이권대신야</sup>이오 忠信重祿<sup>충신중록</sup>은

所以勸士也<sup>소이권사야</sup>이오 時使薄斂<sup>시사박렴</sup>은 所以勸百姓也<sup>소이권백성야</sup>이오 日省<sup>일성</sup>

月試<sup>월시</sup>하여 旣禀稱事<sup>희름칭사</sup>는 所以勸百工也<sup>소이권백공야</sup>이오 送往迎來<sup>송왕영래</sup>하며

嘉善而矜不能<sup>가선이긍불능</sup>은 所以柔遠人也<sup>소이유원인야</sup>이오 繼絶世<sup>계절세</sup>하며 擧廢<sup>거폐</sup>

國<sup>국</sup>하며 治亂持危<sup>치란지위</sup>하며 朝聘以時<sup>조빙이시</sup>하며 厚往而薄來<sup>후왕이박래</sup>는 所<sup>소</sup>

以懷諸侯也<sup>이회제후야</sup>니라 凡爲天下 國家有九經<sup>범위천하 국가유구경</sup>하니 所以行之<sup>소이행지</sup>

者<sup>자</sup>는 一也<sup>일야</sup>니라

---

| 국역 |

무릇 천하국가를 다스림에 아홉 가지 원칙이 있으니 몸을 닦음과, 어진 사람을 존경하는 것과, 친족과 하나가 되는 것과, 대신을 공경하는 것과, 여러 신하를 내 몸처럼 여기는 것과, 서민들을 자식처럼 여기는 것과, 백공들을 오게 하는 것과, 먼데 있는 사람을 부드럽게 어루만지는 것과, 제후를 따뜻하게 품어주는 것을 말한다. 몸을 닦으면 곧 방법[도道]이 생기고, 어진 사람을 존경하면 미혹되지 않으며, 친족과 하나가 되면 제부諸父와 형제가 원망하지 않고, 대신을 공경하면 현혹되지 않으며, 여러 신하들을 내 몸처럼

여기면 선비들이 예우에 보답함이 두터우며, 서민들을 자식으로 여기면 백성들이 분발하게 되며, 백공들을 오게 하면 재물을 쓰는 것이 풍족해지고, 먼데 있는 사람을 부드럽게 어루만지면 사방 사람들이 돌아오며, 제후들을 따뜻하게 품어주면 천하가 두려워하게 된다.

재계하고 깨끗이 하며 정복을 갖추어 입고서 예가 아니면 움직이지 않는 것은 몸을 닦는 수단이고, 아첨하는 자를 제거하고 여색女色을 멀리하며 재물을 천하게 생각하고 덕德을 귀하게 여기는 것은 현자賢者를 권면하는 수단이며, 그 지위를 높이고 그 녹祿을 무겁게 해주며 그 호오好惡를 같이 하는 것은 친족과 하나됨을 권면하는 수단이고, 관직의 수가 많아져 지휘권을 맡기는 것은 대신을 권면하는 수단이며, 충심忠心으로 대하고 믿으며 녹을 많이 주는 것은 사士를 권면하는 수단이고, 부역을 때맞게 하고 세금 걷는 것[감斂]을 줄이는 것은 백성을 권면하는 수단이며, 날로 살피고 달로 시험하여 보수를 일의 능력에 맞게 하는 것은 백공을 권면하는 수단이며, 가는 이를 보내고 오는 이를 맞이하며 착한 것을 칭찬하고 잘못하는 것을 불쌍히 여기는 것은 먼데 있는 사람을 부드럽게 어루만지는 수단이고, 끊어진 대를 이어주고 망하는[폐폐廢] 나라를 일으켜주며 어지러운 것을 다스리고 위태로운 것을 붙잡아주며 조회[조조朝]와 초빙[빙빙聘]을 때에 맞게 하며, 보내는 것을 많이 하고 받는 것을 적게 하는 것은 제후를 따뜻하게 품어주는 수단이다. 무릇 천하와 국가를 다스리는 데에는 아홉 가지 원칙이 있으나 그것을 행하는 수단은 하나이다.

1️⃣ 爲 : 다스리다.

2️⃣ 經 : 경經은 원래 베틀에 걸려 있는 실 중에서 날줄을 가리킨다. 베를 짤 때 날줄은 불변하고 씨줄만 왔다갔다 움직이므로 경經은 불변하는 것을 의미한다. 여기서는 나라를 다스리는 불변하는 아홉 가지 원칙을 의미한다.

3️⃣ 體 : (신하를) 내 몸처럼 여긴다. 정현鄭玄은 '접납接納', 즉 '받아들이는 것'이라 하였고 주자는 '자기의 몸을 신하의 위치에 두고서 그 마음을 살피는 것이며 신하 보기를 나의 사체四體처럼 하는 것'이라 했다.

4️⃣ 子 : 아들처럼 여기다.

5️⃣ 來 : 오게 하다.

6️⃣ 道 : 방법. 길.

7️⃣ 報 : 보답하다. 신하를 내 몸처럼 생각할 때 나타나는 신하의 보답.

8️⃣ 盛 : 풍성해지다. 정현이나 주자는 다 '많은 것', '번성한 것'으로 풀이하였다.

9️⃣ 任 : 일임하다.

🔟 使 : 부리는 것. 시키는 것.

⓫ 忠 : 충심. 진심. 신하에게 진심으로 대하는 것.

⓬ 信 : 신하를 믿는 것.

⓭ 時 : 부사로 보아 '때맞추어'라고 해도 무방하지만 여기서는 타동사로 '때맞게 하다'로 해석하는 것이 더 좋을 듯하다.

⓮ 餼 : 녹미祿米로 쓰는 쌀을 뜻한다. 희饎와 같은 뜻. 이때에 음은 '희'.

⓯ 禀 : 녹미로 쓰는 쌀. 음은 '름'.

| 강설 |

앞 문장에서 지知, 인仁, 용勇 삼자를 터득하는 방법을 알면 수신修身할 수 있고, 수신할 수 있으면 남을 다스릴 수 있게 되어 결과적으로 천하국가를 다스릴 수 있다고 하였기 때문에, 천하국가를 다스리는 방법은 오직 수신에 달려 있다. 따라서 정치는 담당하는 사람이 완벽하게 수신이 되어 있다면 더 이상 설명할 필요가 없다. 그러나 현실은 그렇지 못하기 때문에 수신한 사람이 천

하국가를 다스릴 때의 방법을 참고로 설명할 필요가 있다. 그런데 그 방법은 일정한 것이 있고 또 그것은 아홉 가지로 분류될 수 있기 때문에 여기서는 그것을 열거한 것이다.

천하국가를 다스리는 아홉 가지 방법은 수신, 존현尊賢, 친친親親, 경대신敬大臣, 체군신體群臣, 자서민子庶民, 래백공來百工, 유원인柔遠人, 회제후懷諸侯이다. 먼저 수신을 하게 되면 지知, 인仁, 용勇을 터득하게 되어 정치적 실천방법과 실천능력을 갖추게 되므로 정치방법이 저절로 해결된다.

수신을 한 후 정치적 실천을 시작할 때 맨 먼저 가치질서를 정립하고 정치이념을 확립하여야 한다. 온 국민이 지켜야 할 도덕원리를 제시하고 행복한 삶의 기준을 제시하여 모든 국민의 정신적 구심점을 제공하여야 한다. 이것이 존현이다. 존현이 되면 국민들은 가치질서에 대한 혼란이 없어진다.

그 다음으로 해야 할 것은 집안의 화목이다. 봉건시대의 정치는 친족끼리의 정치투쟁이 정치적 혼란의 많은 부분을 차지하고 있었기 때문에 먼저 집안의 화목이 필요한 것이다. 수신을 통하여 부모와 자녀가 하나가 되고 이것이 확산되어 형제, 삼촌, 사촌 등 모든 친족과 하나됨이 실천되면 백부, 숙부 등 여타의 삼촌들과 형제들이 원망하지 않게 된다.

그 다음으로 문제되는 것은 관리의 임명이다. 임금이 모든 분야에서 가장 유능한 것은 아니다. 교육에 대해서는 교육을 담당하는 대신大臣이 더 능력 있고 국방에 대해서는 국방을 담당하는 대신이 더 능력 있다. 그러므로 대신은 임금의 스승인 셈이다. 따라서 높은 계급에 있는 대신은 그만큼 존경의 대상이 된다. 옛날에 왕도 대신에게는 존대말을 썼다. 그것은 그들의 덕德과 능력을 존경하였기 때문이다. 대신을 존경하지 않고 수시로 해임하면 하급관리들이 장기적인 정책과 노선을 알지 못해 현혹된다.

다음으로는 일반 관리들의 문제이다. 실질적인 공무를 처리하는 것은 그들이므로, 그들이 게을리 하면 나라 일이 원만하게 움직이지 아니한다. 그들을 자기의 몸처럼 아끼고 사랑할 때 그들은 나라 일을 자신의 일처럼 여길 것이다.

　모든 관리들과 일체감을 조성하고 나면 다음으로는 농민들과 일체감을 조성하는 일이다. 농민들을 자기 자식처럼 아끼고 사랑하면 농민들은 분발하여 열심히 농사짓고 나라 일을 도울 것이다.

　그 다음에는 공업에 종사하는 사람들과 일체감을 조성하는 것이다. 공장을 짓거나 공업단지를 조성하여 기술자들이 와서 일할 수 있도록 하면, 그들은 열심히 일하여 공산품을 많이 생산할 것이므로 쓰기에 풍족할 것이다.

　변방에 사는 사람들은 정치의 혜택을 받지 못하고 또 외국에서 오는 도적들에게 피해를 보기도 하여 성격이 온순하지 못할 것이다. 이들을 잘 보살피고 부드럽게 쓰다듬어주면 변방 사람들이 서울로 모여들 것이다.

　그리고 나면 국내의 통치는 대략 정비되므로 다음으로는 외국과 친선과 우호를 돈독히 하는 일만 남는다. 제후들을 어루만져 우호를 돈독히 하면, 어려울 때 제후들이 도와줄 것이므로 그 힘을 두려워하지 않을 사람이 없게 된다.

　이상에서는 구경九經을 실천하였을 때 나타나는 효과에 대하여 서술하였고 다음에서는 그 구경을 실천할 수 있는 수단에 대하여 서술하고 있다. 안으로 마음을 가다듬고 깨끗이 하며 밖으로 예복을 갖추어 입고 예禮가 아니면 움직이지 아니하는 것이 수신의 수단이다. 제명성복齊明盛服은 제16장에서 나온 말이며 '비례부동非禮不動'은 『논어』「안연」편에 나온다. 나의 주체를 남과 구별되는 육체적인 존재로만 파악하면 나의 능력이나 직업이 남의 그것과 다르기 때문에 근본적으로 불만과 갈등이 일어날 수 있지만, 나의 주체를 남과 하나인 도심道心에서 구한다면, 나는 본래적으로 모든 사람과 하나이기 때문에 전체적인 조화를 이루려고 노력하게 된다. 전체적인 조화를 이루는 것은, 시간적으로는 각 개체가 그때그때 놓인 상황에 최선의 상태로 적응하고, 공간적으로는 각 개체가 각각 개별적으로 맡은 역할을 충분히 완수함으로써 가능한 것이다. 그것이 예禮이다. 다시 말하면 예禮란 전체적인 조화가 이루어질 수 있는 각 개체의 구별된 역할이다.

사람이 참특하게 되거나 여색에 빠지거나 재물을 좋아하는 것은 모두 물질적인 욕심 때문이다. 이를 추종하면 서로 차지하기 위해 투쟁과 갈등이 생긴다. 그러므로 이를 제거하고 전체가 조화되고 서로 사랑할 수 있는 덕德을 귀하게 여기는 것이 현명賢明한 것, 즉 도덕적 질서를 수립하는 방법이다.

친족의 지위를 높여주고 그들의 녹봉을 더해주며 그들과 하나가 되어 선善을 좋아하고 악惡을 싫어하게 되는 것이 친족과 일체감을 형성하는 방법이다. 이때 주의해야 할 것은 무능한 자에게 높은 벼슬을 주어 정치가 혼란하게 되는 일이 없도록 해야 하는 점이다. 그리고 관직이 많아지면 많은 사람이 관직에 종사하게 되는데, 그들을 부리는 것을 대신에게 일임하는 것이 대신을 권면하는 수단이 된다.

또 농민들을 부역에 동원할 때는 농한기를 보아서 하고 세금을 줄이는 것은 농민들을 권면하는 수단이 된다. 여기서 백성은 주로 농민을 의미한다.

공업에 종사하는 사람에 대해서는 매일 그들이 하는 일에 불편한 점이나 지장이 없는지 살피고, 달마다 그들이 만든 공산품을 시험하여 그들이 한 일의 정도에 맞게 녹봉을 주는 것이 그들을 권면하는 수단이 된다.

또 변방의 먼 곳에 사는 사람들이 서울에 왔다가 돌아갈 때는 극진히 전송하고, 올 때는 극진히 환영하여 그 능력에 따라 일을 주어 잘한 것은 칭찬하고 잘못한 것에 대해서는 동정을 표시하는 것이 그들을 부드럽게 어루만지는 수단이 된다.

그리고 제후들 중에서 후손이 없는 나라에는 딸을 시집보내 후손을 낳게 하여 대代를 잇게 해주고, 망하려는 나라는 다시 일으켜 세우며 어지러운 나라는 다스려주고 위태로운 나라는 붙들어주며, 조빙朝聘을 때맞게 하고 조빙할 때 주고받는 예물은 주는 것을 많이 하고 받는 것을 적게 하는 것 등이 제후와 우호를 두텁게 하는 수단이 되는 것이다.

조빙은 제후가 천자를 찾아보는 것[조朝]과 제후가 대부로 하여금 천자에게 예물을 바치게 하는 것[빙聘]이다. 『예기禮記』 「왕제王制」편에 의하면 "제후는 천자에 대하여 매년 한 번씩 소빙小聘을 하고 3년에 한 번씩 대빙大聘을 하며 5년에 한 번씩 조朝를 한다"고 했다. 그러나 여기서는 천자나 제후들이 조회하거나 서로 초빙하는 예禮로 보아야 할 것이다.

이상과 같이 천하국가를 다스리는 일상적인 방법에는 아홉 가지가 있지만 실은 이 아홉 가지를 행할 수 있는 수단은 한 가지이니 그것은 수신이다. 수신을 하여 남을 나처럼 아끼고 사랑할 수 있게만 되면 구경九經은 저절로 실천되는 것이다.

이 문장은, 천하국가를 다스리는 수단이 수신이라고 한 앞 문장의 내용을 이어받아, 수신한 사람이 천하국가를 다스리는 아홉 가지 원칙과, 그 원칙을 실천함으로써 나타나는 구체적인 효과 및 그것을 실천하는 수단을 열거한 후, 이 모든 것이 수신에 연결되어 있음을 밝힘으로써 마무리한 것이다.

---

凡事豫則立하고 不豫則廢하나니 言前定則不跲하고[2]

事前定則不困하고 行前定則不疚하고[3] 道前定則不窮하니라

무릇 모든 일은 미리 준비되면 이루어지고 미리 준비되지 않으면 어그러진다. 말이 미리 정해져 있으면 착오가 생기지 않고, 일이 미리 정해져 있으면 곤란하지 않게 되며, 행동하는 것이 미리 정해져 있으면 탈이 없게 되고, 방법이 미리 정해지면 궁하지 않게 된다.

| 난자풀이 |

[1] 豫 : 공영달은 사전에 헤아리는 것이라 하였고 주자는 소정素定, 즉 원래 정해져 있는 것이라 하였다. 여기서는 '미리 정해지다'는 뜻으로 보면 될 것이다. 음은 '예'.

[2] 跲 : 엎어지다. 음은 '겁'.

[3] 疚 : 병. 탈. 음은 '구'.

| 강설 |

모든 인간의 일은 미리 수신修身이 되어 있으면 실천되고 그렇지 못하면 실천되지 못한다. 말이나 일, 행동, 방법 등이 착오 없이 진행되기 위해서는 그 내용이 미리 예정되어 있어야 하는 것처럼 정치나 윤리의 실천에 있어서도 그 실천능력이 미리 정해져야 하는데 이것이 수신이다. 여기서는 수신이라는 말은 한마디도 하지 않았지만, 앞의 문장에서 인간의 실천을 가능하게 하는 전제조건으로 수신을 계속 말해왔으므로 여기서도 앞 문장의 내용을 이어받아 수신이 인간의 일을 성립시키는 전제조건이 됨을 설명한 것으로 볼 수 있다.

재하위 불획호상 민불가득이치의 획호
在下位하여 不獲乎上이면 民不可得而治矣리라 獲乎

상 유도 불신호붕우 불획호상의 신호붕
上이 有道하니 不信乎朋友면 不獲乎上矣리라 信乎朋

우 유도 불순호친 불신호붕우의 순호
友이 有道하니 不順乎親이면 不信乎朋友矣리라 順乎

친 유도 반저신불성 불순호친의 성신
親이 有道하니 反諸身不誠이면 不順乎親矣리라 誠身

유도 불명호선 불성호신의
이 有道하니 不明乎善이면 不誠乎身矣리라
②

| 국역 |

아랫자리에 있으면서 윗사람에게 신임을 얻지 못하면 백성에게 신
망을 잃어 다스릴 수 없다. 윗사람에게 신임을 얻는 데에는 방법
이 있으니, 친구들에게 신임을 얻지 못하면 윗사람에게 신용을 얻
지 못한다. 친구에게 신임을 얻는 데에도 방법이 있으니, 어버이
(의 뜻)에 따르지 않으면 친구에게 신용을 얻지 못한다. 어버이(의
뜻)에 따르는 데에도 방법이 있으니, 자기의 몸을 돌이켜보아 성실
하지 않으면 어버이(의 뜻)에 따르게 되지 아니하는 것이다. 몸을
성실하게 하는 데에도 방법이 있으니 선善에 밝지 않으면 몸에서
성실하게 되지 아니한다.

| 난자풀이 |

① 得 : 득得 다음에 동사 치治가 이어진다면 득得은 조동사가 되어 득치得治는
'다스릴 수 있다'로 해석되지만 득得 다음에 이而가 와서 득得과 치治를 병렬
시켰다. 따라서 이 문장은 원칙적으로 '민불가득이불가치의民不可得而不可治

矣'의 생략형으로 보아야 할 것이다.

② 乎 : 장소를 나타내는 조사이므로 앞의 글자 성誠이 자동사가 되어 '성실하게
되다'는 뜻이 된다.

| 강설 |

여기서는 직접 백성의 통치에 접하는 하급관리의 경우를 서술하
였다.

관리와 백성들이 치자治者와 피치자被治者라고 하는 대립된 처
지에서 서로 반목하면 백성들을 통치할 수 없다. 오직 일체감이
조성될 때만 바람직한 통치는 가능하다. 그런데 백성과 일체감을
조성할 수 있는 사람은 먼저 상관과 일체감을 조성할 수 있는 사
람이어야 한다. 여기서 말하는 상관이란 이상적인 정치형태에서
의 상관으로 독재자나 무능자가 아니라 덕德 있는 사람이기 때문
에, 출세욕을 가지고 아첨함으로써 잘 보이려고 한다면 신임을
얻을 수 없다.

앞에서 언급하였듯이 이 이상적인 정치형태는 군주가 친족과
하나가 되고 신하들과 하나가 되며 백성들과 하나가 되는 것인데,
그 방법은 군주 자신이 수신修身을 한 후 친족들을 감화시키고 현자
賢者를 대신大臣으로 임명하며, 하급관리를 임명하여 백성들을 다스
림으로써 일체감이 확산되도록 하는 것이다. 그러므로 백성들과 일
체감을 조성하는 전단계는 하급관리와 일체감을 조성하는 것인데
그 방법은 무엇인가. 그것은 친구들에게 신망이 두터운 사람들을 하
급관리로 임명하는 것이다. 친구들에게 신망이 두터운 사람은 이미
친구들과 갈등하지 않고 일체감을 조성하고 있는 사람이므로, 상관
을 포함한 다른 사람들과도 조화될 수 있기 때문이다. 따라서 친구
들에게 신망을 받는 것이 상급관리에게 신임을 얻는 방법이 된다.

이용가치를 따져서 친구를 사귄다면, 이용가치가 없는 사람
은 친구가 될 수 없고 이용가치가 있는 사람은 이용당하지 않기
위하여 경계하게 되므로, 결과적으로 친구들에게 신망을 얻을 수

없다. 오직 친구와 자기를 구별하지 않고 친구를 자기처럼 아끼고 위할 때, 친구들도 나를 조건 없이 좋아하게 되어 결과적으로 신망을 얻게 된다. 그런데 인간관계 중에서, 애당초 남과 자기를 구별하지 않고 서로 사랑하는 관계가 부모와 자녀의 관계이다. 그러므로 남과 자기를 구별하지 않는 마음은 먼저 부모와 자녀의 관계에서 실천되고, 다음으로 이것이 확산되어 친구들 사이에서 나타나는 것이다. 이렇게 하고 보면 부모의 뜻을 따르지 못하면서 친구들에게 신망을 얻는다는 것은 불가능한 것이다. 그러므로 친구들에게 신망을 얻는 방법은 먼저 부모의 뜻을 따르는 것이다.

부모의 뜻에 순응함으로써 부모와 하나가 된다는 것은 부모의 명령에 무조건 복종한다는 뜻이 아니다. 부모의 마음에도 역시 도심道心과 인심人心이 있다. 인심은 변하는 것이기 때문에 인심에 순응하여 한마음이 되면 그것은 일시적인 것이 되어 근본적·지속적인 것이 될 수 없다. 그러므로 부모와 한마음이 된다는 것은 부모의 도심과 한마음이 되는 것으로 이해해야 할 것이다. 그런데 부모의 도심과 하나가 되는 것은 먼저 나의 도심을 실천함으로써 가능하다.

내가 도심을 실천하고 있는지 알 수 있는 방법은 무엇인가? 도심은 마음의 깊은 곳에 존재하는 성性과 성性에서 발현된 정情이다. 성性은 시간과 공간을 초월하는 초월자이기 때문에 시간과 공간 개념 속에서 성립되는 인식의 대상이 될 수는 없지만 이것이 현실 속에 구체화되어 나타나는 모습은, 호흡을 하게 하고 심장을 뛰게 하는 작용에서도 알 수 있듯이, 잠깐이라도 중단됨이 없이 지속되기 때문에 성誠으로 표현되기도 한다. 그러므로 나의 실천이 성실하면, 역으로 미루어 그것이 도심에서 나온 것이라고 할 수 있다. 자신을 돌이켜보아 나의 실천이 성실하면 나는 도심을 실천한 것이 되므로, 나에게 도심을 보여주고 있는 부모와 한마음이 되는 것이다.

스스로 성실하게 실천할 수 있는 방법은 무엇인가. 그것은 근본적으로 도심의 작용이 어떠한 것인지 잘 알아야 한다. 『주역』「계사전」에 '일음일양지위도一陰一陽之謂道, 계지자선繼之者善, 성지자성成之者性'이라는 말이 있다. 밤과 낮이 교대하고 사시四時가 순환하는 것처럼 한번 음이 되었다가 다시 양이 되고 하는 것을 되풀이하는 것이 대자연의 도道이다. 이 도道를 구체적으로 이어받아 만물을 만들어가는 과정이 선善이고 자란 결과 열매를 맺으면 자람을 멈추지만, 그 열매에는 새싹이 터서 자랄 수 있는 가능성이 내포되는 데, 그것이 성性이다. 그러므로 선善은 결실을 향해 나아가는 중단없는 삶의 과정이다.

　　이상의 내용을 요약해 보면, 선善을 앎으로써 성실할 수 있고, 성실함으로써 부모의 뜻과 합치될 수 있으며, 부모의 뜻과 합치됨으로써 친구들에게 신망을 얻을 수 있고, 친구들에게 신망을 얻음으로써 상관에게 신임 받을 수 있으며, 상관에게 신임 받음으로서 백성을 다스릴 수 있으므로, 백성을 다스리는 것은 결국 수신에서 출발한다는 것을 알 수 있다.

誠성者자는 天천之지道도也야이요 誠성之지者자는 人인之지道도也야이니 誠성者자는
1
不불勉면而이中중하며 不불思사而이得득하여 從종容용中중道도하나니 聖성人인也야이
2 3
오 誠성之지者자는 擇택善선而이固고執집之지者자也야니라 博박學학之지하며 審심
4
問문之지하며 愼신思사之지하며 明명辨변之지하며 篤독行행之지니라 有유不불學학
5
이언정 學학之지인댄 弗불能능을 不불措조也야하며 有유弗불問문이언정 問문之지
인댄 弗불知지를 弗불措조也야하며 有유弗불思사이언정 思사之지인댄 不불得득

을 弗措也<sup>부조야</sup>며 有弗辨<sup>유불변</sup>이언정 辨之<sup>변지</sup>인댄 弗明<sup>불명</sup>을 弗措也<sup>부조야</sup>하

며 有弗行<sup>유불행</sup>이언정 行之<sup>행지</sup>인댄 弗篤<sup>부독</sup>을 弗措也<sup>부조야</sup>하며 人一能<sup>인일능</sup>

之<sup>지</sup>어든 己百之<sup>기백지</sup>하며 人十能之<sup>인십능지</sup>어든 己千之<sup>기천지</sup>니라 果能此<sup>과능차</sup>

道矣<sup>도의</sup>면 雖愚<sup>수우</sup>나 必明<sup>필명</sup>하며 雖柔<sup>수유</sup>나 必强<sup>필강</sup>하니라

⑥

| 국역 |

성誠은 하늘의 도道이고 성誠해지려고 노력하는 것은 사람의 도道
이다. 성誠한 자는 힘쓰지 않아도 적중하고 생각하지 않아도 얻게
되며 저절로 도道에 적중하니 성인聖人이다. 성誠해지려고 하는 자
는 선善을 선택해서 굳게 붙잡는 자이다. 널리 배우고 자세히 물으
며 신중히 생각하고 명확히 분별하며 돈독하게 행한다. 배우지 않
음이 있을지언정 배운다면 능해지지 않고는 그만두지 않는다. 묻
지 않음이 있을지언정 묻는다면 알지 않고는 그만두지 않는다. 생
각하지 않음이 있을지언정 생각하면 얻지 않고는 그만두지 않는
다. 분별하지 않음이 있을지언정 분별하면 밝히지 않고는 그만두
지 않는다. 행하지 않음이 있을지언정 행하면 독실하지 않고는 그
만두지 않는다. 남이 하나를 할 수 있으면 자기는 백을 하고 남이
열을 할 수 있으면 자기는 천을 한다. 과연 이 방법을 할 수 있으
면 비록 어리석어도 반드시 밝아지며 비록 연약하더라도 반드시
강해진다.

① 誠 : 뒤에 목적어 지之가 있기 때문에 타동사이다. '자신의 행위[지之]를 정성
스러운 것으로 만드는 것'으로 해석하면 된다.
② 從容 : 한가하고 자연스러운 모습.
③ 中 : 동사로 '적중하다'는 뜻.
④ 之 : 앞의 글자를 타동사로 만들어주는 역할을 하는 타동사의 목적어로서 특
정한 뜻이 없이 막연하게 쓰이는 경우가 많다. 해석하지 않는 것이 좋다.
⑤ 行 : 일반적으로 행行을 '실천'으로 이해하고 있으나 실은 실천 외에 수행을
포함하는 것으로 보아야 한다. 왜냐하면 학學·문問·사思·변辨·행行은
모두 성誠이 저절로 실천되는 성인의 경지에 도달하기 위한 수단이므로, 맹
자의 부동심不動心에 도달하는 수단이 지언知言과 양호연지기養浩然之氣인
점에서 보면, 학學·문問·사思·변辨은 지언에 속하고, 행行은 양호연지기
에 속하는 것으로 볼 수 있기 때문이다.
⑥ 道 : 방법.

| 강설 |

　　정성스러운 것은 하늘의 작용이고 정성스럽게 되도록 노력하
는 것은 사람의 도리이다. 완벽하게 정성스러운 것은, 삶을 유도
해가는 근본적인 의지인 성性이 그대로 발로된 것이므로 이때는
삶이 가장 충실해진다. 젖먹이 아이들이 알맞게 먹으면 저절로 그
침으로써 과식하지 않고 건강을 유지하는 것처럼, 힘쓰지 않아도
저절로 적중하고 생각해서 하지 않아도 저절로 최선의 결과를 얻
게 되어 최선의 도리에 적중하는 것이다. 다시 말하면, 배고플 때
먹도록 유도하는 것이 삶을 유도하는 성性의 작용이기 때문에 이
성性의 작용에 충실하면 삶에 가장 알맞은 양만을 먹고 그만두게
되는 것이다. 이러한 것은 외적인 행위에 있어서도 적용될 수 있
을 것이다. A라는 지점에서 B라는 목적지로 가는 길이 두 갈래가
있다고 하자. 하나는 순조로운 길이고 다른 하나는 험난한 길이라

고 할 때, 성性의 작용이 충실히 발휘되면 힘쓰지 않고 생각하지 않아도 저절로 순조로운 길을 택하게 되는 것으로 이해할 수 있다. 사람 중에서 성誠을 완벽하게 실천하는 사람은 성性에 따라서 사는 자이고 성誠을 실천하는 자인데 이를 성인이라고 한다. 따라서 성인은 하늘의 작용을 실현하는 하늘이다.

성인은 무심히 성誠을 실천하기만 하면 저절로 최선의 도리가 실현되지만 그렇지 못한 사람은 어떻게 해야 할 것인가. 어느 정도 먹는 것이 좋고, 어느 길을 가는 것이 좋으며, 인간관계에서 어떻게 대하는 것이 좋은지 객관적으로 살펴 그 최선의 방법을 선택하여 흔들리지 않고 실천해야 한다. 그런데 객관적으로 살펴 그 최선의 방법을 알고 실천할 수 있기 위해서는 널리 배우고 자세하게 물으며 신중히 생각하고 분별해야 하고 독실히 행해야 한다. 배우지 않으면 몰라도 배우기로 작정하면 다 배울 때까지 계속 하고, 묻지 않으면 몰라도 일단 묻기로 하면 다 알 때까지 끝까지 묻는다. 또 생각하지 않으면 몰라도 생각하기로 작정하면 다 알 수 있을 때까지 계속 생각하고, 분별하지 않으면 몰라도 일단 분별하기로 작정하면 완전히 분별할 수 있을 때까지 계속한다. 그리고 실천하고 행하는 데 있어서도 일단 하기로 하면 끝까지 독실하게 해야 한다. 남이 하나를 하면 나는 백을 하고 남이 열을 하면 나는 천을 한다는 각오로 노력해야 한다. 이러한 방법, 즉 끝까지 배우고 묻고 생각하고 분별하고 실천하고 행하기를 남보다 백 배 노력할 수 있다면 비록 어리석다 하더라도 반드시 밝아지고 비록 나약하다 하더라도 반드시 강해진다.

이 장에서는 정치의 근본이 수신修身에 있다고 전제하고, 그 수신의 방법과 수신의 결과 나타나는 구체적인 효과, 그 효과를 이룩하는 수신의 구체적인 방법 등을 다양하게 열거하였다.

# 제이십일장第二十一章

自誠明을 謂之性이요 自明誠을 謂之敎이니 誠則明矣
요 明則誠矣니라

| 국역 |

정성스러움으로 말미암아 밝아지는 것을 성性의 작용이라 하고 밝음으로 말미암아 정성스러워지는 것을 교敎의 효과라 한다. 정성스러우면 밝아지고 밝아지면 정성스러워진다.

| 난자풀이 |

1 自 : ~에서부터. ~으로 말미암아.
2 之 : 대명사로서 '자성명自誠明'을 가리킨다.

| 강설 |

　　정성스러우면 이로 말미암아 저절로 모든 것을 잘 알게 된다. 아이를 낳고 기르는 방법을 잘 모르는 여자도 정성스러움으로 말미암아 아이를 잘 낳고 기를 수 있는 것이니 이는 성性을 충실히 따른 결과이다. 그러나 아이를 낳고 기르는 방법을 학문적으로 연구하여 많이 알게 되면 아이를 기르는 최선의 방법은 결국 정성을 다하는 것임을 알게 되어, 그 결과 정성스럽게 되는데, 이를 교육적인 효과라고 한다. 이와 마찬가지로 동식물을 기르거나 장사를 하는 등 모든 인간의 일에 있어서도 지극히 정성스러우면 그 방법이 저절로 터득되지만, 역으로 그 방법을 잘 알면 정성스럽게 되는 것이다.

# 제이십이장 第二十二章

유 천 하 지 성　　위 능 진 기 성　　능 진 기 성 즉 능 진 인
唯天下至誠이아 爲能盡其性이니 能盡其性則能盡人
　　　　　　　　　　　　　1

지 성　　　능 진 인 지 성 즉 능 진 물 지 성　　능 진 물 지 성
之性이오 能盡人之性則能盡物之性이오 能盡物之性

즉 가 이 찬 천 지 지 화 육　　가 이 찬 천 지 지 화 육 즉 가 이
則可以贊天地之化育이오 可以贊天地之化育則可以

여 천 지 참 의
與天地參矣니라
　　2

| 국역 |

오직 천하의 지극한 정성스러움만이 자기의 성性을 다할 수 있다. 자기의 성性을 다할 수 있으면 남의 성性을 다할 수 있고, 남의 성性을 다할 수 있으면 물物의 성性을 다할 수 있으며, 물物의 성性을 다할 수 있으면 천지天地의 화육化育을 도울 수 있다. 천지의 화육을 도울 수 있으면, 천지와 하나가 될 수 있다.

① 盡 : 다 발현시키다.
② 參 : 천天, 지地, 인人 각각의 역할이 하나로 통일됨. 음은 '참'.

| 강설 |

　　성性의 작용이 성誠으로 나타나기 때문에 성性 그 자체는 인식할 수 없다 하더라도 의식적으로 성誠을 실천하면 역으로 성性의 작용을 발현시킨 것이 된다. 손발의 움직임은 뇌의 작용에 의한 것이므로 뇌기능이 고장 나면 손발의 움직임이 어렵게 되는데, 이때 의식적·물리적으로 손발을 움직임으로써 역으로 뇌기능의 회복을 기대할 수 있는 것과 같다. 자신의 육체를 통괄하는 작용인 성性은 다른 사람의 육체를 통괄하는 작용과 동일한 것이며 나아가 만물의 삶을 통괄하는 작용과도 같은 것이므로, 이는 곧 만물을 변화시키고 기르는 하늘과 땅의 작용 바로 그것이다. 따라서 성性을 그대로 발현하면 하늘과 땅의 작용을 실현하게 되어 그 자신이 하늘과 땅과 하나가 된다. 즉 하늘과 땅과 자신은 만물을 화육시키는 동일한 역할을 하게 되는 것이다.

　　하늘은 만물을 살리지만, 말과 행동으로 살리는 것이 아니라 느낌을 줄 뿐이다. 욕심에 가려 느낌이 없는 사람은 하늘이 어쩔 수 없다. 그러나 하늘의 마음과 하나가 된 사람은 하늘이 하지 못하는 일을 한다. 하늘의 뜻을 따르지 못하는 사람에게 말과 행동으로 깨우칠 수 있다. 그래서 만물을 살리는 하늘의 일을 돕는다고 했다. 말하자면 하늘의 일을 돕는 충실한 비서인 셈이다. 하늘의 비서는 늘 하늘과 함께한다. 하늘과 땅과 삼위일체가 된다는 것은 하늘과 땅과 나란히 있음을 말한 것이다.

# 째이십삼장 第二十三章

<sup>가 차</sup> <sup>치 곡</sup> <sup>곡 능 유 성</sup> <sup>성 즉 형</sup> <sup>형 즉 저</sup>
其次는 致曲이니 曲能有誠이니 誠則形하고 形則著하
①　　　　　　　　　　　　　　　　②　　　　③

<sup>저 즉 명</sup> <sup>명 즉 동</sup> <sup>동 즉 변</sup> <sup>변 즉 화</sup> <sup>유</sup>
고 著則明하고 明則動하고 動則變하고 變則化하니 唯
　　　　　　　　　　　　　　④　　　　⑤

<sup>천 하 지 성</sup> <sup>위 능 화</sup>
天下至誠이아 爲能化니라

| 국역 |

그 다음은 한 부분을 이루는 것이다. 한 부분에 지극하면 성誠이
있을 수 있다. 정성스러우면 나타나고 나타나면 드러나며 드러나
면 밝아지고 밝아지면 움직이며 움직이면 변하고 변하면 화化한다.
오직 천하의 지극한 정성스러움만이 화化할 수 있다.

| 난자풀이 |

① 曲 : 주자는 곡曲을 '한 모퉁이'로 해석한다. 한 부분에라도 지극한 정성을 쏟
으면 전체적으로 정성스러움이 회복된다.

2 形 : 밖으로 나타나는 것.

3 著 : 밖으로 나타나서 크게 드러나는 것.

4 變 : 양적量的 변화.

5 化 : 질적質的 변화. 나쁜 사람의 나쁜 정도가 점차 줄어드는 것은 양적 변화인 변變이고, 나쁜 사람이 착한 사람으로 바뀌는 것은 질적 변화인 화化이다.

| 강설 |

성性을 실현할 수 있는 방법은 지극한 정성을 실천하는 것이지만 그것이 안될 때의 차선책으로는 자기가 성실할 수 있는 한 부분을 찾아 그 부분에 지극히 정성을 다하는 것이다. 예를 들면, 예禮 실천에 능한 사람은 예禮 실천에 전력투구하고, 거경居敬 공부에 능한 사람은 거경居敬 공부에 전력투구하는 것 등이다. 자기가 잘할 수 있는 부분에 정성을 다하게 되면, 차츰 다른 일에도 정성스럽게 될 수 있고, 정성스럽게 되면 성性이 회복되어 그 작용이 밖으로 나타나게 된다. 사람은 누구나 성性이 있지만 오랜 기간 욕심에 가려지면 성性이 나타나지 못하여 마치 없는 것처럼 되고 만다. 그러던 것이 어느 한 부분에 정성을 다하면 우선 그 부분에서 성性이 나타나게 된다. 성性이 밖으로 나타나 크게 드러나게 되면, 지금까지의 모든 갈등과 그로 인한 어두움이 걷힘으로써 밝아진다. 밝아지면 드디어 욕심대로 살던 지금까지의 삶이 성性을 따르는 삶으로 차츰 변화가 일어난다. 변화하는 모습을 보면 처음에는 욕심의 정도가 차츰 줄어들다가 어느 순간이 되면 욕심이 완전히 없어지고 성性만이 실현되는 상태로 바뀐다.

이 장은 평범한 사람이 성인聖人, 즉 성性만을 실천하는 사람이 되어가는 과정을 설명한 것이다.

# 제이십사장 第二十四章

至誠之道는 可以前知니 國家將興에 必有禎祥하며 國
家將亡에 必有妖孼하여 見乎蓍龜하며 動乎四體라 禍
福將至에 善을 必先知之하며 不善을 必先知之니 故로
至誠은 如神이니라

| 국역 |

지극히 성실한 사람은 앞일을 먼저 알 수 있다. 국가가 장차 흥하
려 하면 반드시 상서로운 징조가 있으며 국가가 장차 망하려 하면
반드시 흉한 징조가 있어서, 시초(주역점)와 거북(거북점)에서 나타
나고 몸[사체四體]에서 움직여진다. 화禍와 복福이 장차 이를 경우,
좋은 것[선善=복福]이 이르는 것도 반드시 먼저 알며, 좋지 않은 것
[불선不善=화禍]이 이르는 것도 반드시 먼저 안다. 그러므로 지극한
성실함은 신神처럼 신통하다.

1 禎 : 길조. 음은 '정'.

2 祥 : 조짐. 정상禎祥은 상서로운 징조를 말한다. 음은 '상'.

3 妖 : 재앙. 음은 '요'.

4 孽 : 재앙. 요얼妖孽은 흉한 조짐. 음은 '얼'.

5 蓍 : 국화과에 속하는 다년초로서 줄기는 점치는 데 쓴다. 이때의 점은 주역
점周易占이므로 시蓍는 주역점을 의미한다. 음은 '시'.

6 龜 : 점에서 사용하는 거북. 거북점은 거북의 껍질 양쪽에 점치고자 하는 내
용을 기재한 후 불에 태워서 균열이 생기는 쪽의 내용을 따르는 것이다.

7 四體 : 팔과 다리. 여기서는 사람의 몸을 말한다. 정현鄭玄은 거북의 네 다리
라 하였고 주자朱子는 동작위의지간動作威儀之間이라 하였다.

8 善 : 좋은 것. 여기서는 복福을 의미한다.

| 강설 |

　지극히 성실한 사람은 앞일을 먼저 알아서 대처한다. 모든 존
재자는 공통적인 존재의 본질인 성性의 작용에 의하여 존재하므로
성性의 작용이 두루 미치면 존재는 계속되지만 그렇지 못하면 존
재는 파괴된다. 그런데 성性의 작용은 성誠으로 나타나므로 존재의
계속 여부는 성誠의 실천 여하에 달려 있다.

　국가적으로도 그 국가의 정치이념이 건실하여 백성들의 삶을
충족시킬 수 있는 것이라면 백성들의 마음도 이로 말미암아 성실
해지고 그 성실해진 결과는 국민들의 노랫소리나 젊은이들의 기상
에서 나타난다. 한 가정에서도 가족들이 성실하고 밝으면 그 집에
있는 동식물이 다 잘 자라듯이 국가적으로도 백성들이 성실해지면
그 나라의 동식물들도 삶에 충만해진다고 한다. 이 모든 것이 정
상禎祥, 즉 상서로운 징조라고 할 수 있다. 이와 반대로 국가의 정
치이념이 국민의 삶을 저해하면 백성들의 마음은 이로 말미암아
고달파지고, 따라서 불성실하게 되어 여러 현상들이 밖으로 나타

난다. 퇴폐적인 풍조가 나타나고 허무주의나 쾌락주의에 빠지며 젊은이들은 삶의 목표를 잃고 방황한다. 그리고 그 나라에 있는 동식물들도 삶에 충실하지 못함으로써 갑자기 죽는다든가 하는 괴이한 현상들이 발생한다. 이 모든 것이 요얼이다. 이렇게 되면 나라는 망한다.

시초로 하는 주역점이나 거북의 껍질로 하는 거북점은, 성性의 작용에 따라 충실하게 살아가는 본래의 자기에게 그렇지 못한 현재의 자기가 묻는 행위이다. 가야 하는가 가지 말아야 하는가, 이쪽으로 가야 하는가 저쪽으로 가야 하는가 하는 갈림길에서 성誠을 실천하고 있는 자는 노력하지 않고 생각하지 않아도 저절로 최선의 방법을 취하지만 그렇지 못할 경우에는 성誠을 실천하는 원래의 자기에게 물으면 된다. 그것이 거북점이고 주역점이다. 점을 통해서 사람은 미래의 상황에 대한 바람직한 대처 방안을 찾아낼 수 있다. 마음이 성실해지면 몸[사체]도 착실하게 되어 말이나 행동이 예禮에 맞지만, 그렇지 못하면 말이나 행동에 실實이 없어져 예禮에 맞지 않게 된다. 말이나 행동에서 실實 없는 것이 자꾸 나타나면 장차 망하게 되고 착실한 것이 자꾸 나타나면 장차 흥하게 된다. 화禍나 복福이 이르게 되면 성실한 사람은 그것을 먼저 알아서 대처하므로 신神과 같이 신통하다고 하는 것이다.

# 제이십오장 第二十五章

誠者는 自成也이오 而道는 自道也니라 誠者는 物之終
[1]

始니 不誠이면 無物이라 是故로 君子는 誠之爲貴니라
[2]

誠者는 非自成己而已也라 所以成物也이니 成己는 仁
[3]

也이오 成物은 知也이니 性之德也라 合內外之道也이
[4]

니 故時措之宜也니라
[5]

| 국역 |

성誠은 자기 자신을 이루는 것이고 도道는 자기를 인도하는 것이
다. 성誠은 물物의 처음부터 끝까지를 유지하는 원동력이다. 성誠
하지 아니하면 물物이 없다. 이 때문에 군자는 성誠을 귀하게 여긴
다. 성誠은 스스로 자기를 완성시키는 것일 뿐만 아니라 남을 완성
시키는 수단이 된다. 자기를 완성시키는 것은 인仁이고 남을 완성

시키는 것은 지知이니 성性의 덕德이며 안과 밖을 합하는 도道이다. 그러므로 때에 맞게 조처하는 마땅함이다.

| 난자풀이 |

1 道 : 도導와 통용되어 '이끌다', '유도하다' 등의 뜻으로 쓰인다.
2 之 : 목적어인 성誠과 타동사인 귀貴가 도치되었음을 나타내는 역할을 한다.
3 物 : 자기 외의 것이 다 물物이다. 자기를 제외한 모든 것이 다 이에 속한다.
4 德 : 실천능력.
5 之 : 시조時措와 의宜가 같은 것임을 나타내는 역할을 한다. 이때의 지之를 '동격의 지之'라 한다.

| 강설 |

　　성誠은 성性의 작용이 한순간도 쉬지 않고 지속되는 양상을 형용하여 붙인 말이다. 성誠으로 형용되는 성性의 작용은 밤과 낮을 순환시키며, 봄·여름·가을·겨울을 순환시키며 만물의 삶을 지속시킨다. 이는 인간의 욕구나 의지와 관계없이 저절로 이루어지는 것이다. 봄이 가면 인간의 의지와 관계없이 여름이 오고 밤이 지나면 낮이 된다. 그리고 호흡이나 심장의 박동도 의지와 관계없이 지속된다. 모두 저절로 이루어지는 것이다. 또 천지의 변화와 만물의 삶은 일정한 길이 있는데 이 길 역시 인간의 욕구와 관계없이 성性의 작용에 의하여 저절로 형성되는 것이다. 인간의 욕구와 관계없이 물은 아래로 흐르고 나무는 위로 자란다.

　　인간이 마땅히 행하여야 하는 도리도 근본적으로는 배우거나 생각해서 알 수 있는 것이 아니라 성실해지면 저절로 터득된다. 아직 성실성이 터득되지 않은 사람은 성실성이 터득된 성인聖人의 삶의 형태를 배우고 기억하여 그와 같이 실천함으로써 성실한 삶에 근접할 수밖에 없지만, 일단 성실성을 터득하고 나면 노력하거나 생각하지 않고서도 저절로 인간의 도리가 실천된다. 왕양명王陽

明에 의하면, "욕심을 제거하여 마음의 본래모습인 천리天理를 보존하게 되면, 부모에 대한 도리를 배우지 않고서도 더울 때는 부모를 시원하게 해드리고 추울 때는 따뜻하게 해드리는 도리를 저절로 실천하게 된다"고 하였다.

만물이 처음부터 끝까지 지속되는 것은 성실하게 발휘되는 성性의 작용에 의한 것이다. 만약 성性의 작용이 성실하지 않다면 호흡도 때때로 중단되고 심장의 박동도 가끔 멎을 것이므로 삶이 지속되지 못한다. 따라서 성실함이 없으면 만물은 존재할 수 없다. 그러므로 성性의 작용을 그대로 실천하는 군자는 성실함을 가장 귀하게 여긴다. 성性의 작용에 따라 성실하게 살면, 알맞게 먹고 알맞게 움직이며 호흡이나 심장의 박동도 알맞게 되어 자신의 삶이 충실해진다. 뿐만 아니라 성실하게 살면 다른 사람이나 다른 물건도 충실하게 할 수 있다. 부모에게 효도함으로써 부모의 삶을 충실하게 하고, 윗사람에게 충심으로 대함으로써 윗사람을 충실하게 하며, 친구들에게 신의를 지킴으로써 친구들을 충실하게 하고 부부 사이에 구별됨을 지킴으로써 부부가 충실해진다. 그리고 동물이나 식물을 성실하게 기르면 그 동물이나 식물이 충실해지고 물건도 성실하게 다루면 충실해진다. 자신을 충실하게 하는 것은, 순수한 본래의 마음을 실천하기만 하면 되므로 인仁이라 할 수 있지만, 남이나 동식물, 다른 물건을 충실하게 하는 것은 부자父子 사이에 친親, 군신君臣 사이의 의義, 부부夫婦 사이의 별別, 장유長幼 사이의 서序, 붕우朋友 사이의 신信이라는 도리와 그 실천방법을 객관적으로 알아야 하고 동물이나 식물을 기르는 법을 구체적으로 알아야 하며 물건을 다루는 법을 알아야 하므로 지知의 영역에 속한다. 그러나 그것은 제21장에서 말했듯이 성실하면 저절로 알 수 있으므로 성性이 갖고 있는 실천능력이다. 성실한 실천은 자신[내內]과 외적 사물[외外]을 하나로 일치시킬 수 있는 도리이므로 때와 상황에 맞게 조처할 수 있다. 성실하게 실천하는 사람은 인간관계에 있어서 부모에게 효도하고 임금에게 충성하는 등 때와 장소에 알맞게 하며, 동식물을 기르는 데 있어서도 알맞게 조처하여 충실하게 만든다. 때에 맞게 조처하는 것[시조時措]이 곧 마땅함을 실천하는 것[의宜]이므로 시조와 의는 같은 내용이고 동격이다.

# 쩨이십육장 第二十六章

故로 至誠은 無息이니 不息則久하고 久則徵하고 徵則
[1] [2] [3]
悠遠하고 悠遠則博厚하고 博厚則高明이니라 博厚는
所以載物也이오 高明은 所以覆物也이오 悠久는 所以
成物也니라 博厚는 配地하고 高明은 配天하고 悠久는
無疆이니라 如此者는 不見而章하며 不動而變하며 無
[4] [5]
爲而成이니라

| 국역 |

그러므로 지극히 성실한 것은 쉼이 없다. 쉬지 아니하면 오래 지
속되고, 오래 지속되면 효험이 나타나고, 효험이 나타나면 유원해
지고, 유원해지면 넓고 두터워지며, 넓고 두터워지면 높고 밝아진

다. 넓고 두터운 것은 물物을 싣는 것이고, 높고 밝은 것은 물物을 덮는 것이며, 유구한 것은 물物을 이루는 것이다. 넓고 두터운 것은 땅과 짝이 되고 높고 밝은 것은 하늘과 짝이 되며 유구함은 끝이 없는 것이다. 이와 같은 것은 나타내지 아니해도 빛나고 움직이지 않아도 변하며 작위함이 없어도 이루어진다.

| 난자풀이 |

① 故 : 앞의 문장을 받아서 결론짓는 의미로 쓰였다.
② 久 : 오래 지속된다.
③ 徵 : 징험. 오래 지속된 결과, 효과가 밖으로 나타나는 것.
④ 見 : '나타내다'는 뜻.
⑤ 章 : 창彰과 같은 글자로 '빛나다'는 뜻이다.

| 강설 |

　　중단됨이 없는 성性의 작용을 성誠이라는 말로 형용하였으므로 성誠을 실천하는 사람은 당연히 쉼이 없고 쉼이 없으면 오래 지속된다. 성실성이 오래 지속되면 성性의 작용이 충만함으로써 마음은 도심道心으로 가득 차고 그것이 몸 밖으로 나타난다. 도심이 몸 밖으로 나타나 어린아이 같은 순수함이 지속되면, 삶은 육체적 욕구에 의한 삶에서 성性의 작용에 의한 삶으로 전변되고, 그렇게 되면 시간성을 초월하여 영원성을 획득하게 된다. 육체는 시간 속에서 생로병사하지만 성性은 특정한 육체에 국한되지 않기 때문이다. 시간적으로 과거, 현재, 미래의 구별이 없으면 공간적으로 남과 나의 구별도 없어지기 때문에 시간적 한계를 극복하면 공간적 한계도 극복된다.
　　자기의 성性은 다른 사람의 성性이고 만물萬物의 성性이기 때문에 성誠을 실천함으로써 성性의 작용에 의한 삶이 지속된다면 그 삶은 만물의 삶 그 자체가 되어 넓고 두터워진다. 넓고 두터운 삶은 공통적·전체적인 것이고 형체를 초월한 형이상적인 것이기 때문에 높고 밝다. 높고 밝아야 만물의 주체가 되어 만물을 통괄할 수 있다.

넓고 두터움은 만물과 일체가 되는 것이므로 만물을 싣고 있는 땅의 역할과 같고, 높고 밝음은 만물의 주체가 되어 통괄하는 것이므로 만물을 덮고 있는 하늘의 역할과 같으며, 유구함은 시간적 단절을 초월하여 지속되는 것이므로 만물의 삶을 끝없이 지속시킨다. 이렇게 되면 나타내려고 하지 않아도 그의 역할이 저절로 하늘과 땅 사이에 충만되어 만물이 자라고 만물을 움직이려 하지 않아도 저절로 만물은 변화하며, 만물의 삶을 완성시키려는 의식적인 행위를 하지 않아도 만물의 삶은 저절로 완성된다. 개인적 의지를 초월하여 하늘과 땅과 하나가 되어 하늘과 땅의 역할을 하기 때문이다.

天地之道는 可一言而盡也니 其爲物이 不貳라 則其生
[1]　　　　　　　　　　　　　　　　　　　[2]

物이 不測이니라 天地之道는 博也厚也高也明也悠也
[3]

久也니라 今夫天은 斯昭昭之多이나 及其無窮也엔 日

月星辰이 繫焉하며 萬物이 覆焉이니라 今夫地는 一撮
[4]

土之多이나 及其廣厚엔 載華嶽而不重하며 振河海而
[5]　　　　　　　　　　　　　　　　　　　　　[6]

不洩하며 萬物이 載焉이니라 今夫山은 一卷石之多이나

及其廣大엔 草木이 生之하며 禽獸이 居之하며 寶藏이
[7]

興焉이니라 今夫水는 一勺之多이나 及其不測엔 黿鼉
[8][9]
蛟龍魚鼈이 生焉하며 貨財이 殖焉이니라
[10][11]

| 국역 |

천지의 도道는 한마디로 다 할 수가 있다. 그것은 그 도道가 둘로 나누어지지 않기 때문에 만물을 생성하는 것을 예측할 수 없다는 것이다. 천지의 도는 넓고 두텁고 높고 밝고 유원하고 오래 지속된다. 지금 하늘은 곧 밝고 밝은 것이 많이 모인 것이지만 그 무궁함에 이르러서는 해와 달과 별들이 거기에 매달려 있고 만물이 그것에 덮이어 있다. 지금 땅은 한 줌의 흙이 많이 모인 것이지만 그 넓고 두터움에 이르러서는 화산華山과 악산嶽山을 싣고 있어도 무거워함이 없고 강과 바다를 수용하고 있으면서도 새지 않으며 만물이 거기에 실려 있는 것이다. 지금 산은 한 주먹만한 돌이 많이 모인 것이지만 그 광대함에 이르러서는 초목이 거기에서 자라고 금수가 거기에서 살며 보물들이 거기에서 생겨난다. 지금 물은 한 술씩 많이 모인 것이지만 그 헤아릴 수 없음에 이르러서는 큰 자라·악어·교룡·물고기·자라가 거기에서 살고 재화가 거기에서 불어난다.

| 난자풀이 |

[1] 爲物 : 물건 된 모습. 즉 천지의 도道가 작용하는 양상을 말함.
[2] 貳 : 불不이 동사와 형용사를 부정하는 말이므로 불이不貳는 동사로 파악하

여 '둘로 나누어지지 않다'라고 해석해야 한다.

③ 測 : 헤아림. 정자程子는 불측不測을 '산출되는 만물의 수량을 헤아릴 수 없
다'라고 해석하였고 주자朱子는 '만물을 생성하는 지성의 작용의 신묘함을 헤
아릴 수 없다'라고 해석하였다.

④ 焉 : 장소를 나타내는 역할을 한다.

⑤ 華嶽 : 오악五岳의 하나인 화산華山이라는 설도 있으나 화산과 악산嶽山으로
풀이할 수도 있다. 둘 다 지금의 섬서성陝西省에 있다.

⑥ 振 : 수收의 뜻으로 '수용하다' 또는 '거두다'로 해석할 수 있다.

⑦ 之 : 장소를 나타내는 역할을 한다.

⑧ 黿 : 큰 자라. 음은 '원'.

⑨ 鼉 : 악어. 음은 '타'.

⑩ 蛟 : 교룡. 음은 '교'.

⑪ 鱉 : 자라. 음은 '별'.


| 강설 |

천지의 작용은 한마디 말로 다 표현할 수 있다. 그것은 만물
의 주체가 되어 만물을 생성, 변화시키는 것이다. 만약 그것이 두
가지 양상을 띠고 있다면 그것은 이미 상대적인 것이 되어 만물을
다 통괄할 수 없을 것이다. 만물을 다 통괄할 수 있는 것은 전체적
이며 유일한 것이기 때문이다. 안다는 것, 헤아린다는 것은 구별
한다는 것인데, 전체성·유일성은 구별되는 것이 아니므로, 그것
은 알 수 있거나 헤아릴 수 있는 것이 아니다.

천지의 작용은 만물을 일체一體로 하고 있으므로 넓고 두터우
며, 초월적 견지에서 만물을 통괄하고 있으므로 높고 밝다. 그리
고 시간적 제한성을 초월하는 것이므로 유원하고 오래 지속되는
것이다. 지금 살펴보면 대저 하늘이라는 것은 곧 밝은 것들이 많
이 모인 것이지만, 그것이 무궁하게 밝고 커져서 해와 달과 별들
과 같은 밝은 물체를 매달고 있고 만물을 포괄하고 있다. 또 땅은
한 줌의 흙이 많이 모여서 된 것이지만, 무한히 넓고 두꺼워져서
화산과 악산 같은 큰 산을 싣고 있어도 무거워하지 않고 강과 바

다를 그 속에 수용하고 있어도 새지 않으며 만물을 다 싣고 있는
것이다. 또 산을 보면 주먹만한 돌들이 많이 모여서 된 것이지만
그 광대한 것으로 인하여 모든 초목을 자라게 하고 새나 짐승들을
살게 하며 보배로운 것들을 감추고 있다. 지금 물을 보면 한 술
[홉슴의 10분의 1]의 적은 물이 모인 것이지만 그것이 많이 모이
게 되면 급기야 헤아릴 수 없이 큰 바다와 강을 이루어 큰 자라·
악어·교룡·물고기·자라 등이 자라고 많은 재물이 증식된다. 이
처럼 조그만 밝음과 한 줌의 흙, 한 주먹만한 돌과 한 술의 물이
모여서 무궁하게 많아지면 만물을 기를 수 있게 되듯이, 한 개인
도 성誠의 실천을 지속하여 그 성誠이 쌓이면 만물을 생성, 변화시
키는 천지의 작용과 일체가 되는 데 이르는 것이다.

詩云維天之命이 於穆不已라하니 蓋曰天之所以爲天
也이오 於乎不顯가 文王之德之純이여하니 蓋曰文王
之所以爲文也이니 純亦不已니라

| 국역 |

『시경』에 이르기를, "오직 하늘의 명은, 아아 충실하여 그침이 없
도다"라고 하였으니 대개 하늘이 하늘이 된 까닭을 말한 것이고,
"아아 뚜렷하게 나타나지 아니하는가, 문왕의 덕德의 순일함이여"
라고 하였으니 대개 문왕이 문文이 된 까닭을 말한 것이다. 순일하
고 또한 그치지 아니함이다.

| 난자풀이 |

① 於 : 감탄사. 음은 '오'.

② 穆 : 정현鄭玄은 미美, 주자는 심원深遠이라 하였으나 일본의 아카쓰카 다다시 [赤塚忠]는 충실充實이라 하였다. 음은 '목'.

③ 之 : 주격조사.

④ 文 : 문文이라는 시호는 첫째로 도덕이 있고 학문을 널리 닦은 경우[도덕박 문道德博文], 둘째로 배우기를 부지런히 하고 묻기를 좋아하는 경우[학근호 문學勤好問], 셋째로 인자하고 은혜로워 백성을 사랑하는 경우[자혜애민慈惠 愛民], 넷째로 백성에게 작위를 줄 경우[석민작위錫民爵位], 다섯째 백성을 동정하고 예를 베풀 경우[민민혜례愍民惠禮], 여섯째 하늘과 땅을 경위할 경 우[경위천지經緯天地]에 붙이는 것이다.

| 강설 |

　　『시경』 주송周頌 유천지명편維天之命篇에서 "오직 하늘의 작용은 아아 충실하여 쉬지 아니한다"고 하였으니 이것이 하늘이 하늘 된 까닭이다. 역시 같은 시에 "아아 나타나지 아니하는가, 문왕의 덕德의 순수함이여"라고 하였으니 이것이 문왕이 문文이라는 시호를 갖게 된 까닭이다. 문왕의 덕德의 순수함도 또한 하늘의 작용처럼 쉬지 아니하였던 것이다. 쉬지 않고 성실하면 하늘의 작용과 하나가 된다.

# 제이십칠장 第二十七章

<br>

대재　성인지도　　　양양호발육만물　　　준극우천
大哉라 聖人之道여 洋洋乎發育萬物하여 峻極于天이로
　　　　　　　　　　　　[1]

우우대재　　예의삼백　　위의삼천　　대기인이후
다 優優大哉라 禮儀三百과 威儀三千이 待其人而後에
　[2]　　　[3]　　　[4]

행　　고　왈구부지덕　　지도불응언
行하니라 故로 曰苟不至德이면 至道不凝焉이라하니라
　　　　　　　　　　　　　　　[5]

고　군자　　존덕성이도문학　　　치광대이진정미
故로 君子는 尊德性而道問學하며 致廣大而盡精微하
　　　　　[6]

극고명이도중용　　온고이지신　　　돈후이숭례
며 極高明而道中庸하며 溫故而知新하며 敦厚以崇禮하
　[7]

시고　　거상불교　　위하불배　국유도
니라 是故로 居上不驕하며 爲下不倍라 國有道에
　　　　　　　　　　　　　　[8]

기언　　족이흥　　국무도　　기묵　족이용　시왈
其言이 足以興이오 國無道에 其默이 足以容이니 詩曰
　　　[9]　　　　　　　　　　　[10]

기명차철　　이보기신　　　기차지위여
旣明且哲하여 以保其身이라하니 其此之謂與인저
　　　　　　　　　　　　[11]

크도다. 성인聖人의 도道여. 양양하게 만물을 발육하여 그 높음이 하늘에 닿았다. 넉넉하고 크도다. 예의 3백 가지와 위의 3천 가지가 그 사람을 기다린 후에 행해진다. 그러므로 "진실로 지극한 덕德으로 하지 아니하면 지극한 도道는 실행되지 아니한다"고 하였다. 그러므로 군자는 덕성德性을 높이고 문학問學을 말하며, 광대함을 이루어 정미함을 다하고, 고명함을 극도로 하여 중용을 실천하며, 옛것을 익혀서 새것을 알며, 돈후함으로써 예禮를 숭앙한다. 이 때문에 윗자리에 있어도 교만하지 아니하고, 아랫자리에 있어도 배반하지 아니한다. 나라에 도道가 있을 때는 그 말로써 그 몸을 일으킬 수 있고, 나라에 도道가 없을 때는 그 침묵이 그 몸을 보존할 수 있다. 시詩에서 말하기를 "이미 밝고 또한 어진 것으로써 그 몸을 보존한다"고 하였으니 아마 이를 말하는 것이다.

| 난자풀이 |

1 洋洋 : 도처에 두루 충만한 모양.
2 優優 : 넉넉한 모양.
3 禮儀 : 예禮의 줄기가 되는 것으로는 약 3백 가지가 있다고 한다. 『예기禮記』에도 '경례삼백經禮三百, 곡례삼천曲禮三千'이라는 말이 나온다.
4 威儀 : 세세하고 구체적인 예禮. 대개 3천 가지가 있다고 한다.
5 凝 : '엉기다' 또는 '응집되다'는 뜻이므로 여기서는 '실현되다' 또는 '실행되다'는 뜻으로 이해할 수 있다.
6 道 : 주자朱子는 유由라 주하여 '말미암다'로 해석하였으나 글자 그대로 '말하다'로 해석하여도 무방할 것이다. 왜냐하면 '말하다'는 것은 '관심을 갖다', '실행하다'는 뜻과 연결되기 때문이다.
7 道 : 중용을 도道로 삼아서 실천한다는 뜻이므로 '실천하다'로 해석하는 것이

좋을 것이다.

⑧ 倍 : '배반하다'는 뜻으로 배背와 통용된다.

⑨ 興 : 입신출세立身出世한다는 뜻.

⑩ 容 : '받아들이다' 또는 '용납하다'는 뜻. 여기서는 '보존하다'로 해석했다.

⑪ 之 : 목적어인 차此와 타동사인 위謂가 도치되었음을 나타내는 역할을 한다.

| 강설 |

　　성인의 역할은 위대하다. 왜냐하면 성인은 천지天地와 일체가
되어 천지의 역할을 함으로써 양양하게 만물을 발육시키기 때문이
다. 문왕과 무왕이 행하던 정치제도가 다 기록에 남아 있지만 문
왕이나 무왕 같은 훌륭한 정치가가 나타나지 않으면 그것이 시행
되지 않듯이, 예禮의 줄기가 되는 3백 가지 경례經禮와 예禮의 구체
적인 내용인 3천 가지 곡례曲禮도 성인이 나타나지 않으면 실행되
지 않는다. 원래 성인의 삶의 방식이 예禮가 된 것이기 때문에 성
인의 본뜻은 무시하고 예禮의 형식만을 고집하면 허례허식虛禮虛飾
이 된다. 그러므로 예禮의 참다운 실천은 먼저 성인의 본뜻을 이해
하여야 가능하며 그러기 위해서는 성인의 지덕至德이 먼저 갖추어
져야 하는 것이다. 여기서 도道라 한 것은 인간이 행해야 하는 객
관적인 도리이기 때문에 예禮로 이해할 수 있고 덕德은 그 도리를
실천할 수 있는 능력으로 이해할 수 있다.

　　인간이 행해야 하는 객관적인 도리를 알기 위해서는 배우고
[학學], 묻고[문問], 생각하고[사思], 분별하는[변辨] 데 힘써야 하지
만, 군자는 그보다 먼저 그 도리를 행할 수 있는 수단인 덕德과 성
性을 밝히고 기르는 수행修行에 힘쓴다. 왜냐하면 덕德이 없으면 도
道가 행해지지 않지만, 덕德이 있으면 도道는 저절로 찾아지기 때
문이다. 문학問學이라는 말에는 제23장의 내용을 참조하면, 사思와
변辨이 생략되어 있는 것으로 보아야 하고, 도문학道問學, 즉 문학
을 말한다는 것은, 덕德과 성性을 높여서 밝히고 기른 후에, 인간
이 구체적으로 실천해야 하는 객관적인 도리를 알기 위하여 문학

에 관심을 갖는 것으로 이해하면 될 것이다.

주자는 치광대致廣大에서 숭례崇禮까지를 존덕성이도문학尊德性 而道問學의 내용으로 보고 그 중에서도 치광대, 극고명極高明, 온고 溫故, 돈후敦厚를 존덕성尊德性의 내용, 진정미盡精微, 도중용道中庸, 지신知新, 숭례를 도문학의 내용으로 세분하였다. 그러나『대학大學 』경문經文의, 명덕明德을 밝힘으로써 친민親民이 된다는 논리를 보 면 '치광대致廣大에서 숭례崇禮까지'는 존덕성이도문학의 결과 터득 되는 단계로 이해할 수 있다. 덕성德性을 높이고 문학에 힘쓰게 되 면, 덕성으로 말미암아 널리 백성과 하나가 되고 나아가서는 만물 과 일체가 됨으로써 광대廣大함을 이룩하지만, 그 하나됨을 구체적 으로 실천함에 있어서는 문학을 통하여 알게 된 인간의 도리, 즉 부자간의 친親, 군신간의 의義, 부부간의 별別 등으로 다르게 나타 나는 도리를 각각의 상황에 따라 알맞게 실천함으로써 정미精微함 을 다하게 된다. 고명高明함이란 하늘의 역할처럼 만물의 위에 존 재하면서 만물을 통괄하는 것을 형용하는 말이며, 중용에서 중中 은 적중하는 것, 용庸은 널리 쓰이는 것을 의미하므로, 중용이란 '상황에 맞게 작용하여 두루 조화를 이루면서 널리 통용되는 것'으 로 이해할 수 있다.

광대함이 이루어지는 것은 만물에 공통적으로 내재하고 있는 존재의 본질인 성性의 입장에서이기 때문에, 개개의 물체에 국한 되지 않고 초월하여 고명하게 된다. 그러나 본질적으로 초월적 존 재라고 해서 현실적 실천의 문제와 무관하지 않다. 현실적 존재가 아버지일 때는 아버지, 아들일 때는 아들, 임금일 때는 임금, 신 하일 때는 신하로서 맡은 역할에 적중함으로써 전체적으로 조화를 이루게 되는 것이다. 본질적으로 만물일체萬物一體가 됨으로써 공 간적으로 너와 나의 구별이 극복된 견지에서 현실적 구별이 조화 를 이루게 되면, 시간적으로도 과거, 현재, 미래의 단절이 극복됨 으로써 과거의 일과 미래의 일이 별개의 것으로 파악되지 않을 것 이다. 옛것을 알면 새로운 것을 알 수 있다는 말이 바로 이를 의미하는 것일 터이다. 시간적으로 과거와 미래, 공간적으로 저곳과 이곳의 구별을 초월하여 일체가 될 수 있다면, 옛사람이나 미래의 사람 그리고 오늘날에 살고 있는 다른 사람을 자기처럼 아끼고 사랑하게 될 것이므로 그의 인정은 한없이 따뜻하고 두터울 것이지만, 현실적 실천에 있어서는 상황에 맞는 도리를 실행하는 것이 바로 '두터움을 가지고 예禮를 높이는 것[돈후이숭례敦厚而崇禮]'이다.

이렇게 되면 현실적으로 윗자리에 있다고 해도 본질적으로는 위와 아래의 구별이 없으므로 교만하지 않을 것이며, 아랫자리에 있다고 해도 자신의 이익을 위해서 아첨하거나 배반함이 없이 자신의 역할을 다할 것이다.

나라에 도道가 있는 것은 정치이념과 그 이념을 실행하는 정치가가 국민을 위해서 존재할 때이고 나라에 도道가 없는 것은 이와 반대될 때이다. 나라에 도道가 있을 때는 지식인(여기서는 성인)이 국민의 삶을 위하여 만들어낸 정치이념이 정치인들에게 받아들여짐으로써, 정치적으로 입신출세하여 백성의 삶이 충실하도록 역할을 하지만, 나라에 도道가 없을 때는 정치인들에게 받아들여지지 않기 때문에 침묵을 지켜 자신의 몸을 보존하면서 정치의 바람직한 방향을 홀로 제시할 수밖에 없다. 이러한 자세를 『시경』 대아大雅 증민편烝民篇에서는 "이미 현명하고 어질게 행동함으로써 자기 몸을 보존한다"고 한 것이다.

# 쩨이십팔쟝 第二十八章

<br/>

子曰愚而好自用하며 賤而好自專이오 生乎今之世하여
①

反古之道면 如此者는 烖及其身者也니라 非天子면 不
②

議禮하며 不制度하며 不考文이니라 今天下이 車同軌하
③　　　　④　　　　⑤　　　　　⑥

며 書同文하며 行同倫이니라 雖有其位나 苟無其德이면

不敢作禮樂焉이며 雖有其德이나 苟無其位면 亦不敢

作禮樂焉이니라 子曰吾說夏禮나 杞不足徵也오 吾學
⑦

殷禮하니 有宋이 存焉이어니와 吾學周禮하니 今用之라
⑧ ⑨　　　　⑩

吾從周하리라

공자께서 말씀하셨다. "어리석으면서 자기가 쓰여지기를 좋아하고, 천하면서 자기가 마음대로 하는 것을 좋아하며, 지금의 세상에 태어나서 옛날의 도道로 돌아가려고 하면 이와 같은 자는 재해가 그 몸에 미치는 것이다." 천자天子가 아니면 예禮를 논의하지 아니하고 법도를 제정하지 아니하며 문자를 고정하지 아니한다. 지금 천하의 수레는 궤軌가 같고 글은 문자가 같고 행위에 있어서는 윤리가 같다. 비록 그 위치에 있으나 진실로 그에 맞는 덕德이 없으면 감히 예악을 만들지 못한다. 비록 그에 맞는 덕德이 있으나 진실로 그 위치에 있지 않으면 또한 감히 예악을 만들지 못한다. 공자께서 말씀하셨다. "내가 하夏의 예禮를 말할 수 있으나 기杞나라에는 증거 삼을 수 없다. 내가 은殷의 예禮를 배웠으니 송宋나라는 그것을 보존하고 있다. 내가 주周의 예禮를 배웠으니 오늘날 그것을 쓰고 있기 때문에 나는 주周를 따른다."

| 난자풀이 |

1 專 : 다른 사람의 허락을 받지 않고 자기 마음대로 하는 것.
2 栽 : 재災의 본 글자. 재앙. 재화. 음은 '재'.
3 禮 : 인간의 도리. 윤리.
4 度 : 문물제도. 정치, 경제, 교육 등의 제도.
5 文 : 문자文字. 글자.
6 軌 : 두 수레바퀴의 폭을 말한다. 음은 '궤'.
7 杞 : 중국 고대의 나라이름. 주周의 무왕武王이 하夏의 후손인 동루공東樓公을 찾아서 기杞에 봉하고 우禹의 제사를 받들게 했다. 지금의 하남성河南省 상구현商丘縣.
8 有 : 나라이름 앞에 막연히 붙어서 음률을 부드럽게 하는 역할을 한다.

9 宋 : 무왕이 은殷을 멸망시킨 뒤 주紂의 형인 미자微子를 송宋이라는 나라에
   봉하여 탕湯의 제사를 받들도록 했다.

10 焉 : 은례殷禮를 가리키는 대명사 역할을 하는 것으로 이해해야 할 것이다.

| 강설 |

　　어리석으면서도 쓰여지기 위하여 남보다 높은 직책을 얻고자
하면 똑똑한 사람들이 그냥 놓아두지 않으며, 낮은 지위에 있으면
서 윗사람의 허락을 얻지 않고 전권을 행사하려 하면 윗사람이 그
냥 놓아두지 않을 것이다. 오늘날에 살면서 옛것을 고집하면 오늘
날 세력을 가진 사람들이 그냥 놓아두지 않을 것이므로 이러한 자
들은 신세를 망치게 된다. 우이호자용愚而好自用은 치광대이진정미
致廣大而盡精微, 천이호자전賤而好自專은 극고명이도중용極高明而道中
庸, 생호금지세반고지도生乎今之世反古之道는 온고이지신溫故而知新에
각각 반대되는 것으로 보인다. 덕德을 밝혀 남과 구별됨을 초월하
면서 자기가 맡은 역할을 치밀하게 하면, 함부로 자기만이 높은
자리를 차지하려 하지 않을 것이고, 본질적으로 높고 밝은 상태를
터득하고서 현실적으로 남과 조화를 이루면, 현실적 지위가 남보
다 낮다고 하여 비관하지도 않을 것이며, 윗사람의 권한을 넘어서
서 마음대로 하려고도 하지 않을 것이다. 그리고 옛것을 통하여
앞으로 발전해가는 상황을 알면 앞으로의 일에 대처하는 데 노력
하고 헛되이 옛것에 집착하지 않을 것이다.

　　모든 사람이 행해야 하는 윤리도덕인 예禮, 모든 사람의 삶의
방편인 문물제도文物制度, 모든 사람이 공동으로 사용하는 문자 등
은 그 성격상 하나로 통일되어야 하므로 개인이 제각기 제작할 수
있는 것이 아니라 천자에 의하여 통일적으로 제작되어야 한다. 화
폐를 제각기 만들어서 쓰고 도량형의 기준이 사람마다 다르며 윤
리의 기준과 예의가 저마다 다르고 글자 또한 사람마다 다르다면
혼란하여 사람이 살아갈 수 없다.

　　지금 천하에는 수레바퀴의 폭이 같듯이 문물제도가 통일되어

있고 문자가 통일되어 있으며 윤리도덕의 기준과 예의범절이 통일되어 있다고 한 자사子思의 말뜻은, 당시의 주周에는 이 모든 것이 주공周公에 의하여 통일되어 있었음을 의미하는 것이다. 당시는 혼란한 춘추시대春秋時代였으므로, 이를 안타깝게 여긴 자사가 원래의 주周는 문물제도 등이 통일적으로 정비된 질서 있는 사회였음을 역설적으로 강조한 것으로 이해할 수 있다. 그러므로 이 말은 '지금의 천하, 즉 주周는 원래 수레의 바퀴 폭이 같았고, 글자는 그 모양이 같았으며, 행위하는 데 있어서 윤리도덕의 기준과 예의범절이 같았다'라고 해석해야 할 것이다. 그리고 이 말에는, 당시 사회가 혼란한 이유가 제후들이 제각기 예禮를 어기고 문물제도를 전횡하는 데 있으므로, 제후들의 전횡을 억제해야만 혼란이 바로잡힌다고 하는, 제후들에 대한 경고가 내포되어 있다고 보아야 할 것이다.

이 부분의 내용 때문에, '중용'의 성립이 진秦의 통일 이후라는 설이 생기게 되었다. 왜냐하면 진秦의 통일로 말미암아 문자가 통일되고 문물제도 등이 정비되었기 때문이다. 그러나 주자朱子는 이 내용을 주대周代의 것으로 이해하였다. 『중용혹문中庸或問』에서 주자는, 자사의 시대는 주 왕실이 쇠퇴하고 예악이 문란하였으며 제도가 천하에 행해지지 않았으므로, 어떻게 수레바퀴의 폭을 같게 하고 글자의 모양을 같게 하며 예禮를 일정하게 할 수 있었겠는가 하는 질문에 대해 다음과 같이 답변하고 있다.

"그 당시 주 왕실이 쇠퇴해 있었다는 것은 사실이지만 아직도 천하의 주인으로 공인되고 있었다. 제후들이 천자의 자리를 빼앗으려는 마음을 가지고 있었으나 상대를 누를 수 있을 정도로 강력하지는 못했다. 이른바 전국시대戰國時代의 여섯 나라가 제각기 모든 것을 개혁해서 천하를 통일할 수 있는 실력을 갖지 못했던 것이다. 그런 상황에서 어찌 주周의 수레바퀴의 폭이나 글자의 모양을 바꿀 수 있었겠는가?"

역시 『중용혹문』에는 다음과 같은 내용이 기록되어 있다.

"옛날 천하를 영유하는 자, 즉 천자로서 하나의 왕조를 일으킨 자는 반드시 달력, 복장의 색, 깃발 등을 고쳐서 천하의 이목耳目과 민심民心을 일신하였다. 하夏, 은殷, 주周는 이러한 것을 잘 계승하였으니 문헌에 상세하게 보인다. 궤軌가 수레바퀴의 폭임은 이미 말하였지만 수레는 주周의 중앙정부의 동관冬官이 그 제작방법을 발표해서 폭을 여섯 자 여섯 치로 결정하였다. 따라서 땅에 닿는 바퀴 사이의 너비는 전국적으로 일정했다 또한 치수가 이 규정에 합치하지 않을 때, 다만 관헌이 그것을 적발할 뿐만 아니라, 실제로 도로를 달릴 때 그 폭이 맞지 않아서 움직일 수 없게 되어 있다. 옛말에 문을 닫고 수레를 만들고 문을 나와 바퀴를 만든다고 한 것은 이를 말하는 것이다. 다음으로 문文이란 글자의 점, 획, 모양이다. 『주례周禮』에 의하면 정부 관청의 하나인 지관地官의 사도使徒는 백성에게 도예道藝를 가르치는 것이 임무였는데, 그 속에 글자를 가르치는 것이 들어 있었다. 문자나 서체書體도 역시 국가 관청의 소관 사항이었다." 예악禮樂은 예의 도덕을 포함한 문물제도를 말하는데, 춘추시대의 혼란이 예악을 제후들이 멋대로 만들어내는 데 있음을 간파한 자사子思는, 성인聖人의 덕德을 가진 천자가 아니면 이를 만들 수 없다고 명언明言함으로써 당시의 혼란상을 극복하려 한 것이다. 성인의 덕德은 예악을 제정할 수 있는 능력이고, 천자는 예악을 제정할 수 있는 자격인 것이다.

자사는 "나는 하례夏禮를 알기 때문에 설명할 수 있으나 하夏의 후손들의 나라인 기杞에도 그 흔적이 없으므로 하례夏禮를 따를 수 없고, 은례殷禮를 배워서 알지만 그것은 은殷의 후손의 나라인 송宋에 조금 남아 있을 뿐이므로 따를 수 없다. 나는 주례周禮를 배워 아는데 주례는 지금 널리 통용되고 있으므로 주례를 따르겠다"고 한 공자의 말로 이 문장을 마무리하였다. 하夏와 은殷을 거쳐 발전해온 주周의 예악은 널리 통용될 수 있는 것이므로, 성인의 덕德을 갖춘 천자가 없어서 새로이 예악을 제작할 수 없는 당시의 상황에

서, 혼란을 극복할 수 있는 방법은 도리어 주周의 예악으로 돌아가
야 한다는 주장이 이 문장에 내포되어 있다.

# 제이십구장第二十九章

<br>

왕천하유삼중언
王天下有三重焉이면 其寡過矣乎인저 其寡過矣乎인저
상언자 수선
上焉者는 雖善
①

무징 무징 불신 불신 민부종
이나 無徵이니 無徵이라 不信이오 不信이라 民弗從하며

하언자 수선 부존 부존 불신 불신
下焉者는 雖善이나 不尊이니 不尊이라 不信이오 不信이라
③

민부종 고 군자지도 본저신 징저서민
民弗從하니라 故로 君子之道는 本諸身하여 徵諸庶民
④

고저삼왕이불무 건저천지이불패 질저
하나니 考諸三王而不繆하며 建諸天地而不悖하며 質諸
⑤

귀신이무의 백세이사성인이불혹 질저귀신
鬼神而無疑하며 百世以俟聖人而不惑하니라 質諸鬼神

이무의 지천야 백세이사성인이불혹 지인야
而無疑는 知天也이오 百世以俟聖人而不惑은 知人也

시고 군자 동이세위천하도 행이세위
니라 是故로 君子는 動而世爲天下道이니 行而世爲
⑥

천하법 언이세위천하칙 원지즉유망 근
天下法하며 言而世爲天下則이라 遠之則有望이오 近
⑦　　　⑧　　　⑨　⑩

지즉불염 시왈재피무오 재차무역 서
之則不厭이니라 詩曰在彼無惡하며 在此無射이라 庶
⑪　　　⑫

幾夙夜<sub>기숙야</sub>하여 以永終譽<sub>이영종예</sub>라하니 君子未有不如此而蚤有<sub>군자미유불여차이조유</sub>
[13]

譽於天下者也<sub>예어천하자야</sub>니라
[14]

| 국역 |

천하에 왕 노릇하는 데 세 가지 중요한 것을 갖추면 허물이 적을 것이다. 옛 시대의 것은 비록 좋다고 하더라도 증거할 만한 것이 없으니, 증거할 만한 것이 없으면 믿어지지 않고, 믿어지지 않으면 백성이 따르지 않는다. (최근에 만들어진) 하대下代의 것은 비록 좋을지라도 높여지지 아니하니, 높여지지 아니하면 믿어지지 않고, 믿어지지 않으면 백성들이 따르지 않는다. 그러므로 군자의 도道는 자신의 몸에서 근본을 삼고 여러 백성에게 징험하는 것이니, 이는 삼왕三王에게 상고하여보아도 그릇되지 아니하고, 천지에 세워보아도 어긋나지 않으며, 귀신에게 물어보아도 의심스러움이 없고, 백세를 지나 성인聖人을 기다려 확인해도 의혹이 생기지 않는다. 귀신에게 물어보아도 의심스러움이 없는 것은 하늘을 아는 것이고, 백세를 지나 성인聖人을 기다려서 확인해보아도 의혹이 생기지 않는 것은 사람을 아는 것이다. 이 때문에 군자는 움직이면 대대로 천하의 도리가 되고, 행하면 대대로 천하의 법도가 되며, 말하면 대대로 천하의 준칙이 된다. 멀리 있으면 우러러 보게 되고, 가까이 있으면 싫어하지 아니한다. 『시경』에 이르기를, "저기에 있어도 미움을 받음이 없고 여기에 있어도 싫어함을 받음이 없다. 바라건대 밤낮으로 힘써서 길이 명예로움으로 마치도록"이라고 했다. 군자가 이와 같이 하지 않고서 일찍이 명예로움을 천하(세상)에 가지게 된 것은 있지 아니하다.

1. 重 : 중요한 것. 정현鄭玄은 삼왕의 예禮로 보았고, 주자朱子는 여대림呂大臨의 말을 인용하여 예禮를 논의하는 것, 제도를 만드는 것, 문자를 고정하는 것이라 하였다.

2. 上 : 정현은 임금이라 하였고, 주자는 옛 시대인 하은夏殷의 예禮라 하였다.

3. 下 : 정현은 신하로 보았고, 주자는 공자로 보았다. 여기서는 상上이 옛 시대의 제도인데 비하여 하下는 당시의 사람들이 제정한 제도로 보아야 할 것이다.

4. 君子 : 여기서 군자君子란 성인의 덕德을 갖추고 정치를 담당하게 된 사람을 가정해서 한 말이다.

5. 繆 : 류謬와 통용된다. 본음은 '무'.

6. 動 : 주자의 주와 같다. 언言과 행行을 겸하여 말한 것이다.

7. 法 : 모범이 되는 행위.

8. 則 : 원칙. 원리. 표준.

9. 之 : 위의 군자君子를 말한다. 원지遠之는 군자를 멀리서 대하고 있는 경우를 말함.

10. 望 : 아래에서 위로 우러러보는 것.

11. 惡 : '미워하다'는 뜻. 음은 '오'.

12. 射 : '싫어하다'는 뜻. 음은 '역'.

13. 蚤 : 조무와 통용.

14. 者 : 것. 경우.

| 강설 |

정치하는 데 있어서 중요한 것은 전장前章에서 말한 내용인 윤리도덕의 기준과 예의범절을 정하는 것, 문물제도를 제작하여 시행하는 것, 문자를 통일시키는 것 등 세 가지이다. 그런데 이 세 가지를 어떻게 시행하는가가 문제인데, 옛것을 받들어 시행할 수도 있고 최근에 만들어진 것을 따를 수도 있다. 그러나 옛것은 확실한 증거가 없으므로 그 내용을 믿을 수 없어서 백성이 따르지

않을 것이며, 최근의 것은 전통에서 오는 권위가 없기 때문에 존중할 수 없어서 역시 백성이 따르지 않는다. 그러므로 이 중요한 세 가지를 이미 만들어진 외적인 것에서 추구하는 것은 좋지 못하다. 그것은 먼저 그것을 실행할 수 있는 덕德이 갖추어진 후에 찾을 수 있다. 왜냐하면 문왕文武의 덕德이 있은 후에 문무文武의 제도가 시행될 수 있는 것과 같기 때문이다.

그러므로 성인의 덕德을 갖춘 이상적인 정치가라면 먼저 자신의 몸에서 덕德을 밝히는 것을 근본으로 삼고, 그 덕德을 통하여 백성과 하나됨을 이루는 이른바 친민親民으로 나아간다. 백성과 일체감이 조성되면 나아가 만물과 일체가 되어 박후博厚하게 되고 하늘과 일체가 되어 하늘의 작용을 함으로써 고명高明하게 된다. 정치의 목적은 모든 백성들이 한마음 한뜻으로 화합하여 잘 살 수 있는 사회를 건설하는 데 있으므로, 백성들이 덕德을 밝혀 화합하면 정치의 목적은 이미 달성된 것이다. 그리고 문물제도는 이러한 상태에서 자연스럽게 실천되는 결과로 더는 정치의 수단이 되지 못한다. 고정된 문물제도를 정치의 수단으로 삼는다면 그 정치는 다양한 상황에 두루 대처할 수 없다.

따라서 백성이 화합된 상태에서 실천되는 형식들은 상황에 따라 늘 바뀌는 것이지만 그 바뀌는 형식들은 항상 최선의 상태로 조화를 이루게 된다. 옛 성인인 삼왕이라 하더라도 그와 같은 상황에서는 그러한 형식으로 나타날 것이므로 삼왕에게 적용시켜보아도 잘못됨이 없고, 천지天地의 작용에서 나타나는 현상과 비교하여 보아도 어긋남이 없으며, 귀신에게 물어보아도 틀림없이 긍정될 것이며, 백세 후에 성인이 나타난다 할지라도 이를 잘못된 것이라 하지 않을 것이다. 귀신이란 천지天地의 움직임을 주관하는 작용을 말하는 것이므로, 귀신에게 물어보아도 긍정한다는 것은 천天을 아는 것이고, 백세 후의 성인도 옳게 여긴다는 것은 사람의 본질을 아는 것이다.

군자는 외적이고 객관적인 도리나 제도를 배워서 실천하는 것이 아니라, 역으로 그가 실천하는 데서 나타나는 형식이 객관적인 도리가 된다. 군자는 모범적인 법도를 행하는 것이 아니라 군자의 행이 타의 모범이 되는 법도가 되며, 원칙을 말하는 것이 아니라 군자의 말이 원칙이 되는 것이다. 백성이 군자를 멀리 한다는 말은 백성과 군자가 멀리 떨어져 있는 경우를 말하는 것으로 이해할 수 있다. 일반적으로는 멀리 떨어져 있으면 소외되어서 원망하게 되지만, 군자의 혜택은 넓고 두텁게[박후博厚] 미치므로 원망하는 것이 아니라, 역으로 그 군자를 우러러보고 그리워하게 된다. 그리고 가까이 있게 되면 일반적으로는 권위를 느끼지 못함으로써 불손하게 되고 또 싫증을 느끼기 쉬우나, 군자는 일체감을 실천하기 때문에 그와 가까이 있는 사람은 싫증을 내지 않는다.

『시경』 주송周頌 진로편振鷺篇에는 다음과 같은 내용의 시가 있다. "저기에 있어도 미워함이 없고 여기에 있어도 싫어함이 없다. 아침 일찍부터 밤늦게까지 노력해서 길이 명예로움을 끝마치기 바란다." 군자가 이와 같이, 멀리 있는 사람이나 가까이 있는 사람에게서 미움받지 않는 상태가 되지 않고서 일찍이 세상에서 영예롭게 된 경우는 있지 않았다.

제20장부터 여기까지는 대체로 정치의 근본이 외부의 제도에 있는 것이 아니라 정치인의 내적인 덕성德性에 있는 것임을 밝히면서 덕성이 없는 정치인이 함부로 문물제도 등을 제작하는 것이 불가함을 지적하고 있다.

仲尼는 祖述堯舜하시고 憲章文武하시며 上律天時하시고
下襲水土하시니라 辟如天地之無不持載하며 無不覆幬
하며 辟如四時之錯行하며 如日月之代明이니라 萬物並
育而不相害하며 道並行而不相悖라 小德은 川流이오
大德은 敦化이니 此天地之所以爲大也니라

| 국역 |

공자께서는 요堯임금과 순舜임금을 으뜸으로 계승하시고 문왕文王
과 무왕武王을 본받아서 (그 법도를) 밝히셨으며, 위로는 천시天時
를 본받으시고 아래로는 물과 흙의 상황에 맞추시었다. 비유하면
하늘과 땅이 붙들어 실어주지 아니함이 없고 덮어서 감싸주지 아
니함이 없음과 같다. 비유하면 사계절이 번갈아 운행됨과 같고 해

와 달이 교대로 밝아지는 것과 같다. 만물은 함께 자라도 서로 방해하지 않고, 도道는 함께 행하여져도 서로 어긋나지 않는다. 작은 덕德은 냇물처럼 흐르지만, 큰 덕德은 일시에 변화시킨다. 이것이 천지天地가 위대하게 되는 까닭이다.

| 난자풀이 |

① 祖 : 으뜸으로. 근본적으로.

② 述 : 계승하다. 이어받다.

③ 憲 : 모범으로 삼아서 본받다.

④ 章 : 창彰과 통용되어 '밝히다', '드러내다'는 뜻임.

⑤ 律 : 본보기로 삼아서 실천하다.

⑥ 時 : 때. 하늘은 더워야 할 때 덥고 추워야 할 때 추우며, 비 와야 할 때 비 오고 맑아야 할 때 맑아서 만물을 기른다.

⑦ 襲 : 인습因襲, 즉 일률적으로 작용하는 것이 아니라 각각의 구체적인 상황에 맞게 분별적으로 작용하는 것을 말한다.

⑧ 水 : 물. 물의 흐름은 각 지형에 따라 달라진다.

⑨ 土 : 땅. 땅의 모양은 동일한 것이 없이 모두 다르다.

⑩ 辟 : 辟는 문맥에 따라 비譬, 피避, 벽僻, 벽闢 등의 여러 글자와 통용된다. 여기서는 비譬의 의미로 쓰이고 있다. 음은 '비'.

⑪ 幬 : 덮어 가림. 음은 '도'.

⑫ 小 : '작다'는 뜻이다. 소덕小德이란 작은 덕德을 말하는데, 이는 남에게 은혜를 베풀기는 하지만 남과 자기의 구별을 초월하여 하나가 되지는 못한 상태이다. 이에 대하여 대덕大德이란 남과 자기의 구별을 초월하여 남을 자기처럼 대하게 되는 상태로 이해할 수 있다.

| 강설 |

공자는 기본적으로 요순의 사상을 계승하지만 현실적인 실천에 대해서 문무의 문물제도를 본받아 밝히는 자이다. 요순은 『맹자』「진심 상盡心上」에 '요순성지야堯舜性之也'라 한 말처럼 성性의 작

용대로 실천한 자이고, 문무는 문물제도와 예禮를 제작하여 상황에 따라 다양하게 나타나는 삶의 기준을 제시한 자이다. 따라서 요순은 존덕성尊德性하여 만물과 일체가 됨으로써 만물을 동시에 덮어 기르는 하늘의 작용을 실천하는 자라 할 수 있고, 문무는 도문학道問學을 통하여 만물이 놓인 상황에 맞는 고유한 삶을 영위하도록 하는 땅의 작용을 실천한 자라 할 수 있다. 그러므로 요순을 조술하고 문무를 헌장하는 공자는 존덕성하고 도문학하여 주체적으로는 만물일체의 견지에서 현실적으로 조화를 이룰 수 있는 조화로운 삶을 영위하는 자인 것이다. 위로는 더워야 할 때 덥고 추워야 할 때 추우며 비 와야 할 때 비 오고 태양이 비쳐야 할 때 비춤으로써 만물을 구별함이 없이 동일하게 혜택을 베푸는 하늘의 작용을 본받아 실천하고, 아래로는 물의 흐름과 땅의 모양의 다양성으로 인하여 그에 맞는 삶을 제시함으로써 땅의 작용을 본받아 실천한다. 비유하자면 하늘의 덮어줌과 같고 땅의 실어줌과 같으며, 사계절이 순환하고 해와 달이 번갈아 비추는 것과 같다. 만물은 각각 자기의 특징대로 다양하게 삶을 유지하지만, 각각의 삶이 얻는 혜택이 근본적으로 동일하기 때문에 그 다양성이 차별성으로 나타나지 않고 조화로움으로 나타나 서로 해치지 않는다.

　힘이 센 형과 머리가 좋은 아우가 있을 때, 그들의 아버지가 형에게 씨름을 하도록 하고, 아우에게는 공부를 하도록 하였다고 하자. 이때 서로 다르게 표현되는 아버지의 뜻이 차별로 느껴지면 형은 자신에게 공부를 시키지 않은 아버지의 뜻에 불만이 생긴다. 그래서 공부하는 아우가 미워질 수 있다. 그것은 아우의 처지에서도 마찬가지일 것이다. 그런데 이러한 불만은, 서로 다르게 표현되는 아버지의 뜻이 본질적으로 아들을 사랑하는 하나의 마음이라는 것을 알게 될 때 해소되어, 형제는 서로 미워하는 마음이 없어질 수 있다. 만물이 각각 서로 다른 양상의 삶을 영위하지만 모두 각각의 삶에 충실하며 다른 것을 해치지 않고 조화를 이루는 것은 이 때문일 것이다. 그리고 도道, 즉 하늘의 작용과 땅의 작용이 아울러 행해지지만 만물을 살리려는 하나의 작용이 만물이 놓인 상황에 맞게 다양하게 행해짐으로써, 만물의 삶이 전체적으로 조화를 이루어 서로 어그러지지 않는다. 남과 구별하여 받게 되는 작은 덕德은, 냇물이 흘러 논에 물이 들어감으로써 혜택을 서서히 받는 것처럼 부분적으로 얻게 되지만, 남과 나의 구별을 초월하여 만물일체를 실천하는 큰 덕德은, 비가 와서 시들어 있는 모든 초목을 한꺼번에 소생시키는 것처럼 일시에 만물을 소생시킨다. 이것이 하늘과 땅이 위대한 까닭이다.

# 제삼십일장 第三十一章

唯天下至聖이아 爲能聰明睿知하여 足以有臨也며 寬
[1] [2] [3] [4] [5] [6]

裕溫柔하여 足以有容也며 發强剛毅하여 足以有執也며

齊莊中正하여 足以有敬也며 文理密察하여 足以有別也니
[7] [8]

溥博淵泉하여 而時出之니라 溥博은 如天하고 淵泉은
[9] [10]

如淵이라 見而民莫不敬이며 言而民莫不信이며 行而
[11]

民莫不說이니라 是以로 聲名이 洋溢乎中國하여 施及
[12] [13]

蠻貊하여 舟車所至와 人力所通과 天之所覆와 地之所

載와 日月所照와 霜露所隊에 凡有血氣者莫不尊親하
[14]

니 故로 曰配天이니라

오직 천하의 지극히 성스러운 자만이 총명예지聰明睿知하여 임臨함이 있을 수 있고, 관유온유寬裕溫柔하여 용납함이 있을 수 있고, 발강강의發强剛毅하여 잡아줌이 있을 수 있으며, 재장중정齊莊中正하여 공경스러움이 있을 수 있고, 문리밀찰文理密察하여 분별함이 있을 수 있으니, 두루 넓고 깊이 근원하여 때에 알맞게 나타난다. 두루 넓음은 하늘과 같고 깊이 근원함은 못과 같다. 나타나면 백성들이 공경하지 아니함이 없고, 말을 하면 백성들이 믿지 아니함이 없고, 행동하면 백성들이 기뻐하지 아니함이 없다. 이 때문에 명성名聲이 중국에 넘치고 다시 퍼져서 만맥蠻貊지방까지 미친다. 배와 수레가 이끄는 곳과 사람의 힘이 통하는 곳과 하늘에 덮이어 있는 곳과 땅에 실리어 있는 곳과 해와 달이 비추는 곳과 서리와 이슬이 내리는 곳에, 무릇 피와 기운을 가지고 있는 것은 높이고 친애하지 아니함이 없으니 그러므로 하늘과 짝을 이룬다고 한다.

| 난자풀이 |

① 爲 : 다음에 오는 능能에서 임臨까지를 서술하는 술어이다. 다음의 문장인 관유寬裕, 발강發强, 재장齊莊, 문리文理 앞에도 위爲가 있어야 하는데 생략된 것으로 볼 수 있다.

② 聰 : 귀가 밝음.

③ 明 : 눈이 밝음.

④ 睿 : 슬기로움. 음은 '예'.

⑤ 知 : 지혜로움. 총명예지는 제27장의 고명高明에 해당된다고 할 수 있다.

⑥ 臨 : 위에서 아래로 굽어보는 것. 아래에서 위로 우러러보는 것은 망望이다.

⑦ 文 : 교양.

⑧ 理 : 조리.

⑨ 溥 : 두루 미침. 음은 '부'.

⑩ 泉 : 샘. 물의 근원. 여기서는 '근원하다', '뿌리를 갖다' 등으로 해석할 수 있다.

⑪ 見 : '나타나다'는 뜻. 음은 '현'.

⑫ 說 : 悅과 통용되어 '기뻐하다'는 뜻이 됨. 음은 '열'.

⑬ 施 : 뻗어나감. 전해짐. 음은 '이'.

⑭ 隊 : 墜와 통용되어 '떨어지다'는 뜻이 됨. 이때에 음은 '추'.

## | 강설 |

이 장은 대체로 제27장의 존덕성이도문학尊德性而道問學, 치광대이진정미致廣大而盡精微, 극고명이도중용極高明而道中庸, 온고이지신溫故而知新, 돈후이숭례敦厚而崇禮를 구체화시켜 설명한 것으로 볼 수 있다. 왜냐하면 총명예지는 극고명極高明, 관유온유는 치광대致廣大, 발강강의는 진정미盡精微, 재장중정은 도중용道中庸, 문리밀찰은 지신知新과 숭례崇禮의 구체적인 설명이고, 부박연천溥博淵泉은 극고명과 치광대를 통괄하는 것으로 존덕성尊德性으로 말미암은 것이며, 시출지時出之는 진정미盡精微와 도중용道中庸을 포함하는 것으로서 도문학道問學으로 말미암은 것으로 볼 수 있기 때문이다. 주자朱子는 총명예지를 생이지지生而知之하는 성인聖人의 자질로 보고 나머지 넷을 인의예지仁義禮智에 관한 설명으로 보았는데 역시 타당성이 있어 보인다. 그러나 인의예지 넉 자가 체계를 갖추는 것은 『맹자孟子』에서 비롯되므로 『중용』에서도 그러한 체계가 있었는지에 대한 의문이 남는다.

오직 천하의 지극히 성스러운 사람만이 귀 밝고 눈 밝고 슬기롭고 지혜로워 고명高明한 하늘의 역할을 다함으로써 만물에 임하여 만물을 화육化育시킬 수 있다. 즉 귀가 밝아서 만물의 소리를 듣고 눈이 밝아서 만물의 모습을 보면서 더워야 할 때 덥고 비가 와야 할 때 비를 내림으로써, 만물이 원하는 것을 슬기롭고 지혜롭게 이루어주는 하늘의 역할을 한다는 것이다. 그리고 너그럽고

넉넉하며 따뜻하고 부드러워, 만물을 다 포용하여 싣고 있는 박후博厚한 땅의 역할을 다함으로써 만물을 용납하지만, 발랄하고 강하며 군세고 꿋꿋하기 때문에 지속적으로 만물의 삶을 붙들어주고 북돋아 준다. 또 마음을 가다듬고 엄숙하며 놓인 상황에 알맞고 바르게 대처하여 내적인 경건성이 외적으로 조화됨으로써 전체적인 조화, 즉 중용을 이룬다. 또한 교양 있고 조리가 있으며 치밀하고 관찰력이 있어 잘 분별함으로써 새로운 것을 알며 예禮를 실천한다. 그리고 덕성德性을 높이고 명덕明德을 밝힘으로써 만물과 일체가 되어 만물을 두루 화육하고 넓고 깊게 포용하지만, 도문학으로 말미암아 현실적 상황에 맞도록 정밀하게 대처하는 것이다. 만물을 두루 화육한다는 의미로서 부박溥博은 하늘의 역할과 같은 것이고, 깊은 근원을 가지고 두텁게 만물을 포용한다는 의미로서 연천淵泉은 땅의 역할과 같은 것이라 할 수 있는데, 여기서는 땅의 포용하는 의미를 강조하여 땅 대신 못으로 설명한 것으로 볼 수 있다.

　　성인의 나타남은 개인으로 나타나는 것이 아니라 만물의 공통적인 본질인 성性이 나타나는 것이므로, 백성들의 처지에서 본다면 그를 통하여 자신들의 본질이 나타나는 것이고 속마음이 밖으로 드러나는 것이어서 애정어린 공경심이 생기지 않을 수 없다. 그리고 성인의 말은 그 자신의 이익을 위하여 속이거나 아첨하는 것이 아니라 모든 사람의 공통된 속마음이 밖으로 표현되는 것이므로, 백성들의 견지에서 보면 자신의 마음을 말해주는 것이어서 의심할 여지가 없다. 또 성인의 행동 역시 개인적인 이익을 위한 것이 아니라 모든 사람과 하나된 처지에서 모든 사람의 삶을 위한 것이므로 백성은 그것을 기뻐하게 된다. 그러므로 성인을 좋아하고 칭송하는 소리가 성인이 사는 나라 안에 가득 넘치고 먼 나라까지 퍼져 나간다. 그리하여 배와 수레가 이르는 곳, 사람의 힘이 통하는 곳, 하늘에 덮여 있는 곳, 땅에 실려 있는 곳, 해와 달이 비치는 곳, 서리와 이슬이 내리는 곳, 즉 하늘과 땅 사이의 모든 장소에 있는, 피와 기운을 가진 모든 생명체는 성인을 받들어 그와 한마음이 된다. 이와 같은 성인은 하늘의 역할을 하므로 하늘과 짝이 된다고 하는 것이다. 하늘과 짝이 된다고 할 때의 '하늘'은 땅의 상대개념이 아니라 하늘과 땅을 포함한 전체를 의미한다.

# 제삼십이장 第三十二章

唯天下至誠<sub></sub>이아 爲能經綸 天下之大經하며 立天下之大本하며 知天地之化育이니 夫焉有所倚리오 肫肫其仁이며 淵淵其淵이며 浩浩其天이니라 苟不固聰明聖知達天德者면 其孰能知之리오

| 국역 |

오직 천하의 지극한 정성스러움만이 천하의 큰 일을 경륜할 수 있게 되며 천하의 큰 근본을 세울 수 있으며 천지의 화육化育을 주관한다. 대저 어디에 의지하는 바가 있겠는가. 정성스러워 인仁 그 자체이고, 깊고 깊어 못 그 자체이며, 넓고 넓어 하늘 그 자체로다. 진실로 본래 총명예지聰明睿知하여 천덕天德에 도달한 자가 아니면 그 누가 그를 알 수 있겠는가.

1 誠 : 정성스러운 사람. 지극한 정성스러움을 실천하는 사람이 바로 성인聖人이다.

2 經綸 : 경經이나 륜綸은 본래 베를 짤 때 실을 간추린다는 뜻이라고 주자朱子는 풀이했다. 후에 나라를 다스린다는 뜻으로 사용된다.

3 經 : 원래 실을 짤 때 베틀에 세로로 매어져 있는 실, 즉 날줄을 가리킨다. 그런데 이 세로로 매어져 있는 실은 움직이지 않고 북만이 가로로 왕래하면서 베를 짜기 때문에 경經은 '불변하는 것', '큰 줄거리' 등의 뜻을 갖게 되었다. 주자는 오륜五倫이라 풀이하였다.

4 大本 : 정현鄭玄은 『효경孝經』을 가리킨다고 했으나, 주자는 하늘이 명한 성性의 전체를 가리킨다고 했다. 제1장에 나오는 '중야자천하지대본中也者天下之大本'을 상기해보면, 속에 있는 것으로서의 성性을 의미하는 것임을 알 수 있다.

5 焉 : 의문사로서 '어찌', '어디' 등의 뜻으로 쓰인다.

6 肫肫 : 정성스러운 모양. 음은 '준준'.

7 其 : 막연히 추측하여 판단할 때 쓰인다.

8 仁 : 성인聖人의 모습을 판단하여 인仁으로 단정하는 말이므로 '인仁 그 자체이다'로 번역하면 선명하게 드러난다.

9 淵淵 : 깊은 모양.

10 浩浩 : 넓은 모양.

11 不 : 여기서는 문맥상 비非와 통용되는 것으로 보아야 할 것이다.

| 강설 |

지극히 정성스러운[지성至誠] 사람이 지극히 성스러운[지성至聖] 사람이므로 전장前章의 지성至聖이나 이 장章의 지성至誠은 다 성인을 가리키는 말이다. 성인은 천지만물과 일체가 되어 하늘의 역할을 하고 땅의 역할을 함으로써 만물을 기르는 자이다. 그러므로 성인은 밤낮이 되풀이되고 사계절이 순환하는 등 만물의 움직임의 근간이 되는 천하天下의 큰 움직임을 움직이게 하는 사람이며, 천

하만물의 존재의 본질인 성性을 밝혀 존재의 표준을 확립하는 사람이며, 만물을 기르는 하늘과 땅의 역할을 하는 자이다. 성인은 하늘과 땅의 작용 그 자체를 실천하는 사람이므로 하늘과 땅의 작용에 의하여 삶을 유지하는 만물은 곧 성인의 삶에 의지하여 삶을 유지하는 존재라고 할 수 있다. 따라서 성인의 삶은 다른 삶에 의지함이 없는 삶의 가장 근원적인 것이다.

　　성인의 정성스러움은 정성스러움 그 자체이기 때문에 성性을 완벽하게 실천한 것이라 할 수 있다. 성性을 완벽하게 실천하면 다른 사람 다른 물체와 하나됨을 실천하는 인仁 그 자체가 된다. 인仁은 '남을 나처럼 여기는 것', '남과 하나가 되는 것'이라 할 수 있기 때문이다. 또 성인은 만물과 일체가 되어 만물을 자신처럼 받아들이기 때문에 많은 것은 포용하고 있는 깊고 깊은 못 그 자체와 같은 것이며, 넓고 넓어서 만물을 다 기르는 하늘 그 자체와 같은 것이다. 진실로 만물의 소리를 다 들을 수 있을 정도로 귀 밝고, 만물의 모습을 다 볼 수 있을 정도로 눈 밝아서, 슬기롭고 지혜롭게 만물과 사람을 화육시킴으로써 천덕, 즉 하늘의 역할을 할 수 있는 성인이　되기 전에는 넓고 깊은 성인의 전모를 파악할 수 없다. 여기서 말하는, 만물의 소리와 모습을 다 듣고 볼 수 있을 정도의 귀 밝고 눈 밝음이란 감각기관인 귀와 눈의 감각작용이 아니라 궁극적으로 성性을 실천하여 만물과 일체가 됨으로써 가능한 것이다. "만물이 다 나에게 갖추어져 있다[만물개비어아의萬物皆備於我矣]"고 한 맹자의 말을 참고하여 생각해본다면, 성性을 실천하여 만물과 일체가 되면 만물이 모두 '나'로 바뀌기 때문에 만물을 다 알게 된다.

# 제삼십삼장 第三十三章

詩曰衣錦尙絅이라하니 惡其文之著也라 故로 君子之
[1] [2] [3]　　　 [4] [5]

道는 闇然而日章하고 小人之道는 <u>的然而日亡</u>하나니
[6] [7] [8]

君子之道는 淡而不厭하며 簡而文하며 溫而理하니 知
[9] [10]

遠之近하며 知風之自하며 知微之顯이면 可與入德矣리
[11]

라 詩云潛雖伏矣나 亦孔之昭라 하니 故로 君子는 內
[12] [13] [14]

省不疚하여 無惡於志니 君子之所不可及者는 其唯人
[15] [16]

之所不見乎인저 詩云相在爾室한대 <u>尙不愧于屋漏</u>라
[17] [18] [19] [20]

하니 故로 君子는 不動而敬하며 不言而信이니라 詩

曰奏假無言하여 時靡有爭이라하니 是故로 君子는 不
[21] [22]

賞而民勸하며 不怒而民威於鈇鉞이니라 詩曰不顯가

惟德<sub></sub>이여 百辟其刑之<sub></sub>라하니 是故<sub></sub>로 君子<sub></sub>는 篤恭而天

下平<sub></sub>이니라 詩云予懷明德<sub></sub>이라 不大聲以色<sub></sub>이라하여늘

子曰聲色之於以化民<sub></sub>에 未也<sub></sub>라하시니라 詩云德輶如

毛<sub></sub>라하니 毛猶有倫<sub></sub>이어니와 <u>上天之載</u>無聲無臭<sub></sub>아 至

矣<sub></sub>니라

| 국역 |

『시경』에 이르기를 "비단옷을 입고 홑옷을 걸쳤다"고 했으니, 그 문채의 드러남을 싫어하기 때문이다. 그러므로 군자의 도는 어두우나 날로 드러나고, 소인의 도는 확연하지만 날로 없어진다. 군자의 도는 담담하나 싫어지지 아니하고 간략하지만 세련되었으며 따뜻하면서도 조리가 있다. 심원한 이치가 가까운 데에서 드러나고 있는 것임을 알고, 바람이 어디서 오고 있는 것임을 알며 은미한 것이 드러나게 되는 것임을 알면 더불어 덕德의 세계에 들어갈 수 있다. 『시경』에 이르기를 "잠겨 있어서 비록 숨어 있지만 또한 매우 드러난다"고 하였다. 그러므로 군자는 속으로 돌이켜보아도 잘못됨이 없음으로써 마음에 악한 것이 없다. 군자에게 미칠 수 없는 바의 것은 오직 남에게 보이지 아니하는 것이로다. 『시경』에 이르기를 "너의 집에 있는 것을 보니 오히려 옥루에서도 부끄럽지 아니하다" 하였다. 그러므로 군자는 움직이지 아니하여도 공경받으며 말을 하지 아니하여도 신용을 얻는다. 『시경』에 이르기를 "신

의 강림을 빌 때에 말이 없었다. 그때 다툼이 있지 않았다"고 하였다. 이 때문에 군자가 (정치를 하면 백성에게) 상을 주지 아니하여도 백성은 힘쓰고, 화를 내지 아니하여도 백성은 도끼보다 두려워한다. 『시경』에 이르기를 "드러나지 아니하는가, 오직 이 덕德이여, 모든 제후들이 그것을 본받는도다" 하였다. 이 때문에 군자가 독실하고 공경스러워서 천하가 화평하다. 『시경』에 이르기를 "나는 명덕明德을 그리워한다. 소리를 크게 하거나 안색으로써 하지 아니하기 때문이다" 하였다. 공자께서 말씀하셨다. "소리나 얼굴빛이 백성을 교화하는 수단에 있어서는 말단이다." 『시경』에 이르기를 "덕德의 가벼움은 터럭과 같다" 하였으나 터럭은 오히려 같은 종류가 있으니, 상천上天의 작용은 소리가 없고 냄새가 없다는 것이야말로 지극한 것이다.

| 난자풀이 |

① 衣 : '입다'라는 뜻의 동사.

② 尙 : '덧입다', '걸치다'. 주자朱子는 가加로 주하였음.

③ 絅 : 홑옷. 한겹으로 된 옷. 음은 '경'.

④ 惡 : '미워하다', '싫어하다'. 음은 '오'.

⑤ 文 : 무늬. 문紋과 통용.

⑥ 道 : 작용. 삶의 방법. 역할.

⑦ 章 : 빛나다. 드러나다. 창彰과 통용.

⑧ 的然 : 환하게 드러나는 모양.

⑨ 文 : 교양. 형식.

⑩ 理 : 조리가 있음.

⑪ 之 : 주격조사. 원지근遠之近이 타동사 지知의 목적어 역할을 하는 구로 되어 있지만 원지근 세 자의 구조를 보면 원遠이 주어의 역할을 하고 근近이 술어의 역할을 한다.

⑫ 伏 : 숨다.

⑬ 孔 : 매우.

⑭ 之 : 노랫말을 넉 자로 만들기 위하여 별 뜻이 없이 들어간 조음소. 강조의 뜻이 약간 들어 있다.

⑮ 惡 : 정현鄭玄은 '손상함'이라 하였고, 주자는 '부끄러워하는 것'이라 했으나 글자 그대로 '나쁜 것'이라 하는 것이 더 타당하다. 왜냐하면 마음에 병폐가 없으면 본성 그 자체의 발현된 모습인 순선純善한 '사단四端'(측은지심惻隱之心, 수오지심羞惡之心, 사양지심辭讓之心, 시비지심是非之心)만이 드러날 것이기 때문이다. 음은 '악'.

⑯ 之 : 군자와 소불가급所不可及이 도치되었음을 나타내는 역할을 한다. 원래의 순서는 소불가급어군자所不可及於君子이어야 할 것인데, 군자를 강조하여 앞으로 냄으로써 소불가급과 도치되었으므로 그 사이에 지之가 들어갔고 어於는 생략되었다고 보아야 할 것이다.

⑰ 之 : 여기서도 인人과 소불견所不見의 도치를 나타내는 역할을 한 것이라고 볼 수 있다. 따라서 소불견어인所不見於人으로 해석해야 할 것이다.

⑱ 相 : 보다.

⑲ 尙 : 오히려. 여전히.

⑳ 屋漏 : 방의 서북쪽 모퉁이. 남의 시선이 미치지 않는 곳. 음은 '옥루'.

㉑ 奏 : 『시경』 원문에는 종礫으로 되어 있다. '신에게 바쳐서 기원하다'는 뜻이다.

㉒ 假 : 격格과 같은 뜻. 신이 강림하는 것.

㉓ 德 : 정현은 문왕文王의 덕德이라 하였고, 모전毛傳에서는 무왕武王이라 하였으며 정전鄭箋에서는 선왕先王·문왕·무왕이라 하였다. 그런데 주자는 성인의 덕으로 풀이하였다.

㉔ 百 : 100이라는 숫자보다도 '모든'이라는 뜻으로 쓰인다.

㉕ 辟 : 임금. 여기서는 제후를 가리킴. 음은 '벽'.

㉖ 刑 : 본받다.

㉗ 篤 : 주자는 후厚로 해석하여 '경敬을 나타내지 아니한다'는 뜻으로 해석하였으나, 글자 그대로 '독실하다'로 풀이하는 것이 좋을 듯하다.

㉘ 予 : 나. 『시경』에는 이 문장 앞에 '제위문왕帝謂文王'이라는 말이 있으므로 予는 상제上帝, 곧 천天을 가리킨다.

㉙ 德 : 문왕의 덕德.

㉚ 不 : 대성大聲과 이색以色을 다 부정한다.

㉛ 之 : 주격조사.

㉜ 以 : '~을 가지고'(백성을 교화시킨다)라는 뜻이므로 이以는 백성을 교화시키는 수단을 의미한다.

輶 : 가볍다. 음은 '유'.

倫 : 무리. 동류. 류類와 같은 의미.

上天 : 하늘. 하사下土와 상대되는 개념. '천제天帝' 또는 '조물주'의 의미로도
쓰임.

| 강설 |

　　이 장은 『중용』의 마지막 장이다. 『중용』의 구조를 보면, 처음에 존재의 본질인 성性을 논하고, 중간에서 성性이 실천되는 모습으로 성誠에 대해 다양하게 설명하며, 마지막에 다시 소리가 없고 냄새가 없는 성性, 즉 천명天命을 설명함으로써 마무리하고 있다.

　　『시경』 위풍衛風 석인편碩人篇, 또는 정풍鄭風의 봉편丰篇에는 "화려한 비단옷을 입고 그 위에 수수한 홑옷을 걸친다"는 말이 있다. 이는 문채가 밖으로 화려하게 드러나는 것을 싫어한다는 뜻이다. 이와 마찬가지로 군자는 속에 밝은 덕德을 갖고 있지만, 덕德은 남과 자기를 구별하거나 경쟁하지 않고 남을 자기처럼 여겨 아껴야 하는 사람의 도리를 실천하는 능력이기 때문에, 덕德으로 말미암아 남에게 자기를 내세우지 않음으로써, 얼핏 보기에는 남보다 뛰어난 점이 없어서 어두운 듯이 보이지만, 그와 함께 있으면 늘 인정과 사랑을 받게 되기 때문에 아무 갈등도 느끼지 않게 되어 그 덕이 날로 빛을 발하게 된다. 이와 반대로 소인은 남과의 경쟁에서 자기가 앞서려고 하기 때문에 늘 자기 자랑과 선전을 함으로써 금방 그의 훌륭함이 환하게 드러나지만, 그와 함께 있으면 그에게 늘 인정을 받지 못하고 갈등을 일으킴으로써 처음에 그의 훌륭한 점으로 인식되었던 것이 날로 소멸된다. 군자는 자기를 남에게 내세우지 않기 때문에 담담하지만 남을 자기의 경쟁상대로 여기지 않기 때문에 싫어지지 않는다. 자꾸 구별하고 분석하여야 번잡해지는데, 군자는 남과 자기를 구별하지 않고 하나로 여기기 때문에 군자의 처신은 간략하지만, 하나됨을 실천하는 도리는 군

신, 부자, 부부, 장유, 붕우 등의 인간관계 속에서 의義, 친親, 별別, 서序, 신信 등으로 다양하게 나타나기 때문에, 군자는 현실적으로 자신이 놓인 상황에 맞는 처신을 다양하게 하는 교양미를 갖추게 된다.

그리고 군자는 남을 자신처럼 아끼고 사랑하므로 그 정情은 따뜻하지만, 현실적으로 처신하는 데 있어서는 상황에 맞게 다양하게 대처하기 때문에 조리가 있고 정연하다. 군자는 기본적으로 남과 나, 이것과 저것을 하나로 여기기 때문에 먼 것과 가까운 것, 바람이 불어오기 이전의 상태와 불어온 후의 상태, 은미한 것과 드러난 것을 구별하여 별개의 것으로 생각하지 않는다. 그러므로 먼 곳은 가까운 곳과 별개의 것이 아니라 바로 가까운 곳에서 시작된 것이고, 바람은 또한 불어오기 이전의 공기가 불어와서 된 것이며, 환하게 드러난 삼라만상의 모습은 그것이 곧 존재의 본질인 은미한 성性이 드러난 것과 다름 없음을 아는 사람이면 함께 덕德의 세계로 들어갈 수 있다.

『시경』 소아小雅 정월편正月篇에서 "물고기가 물속 깊이 잠겨 숨어 살지만 맑은 물에서는 그 숨어 있는 모습이 매우 밝게 드러난다"고 하였는데 이 표현은 제1장의 "숨겨진 곳에서 가장 잘 드러나고, 미세한 것에서 가장 잘 나타난다[막현호은莫見乎隱 막현호미莫顯乎微]"고 한 말의 의미를 재음미한 것이다. 이는 나쁜 마음을 몰래 숨기고 있다 하더라도 밖으로 드러나 남이 먼저 알게 되는 것에 대한 비유이기도 하다. 그러므로 군자는 마음속을 돌이켜보아도 전혀 허물이 없으며, 마음속에 티끌만한 악도 없는 것이니, 남이 추종할 수 없는 군자의 장점은 눈으로 볼 수 없는 그 착한 마음에 있다. 밝게 드러난 것은 모두 마음이 드러난 것이 아님이 없지만 정작 그 마음 자체는 눈으로 볼 수 있는 성질의 것이 아니다.

『시경』 대아大雅 억편抑篇에서는 "네가 집에 있는 모습을 보니, 다른 데서도 부끄럽지 않았지만, 아무도 보지 않는 옥루屋漏에 있을 때 더욱 부끄럽지 않다"고 하였다. 이와 같은 상태는 남을 의식하는 마음이 조금이라도 있으면 불가능하다. 남과 자기가 완전히 일체가 되면, 남과 구별되는 독특한 행동이나 말이 없어지고 무위자연無爲自然의 상태가 된다. 왜냐하면 독특한 행동이나 말은 구별을 전제로 하여 성립하기 때문이다. 그러므로 군자는 독특한 행동을 하지 않지만 남과 하나됨을 실천하여 남을 포용하므로 남에게 무시당하지 않으며 자신의 정직함을 말로 표현하지 않아도 남과 하나됨을 실천함으로써, 아버지가 아들을 믿고 아들이 아버지를 믿는 것처럼, 남에게 믿음을 얻는다.

옥루屋漏에 있을 때 더욱 부끄럽지 않다는 말은, 제1장의 "보이지 아니하는 곳에서 조심하고 들리지 아니하는 데서 두려워한다[계신호기소부도戒愼乎其所不睹, 공구호기소불문恐懼乎其所不聞]"고 한 말에 상응한다. 또 『시경』 상송商頌 열조편烈祖篇에서는 은殷의 조정에서 그 열조烈祖(공열이 있는 선조)인 탕湯을 제사지낼 때 다음과 같은 노래를 불렀다. "제물을 바쳐 신의 강림을 빌었을 때 아무 말이 없었다. 그때에는 다투는 자가 없었다." 이 시의 내용은 신의 강림을 빌 때에는 모두 한마음이 되므로 다투는 자가 없다는 말이다. 사람들이 모두 한마음이 되면 모두 군자의 마음을 따른다. 그러므로 군자가 상을 주어 칭찬하지 않더라도 착하게 되는 데 힘쓰고, 화를 내지 않더라도 육체적 형벌을 가하는 도끼보다 더 두려워하게 된다. 『시경』 주송周頌 열문편烈文篇에서는 주周 왕실王室의 제사를 돕는 제후의 일을 노래하기를, "드러나지 아니하는가. 선왕들의 성스러운 덕德이여, 모든 제후들이 이 덕德을 본받는도다" 하였다. 그러므로 군자가 독실하고 공경하게 자신의 성性을 실천하여 남과 하나됨을 실현하기만 하면 다른 사람도 그와 하나가 됨으로써 천하가 화평해진다.

『시경』 대아 황의편皇矣篇에서는, 상제가 문왕에게 알리는 말을 담아, "나는 문왕의 밝은 덕德을 그리워하는데 그 이유는 문왕의 정치하는 방법이 소리를 크게 하지도 않고 얼굴빛을 사납게 하지도 않기 때문이다"라고 노래하였다. 이에 대하여 공자는 소리나

사나운 얼굴빛으로 하는 정치방법은 백성을 교화시키는 수단으로
는 말단적인 것이라고 평가하였다. 정치의 최고 수단은 백성과 하
나됨을 실천하는 것인데, 소리를 크게 하여 명령하고 얼굴빛을 사
납게 하는 것은 구별이 전제되기 때문이다.

　　다시『시경』대아 증민편烝民篇에서는 "덕德의 가벼움은 터럭
의 가벼움과 같다"고 하였다. 이 말은, 덕德은 남과 자기를 구별
없이 사랑할 수 있는 능력이므로, 어느 개인에게만 국한되어 무겁
게 가라앉아 있는 것일 수 없다는 뜻으로 이해할 수 있다. 그러나
덕德이 그 능력을 제대로 발휘하기 위해서는 무게가 전혀 없어서
남과의 구별을 완전히 초월할 수 있는 형이상적인 존재여야 하는
데, 아무리 가벼운 터럭이라 하더라도 무게가 있으므로 터럭에 비
유한 이 시의 부족함을 지적하고, 이를 보충할 수 있는 것으로『시
경』대아 문왕편文王篇에 있는, "조물주의 작용은 소리가 없고 냄새
가 없다"는 시를 인용함으로써『중용』을 마무리하였다.

　　천명을 실천하기 위하여 천명을 찾아가는 것이『중용』의 시작
이다. 그러나 천명은 인식할 수 없다. 소리도 없고 냄새도 없다. 천
명은 인식할 수 있는 것이 아니라 실천을 통해서 다가갈 수 있을
뿐이다. 천명에 다가가 천명과 하나가 되면 더 이상 천명을 인식할
필요가 없어진다. 진리도 이와 마찬가지다. 처음에는 진리를 알고
싶지만 진리에 다가갈수록 진리를 알 필요가 없어진다.『중용』의 마
지막에서 이를 천명闡明하였다.

# 이 기 동

1951. 경북 청도 출생
1975. 성균관대학교 유학과 졸업
1979. 성균관대학교 대학원 동양철학과 졸업
1985. 일본 츠꾸바대학 대학원 철학 · 사상연구과 졸업
1985. 성균관대학교 동양철학과 조교수
1991. 성균관대학교 유학과 교수
2001. 성균관대학교 유학 · 동양학부 학부장
2003. 성균관대학교 동아시아학술원 유교문화연구소 소장
2014. 성균관대학교 대학원장
2017. 성균관대학교 명예교수

**주요 저서**
東アジアにおける朱子學の地域的展開(東京 東洋書院刊)
『대학 · 중용강설』, 『논어강설』, 『맹자강설』, 『주역강설』, 『서경강설』,
『시경강설』, 『동양 삼국의 주자학』(성균관대학교 출판부).

# 대학 · 중용강설

1판 1쇄 발행 1991년 3월 15일
3판 1쇄 발행 2006년 1월 20일
4판 1쇄 발행 2010년 12월 10일
4판 15쇄 발행 2023년 10월 30일

역해자 | 이기동
펴낸이 | 유지범
펴낸곳 | 성균관대학교출판부

등록 | 1975년 5월 21일 제 1－0217호
주소 | 03063 서울특별시 종로구 성균관로 25-2
대표전화 | (02) 760－1252~4
팩시밀리 | (02) 762－7452
Homepage | http://press.skku.edu

ⓒ 2006, 이기동
값 15,000원

ISBN 978-89-7986-537-0 04140
ISBN 978-89-7986-524-0 (세트)

* 잘못된 책은 구입한 곳에서 교환해 드립니다.
* 옮긴이와의 협의에 따라 인지는 생략합니다.